아이들 두뇌는 식탁이 결정한다

유태종 박사 著

지은이 | 유태종 박사

서울대학교 농과대학 화학과 졸업
고려대학교 식품공학과 교수 역임
독일 마인쯔대학 교환교수 역임
보건사회부 식품위생 심의위원
국방부 정책자문위원
현 농림부 전통가공식품 심의위원장
    한국산업규격(KS) 식품부회 회장
    식생활개선 국민운동본부 부회장
    곡천건강장수연구소 소장
    건양대학교 식문화연구소 소장
    한국식품영양학회 명예회장

주요 저서
『음식궁합』1, 2
『술, 악마의 유혹인가 성자의 눈물인가』
『음식족보』『식품동의보감』 외 다수

아이들 두뇌는 식탁이 결정한다

초판 1쇄 발행 | 2000년 1월 25일
초판 4쇄 발행 | 2005년 1월 25일

지은이 | 유태종
펴낸이 | 양동현

펴낸곳 | 도서출판 아카데미북
출판등록 | 제 13-493호
주소 | 서울시 성북구 동소문동 4가 124-2
대표전화 | 02)927-2345 팩시밀리 | 02)927-3199
이메일 | academybook@hanmail.net

ISBN 89-87567-53-2 23590

파본은 바꾸어 드립니다.

www.academypub.com

아이들 두뇌는 식탁이 결정한다

유태종 박사 지음

아카데미북

● 머리말

"잠자고 있는 뇌세포를 깨워라"

　건강하고 미리끼지 좋다면 그 이상 바랄 것이 없을 것이다. 그런데 흔히 머리는 선천적으로 타고 나는 것이므로 도리가 없는 것이라고 생각하는 사람이 많다.
　물론 높은 지능지수(IQ)는 유전적으로 타고나는 것이기는 하지만 생후의 두뇌 개발과 영양 관리가 뒤따르지 않으면 좋은 결과를 기대하기 어렵다. 비록 타고난 IQ가 좀 낮다고 해도 꾸준히 개발한다면 대성할 수 있을 것이고, IQ만 믿고 영양 관리와 두뇌 개발을 소홀히 한다면 낙오될 것은 분명한 일이다.
　산수 성적이 좋다고 모든 재질이 뛰어난 것은 아니다. 산수에 낙제 점수를 받았던 에디슨은 지금 우리의 생활에 혜택을 주고 있는 백열등·전송기·축음기 등 수많은 발명을 이룩하였다.
　사람은 누구나 특별한 재능을 가지고 태어난다. 저마다의 재질을 개화시키는 일은 본인뿐만 아니라 국가와 인류를 위해서도 바람직한 일이다.
　인간답게 사는 신체 작용과 우리가 추구하고 있는 뇌력 향상에 직접 관계를 맺고 있는 것이 대뇌 피질이라는 것이 밝혀졌다. 뇌에 의한 두뇌 작용을 과학적으로 연구하는 대뇌생리학의 등장으로 많은 내용들이 밝혀지게 되었다.

"160억 개의 뇌세포 가운데 75%가 잠을 자,
건강 관리와 두뇌 개발은 부모가 베푸는 참사랑"

　일반적으로 사람은 160억 개의 뇌세포를 갖고 있는데, 항상 모두 가동하는 것이 아니며, 어릴 때에는 몇 %도 안 되는 일부만이 활동한다고 한다. 성인이 되어도 25% 정도의 뇌세포만 활발히 가동한다는 것이다.
　이렇게 잠자고 있는 75% 이상의 뇌세포를 어떻게 눈뜨게 할 것인가? 그와 동시에 활동하고 있는 한 개 한 개의 뇌세포의 작용을 되도록 높이는 것이 두뇌 개발의 비결이라고 할 수 있다.
　그러기 위해서는 식생활이 차지하는 비중이 매우 크며, 충분한 산소, 두뇌 개발 운동 등 여러 가지가 갖추어져야 한다. 어린이의 건강 관리와 두뇌 개발을 도와주는 일이야말로 부모가 베푸는 참다운 사랑이라고 할 수 있을 것이다.
　속설(俗說)에 신경쓰지 말고 옳은 방법에 관심을 갖는 일이 가장 현명한 일이다. 바로 그러한 일에 도움이 되었으면 하는 마음으로 이 책을 엮었다. 발간에 수고하신 여러분의 노고에 진심으로 감사의 뜻을 전한다.

새 천 년 새해 아침에,
谷泉 劉太鍾

차 례

● 머리말 / 잠자고 있는 뇌세포를 깨워라

**제 1 장
아이들 두뇌는 식탁이 결정한다 ▶ 13**

파를 먹으면 머리가 좋아진다? 14 ····
임신 중의 영양 관리가 두뇌를 결정한다
15 ···· 아기 때에 충분한 영양 공급을 16 ···· 단백질은 두뇌 발달의 열쇠 17 ···· 뇌는 아미노산과 충분한 산소를 좋아한다 18 ···· 뇌를 젊고 깨끗하게 유지해야 한다 19 ···· 뇌를 청소하는 식생활 프로그램 21 ···· IQ가 낮아도 걱정할 것 없다 22 ···· 앞짱구 뒤짱구여야 머리가 좋은가? 24 ···· 수수께끼 뇌의 신비 25 ···· 기억의 매커니즘 28 ···· 머리는 쓸수록 좋아진다 30 ···· 머리가 좋아지는 자연 식품 31 ···· 밤새워 공부하는 것은 해롭다 32 ···· 공부하는 밤에 좋은 영양 간식 35 ···· IQ는 향상시킬 수 있다 36 ···· 머리둘레가 크다고 반드시 IQ가 높은 것은 아니다 37 ···· 지능은 개발된다 40 ···· 재능도 개발된다 41 ···· 뇌세포의 발달과 재능 개발 42 ···· 발달 단계에 적합한 교육 기술 43 ···· 혈액형에 맞는 지도 원리 44 ···· 사물을 생각하고 기억하는 곳은 뇌수이다 45 ···· 머리가 좋다는 것 46 ···· 대뇌와 척수가 하는 일 47 ···· 조건반사를 많이 만든다 50 ···· 하루 10만 개씩 죽는 뇌세포 52 ···· 3~4세까지가 가장 중요 54 ···· 3~4세까지 시냅스의 급성장이 이루어진다 54 ···· 뇌를 발달시키는 영양소 57 ···· 두뇌의 세포 조직을 강화하는 기억법 10가지 57 ···· 나이에 따라 다른 기억법 58

**제 2 장
머리는 쓰면 쓸수록 좋아진다 ▶ 61**

근육의 힘과 머리의 활동 63 ···· 바보는 입을 벌리고 있다 65 ···· 문장을 쓰며 생각한다 66 ···· 기억은 뇌의 전류를 흐르게 한다 67 ···· 기억을 어떤 행동에 결부시켜서 생각한다 69

**제 3 장
재능 개발의 방법 ▶ 71**

누구에게나 재능은 숨어 있다 72 ···· 재능은 스스로 키워야 한다 74 ···· 재능은 조건 반사로 훈련해야 76 ···· 재능은 조건 반사로 강화해야 80 ···· 성장 발육에 따른 환경적 영향 83 ···· 두뇌 발달에 영향을 미치는 환경적인 요소 85 ···· 성장 발육하는 사람의 뇌의 무게, 단백질 및 핵산의 변화 87 ···· 재능 개발을 방해하는 조건 94 ···· 어린이에게 장래 일을 얘기하게 하면 공부의 의욕이 솟는다 95 ···· 형제를 예로 든 성적 비교는 발분 재료가 되지 못한다 96 ···· 시원찮던 사람이 훌륭해진 얘기는 어린이를 발분시킨다 97 ···· 공부는 해야 하는 것임을 되풀이하여 납득시키는 것이 좋다 98 ···· 플러스의 암시는 자꾸 되풀이하지 않으면 큰 효과가 없다 98 ···· "우리 아이는 싹수가 없다"는 말이 어린이를 잘못되게 한다 99 ···· 때로는 '공부하라'보다 '공부하지 말라'는 편이 더 효과적이다 100 ···· 공부 외의 것에 몰두하고 있을 때는 공부를 강요하지 말라 101 ···· 공부 외에 특히 잘하는 것을 인정해 주면 어린이는 발분한다 102 ···· 어린이 앞에서 담임 선생을 칭찬하면 공부를 잘하는 계기가 된다 103 ···· 공부를 하지 않고 좋은 점수를 받았을 때는 칭찬해서는 안 된다 104 ····

'칭찬'과 '꾸지람'은 가끔 해야 효과가 크다 105 ─── 외향적인 어린이는 나무라고, 내향적인 어린이는 칭찬해 준다 106 ─── '무시하는 것'이 '나무라는 것' 이상으로 효과를 내기도 한다 107 ─── '공부하지 않아도 괜찮다'는 어린이에게 관대하게 대하지 않는다 108 ─── 어머니의 조사하는 버릇은 어린이의 조사하는 버릇을 길러 준다 109 ─── 한 달에 한 번쯤은 아버지가 공부를 총괄하게 한다 110 ─── 공부를 위한 모든 조건을 다 갖추면 반대로 의욕을 상실한다 111 ─── '우리 집 아이는 발전성이 있다'는 부모의 신념이 중요하다 112

**제 4 장
창조력을 기르려면 우뇌를 개발하라 ▶ 113**

뇌 114 ─── 우뇌 테스트 채점표 117 ─── 성장에 따른 좌뇌·우뇌의 특성 차이 118 ─── 엄마가 알아두어야 할 우뇌 훈련법 121 ─── 냄새와 우뇌 122 ─── 우뇌 음악 123 ─── 동방삭은 백지 한 장을 베고 자서 머리가 좋았다 123 ─── 우뇌를 발달시키려면 손 운동을 많이 시켜야 한다 126 ─── 삼림욕 128 ─── 두뇌 개발과 산소 129 ─── 두뇌 개발·지구력의 싸움이다 133 ─── 우뇌 발달과 건뇌식 모유 137 ─── 복지부·유니세프 엄마젖 먹이기의 달' 지정 143 ─── 젖 먹는 아기 IQ·EQ 더 높다 144 ─── 모유 관리법 145 ─── 모유 먹이기 147 ─── 직장 여성 수유법 148 ─── 그러나 모유를 너무 오래 먹이지는 말자 149

**제 5 장
취학 전 어린이를 교육하는 엄마의 역할 ▶ 151**

3세에 가능성의 틀이 잡힌다 152 ···· 영아의 성격 형성 154 ····

지능은 생활에 적응하는 능력 156 ···· 놀이와 어린이 158 ···· 장난감 선택과 지도 160

···· 모든 학습은 생활을 통해 162 ···· 자기 존중성 164 ···· 학습 부진의 개념 166 ····

학습 부진의 원인 166 ···· 학습 부진아를 찾아내는 방법 170 ···· 학습 부진아의 대책

171 ···· 허약아의 대책 174 ···· 공부를 해도 성적이 올라가지 않는 어린이 180

**제 6 장
문제아의 올바른 육아법 ▶ 183**

밥을 잘 먹지 않는 어린이 184 ···· 말더듬이 187

···· 잠자리에 오줌을 누는 어린이 188 ···· 손

빠는 버릇 190 ···· 소극적인 어린이 192 ···· 신체 운동이 성장에 주는 영향 194

**제 7 장
유아기의 발육과 이유식 ▶ 197**

유아의 발육 198 ···· 유아의 성장 발육

198 ···· 갓난아기의 체내 장기 발육

200 ···· 갓난아기의 정신적 발육과 뇌파 200 ···· 갓난아기의 질병 202 ···· 이유와

이유식 203 ···· 머리를 좋게 하는 생선 207 ···· 성인의 건강은 유아기에 만들어진다

212 ···· 유아기의 식생활 213 ···· 아기의 영양 부족은 일생 동안 회복되지 않는다 215

**제 8 장
아이의 머리가 좋아지도록 도와주고 있나? ▶ 217**

카페인과 두뇌 작용 221 ····

두뇌 속설의 허실 226 ····

어린이 두뇌의 기적 230 …… 엄마 뱃속에서 3개월 동안 아이의 두뇌 : 세포 형성 232
…… 태아의 두뇌 영양 섭취 235 …… 1~5세아의 두뇌 영양 섭취 238 …… 누구나
현명해질 수 있다 242 …… 지능 수준은 후천적으로 결정된다 243 …… 좋은
대학보다는 좋은 유치원에 넣는 것이 중요하다 244 …… 지능 향상은 두뇌의
훈련으로 245 …… 생선의 DHA 250 …… 머리에 많이 들어 있는 DHA 250 ……
지능지수는 태아 때 결정!? 253 …… 모유에도 DHA가 들어 있다 254 …… 노인성
치매증 개선의 희소식 255 …… DHA가 치매증의 뇌세포를 활성화하는가!? 256 ……
운동 부족은 문맹과 식결된다 258 …… 원숭이 가지타기식 운동 258 …… 수영과 두뇌
개발 259 …… 늑대 소년·소녀 259 …… 잼잼이'를 많이 시킬수록 머리는 좋아진다 260
…… 호박씨를 까먹으면 머리가 좋아진다 260 …… 식사와 두뇌 개발 261 …… 건뇌식 263
…… 지구력 향상에 도움이 되는 식품 264 …… 피아제의 지능 발달론 265 …… 두뇌
개발을 위한 스포츠 266

**제 9 장
식생활의 지혜 ▶ 267**

아침 식사는 대뇌에 엑셀레이터와 같은 자극을 준다
268 …… 음식물을 잘 씹으면 생리적 만복감이 생긴다
269 …… 침은 당뇨병, 동맥경화 예방 270 …… 타서 수분이 없는 고기는 먹지 않아야
한다 271 …… 유산균은 비타민 B류의 증가를 돕는다 272 …… 가공식품의 섭취는 아연
결핍을 부른다 273

**제 10 장
학령 전 어린이를 위한 식생활 전략 ▶ 277**

어린이의 식사 주기를 분석하라 279 ····· 하루에 세 끼라는 고정 관념에서 벗어나라 279 ····· 어린이를 요리사로 만들자 280 ····· '맛없는' 음식은 없다 280 ····· '어른'이 되고 싶은 본능을 북돋아 주라 281 ····· '장난감 계략' 쓰기를 두려워하지 말라 282 ····· 어린이가 '먹는' 장난을 하도록 놓아 두라 283 ····· 두뇌 식품은 뇌물과 어울리지 않는다 283 ····· 어린이는 먹는 기술이 부족하다는 이유로 배를 곯아서는 안 된다 284 ····· 식사 시간을 미리 알려 주라 285 ····· 시간 제한을 하라 285 ····· 학령 전 상차림을 하라 286 ····· 외식할 때도 원칙을 버리지 말라 286 ····· 부모의 권위를 세워라 287 ····· 좋은 영양에 대해 가르치는 것은 일찍 시작할수록 좋다 288 ····· 먹는 것을 모험으로 만들라 288 ····· 성공적인 두뇌 식품 식단을 위해서, 다양성은 삶의 양념이다 289

**제 11 장
엄마와 아기의 영양 ▶ 291**

임신중의 증상 292 ····· 분만과 영양 294 ····· 산욕기의 영양 295 ····· 임산부의 영양 295 ····· 수유부의 영양 298 ····· 모유를 먹이는 시기 301 ····· 이유기의 영양 302 ····· 이유식 302 ····· 하버드 의대 랩프 미니어 박사의 주장 305

● 부록 / 다섯 가지 기초 식품군과 식품 교환표 307

제 1 장
아이들 두뇌는 식탁이 결정한다

아이들 두뇌는 식탁이 결정한다

파를 먹으면 머리가 좋아진다?

머리가 좋아지고 싶다는 염원은 인간들이 먼 옛날부터 가지고 있던 큰 욕망 가운데 하나였다. 그렇기 때문에 미신이나 부적을 사용하는 방법이 속출하게 되었다.

그러한 방법들은 비단 우리 나라에만 국한된 것이 아니라 세계 어느 나라에나 있었다. 보리수나무 그늘에 앉아 있으면 머리가 좋아진다든지, 머리를 동쪽으로 향하고 잠을 자면 두뇌가 명석해진다든지 하는 것들이 그러한 예에 속한다.

그러한 방법 중에서 음식물과 관련되어 있는 것이 있고, 전통적으로 이어져 오는 관습도 있다. 파를 먹으면 머리가 좋아진다, 흰쌀보다 빵이 좋다, 백미보다 현미가 좋다, 조미료 원료인 글루타민산을 먹으면 머리가 좋아진다 등이 그러한 것들이다. 이들은 모두 소박한 경험에 의한 것이 많다. 사람들이 피부로 느낀 방법으로서 저마다 나름대로의 효용과 특징이 있는 것이지만, 개중에는 과학적으로 뒷받침할 만한 근거를 찾기 어려운 것도 많다.

어쨌든 이왕이면 몸도 튼튼하고 오래 살면서 지능이 우수한 사람이 많아야 가정이나 사회가 행복감을 더욱 느낄 수 있을 것이다.

임신 중의 영양 관리가 두뇌를 결정한다

사람들의 머리의 움직임, 즉 기능을 과학적으로 연구하려는 학문이 대뇌생리학이다.

다른 기관과 마찬가지로 뇌도 그 기본이 되는 것은 세포이다. 오스트리아의 에코노모와 코스키나스 두 병리학자의 추산에 의하면, 사람의 뇌는 탄생할 때부터 140억 개나 되는 뇌세포를 갖는다고 한다.

일반적으로 사람은 160억 개 가량의 뇌세포를 갖는 것으로 알려져 있다. 이것을 보더라도 출생 후의 영양 관리보다 임신 중의 영양이 얼마나 중요한가를 짐작할 수 있다.

이렇게 많은 수의 세포가 항상 모두 가동하는 것이 아니라 어릴 때에는 몇 %도 안 되는 일부만이 활동하고 있을 뿐이며, 성인이 되어도 전체의 ¼, 즉 25% 가량의 뇌세포만 활발히 가동한다고 한다.

흔히 머리가 커서 뇌의 무게가 무거우면 머리가 좋다든지, 뇌에 있는 주름이 많으면 지적 능력이 커서 머리가 좋다고 말하고 있으나 이것은 모두 근거가 없는 것으로 밝혀져 있다. 가장 중요한 것은, 75% 이상이나 잠자고 있는 뇌세포를 어떻게 눈뜨게 할 것인가 하는 점이다. 그와 동시에 활동하고 있는 한 개 한 개의 뇌세포의 작용을 가능한 한 높이도록 해야 하는 것이다.

물론 IQ는 유전적으로 타고나는 것이지만, 생후의 두뇌 개발과 영양 관리가 뒤따르지 않으면 좋은 결과를 기대하기 어렵다. 비록 타고난 IQ가 좀 낮다고 해도 꾸준히 개발한다면 대성할 수 있을 것이고, 높은 IQ만 믿고 영양 관리와 두뇌 개발을 소홀히 한다면 낙오될 것은 자명한 일이다.

머리 움직임의 좋음, 판단력, 추리력 등 가장 기초적인 형은 뇌 세포 안에서 '이럴 것이다'와 '아니다, 그것은 아니다' 하는 추진력과 억제력의 되풀이인 것이다.

이 두 가지 힘이 모두 강하며 그 양편 사이를 쉽게 왕복할 수 있게 되면 머리의 회전이 빨라진다는 것이 대뇌생리학자의 생각이다.

아기 때에 충분한 영양 공급을

동물 실험에서 보면 출생한 뒤에 비록 짧은 기간이라도 영양 상태가 나빠지면 그 뒤의 영양 공급에 관계없이 몸이 작으며 뇌의 크기도 작다고 한다.

그러나 발육기가 지난 다음에는 심한 영양 불량이 생겨도 다시 영양 공급을 충분히 해주면 정상적인 크기로 회복할 수 있다고 한다. 특히 일찍이 단백질 결핍이 생기면 성장이 억제 당할 뿐만 아니라 지능의 장애도 일으킨다.

뇌는 갓난아기에서 가장 활발하게 성장하여 그 무게가 출생시에 이미 성인의 70% 가량이 된다. 어린이의 뇌의 크기를 머리 둘레로 측정해 보면 만 2세에 벌써 성인의 90% 가량이 되고 있다.

뇌의 발육은 일생 중에서 3세까지 급속하게 자라며, 5세가 되면 그 성장은 완만해진다.

단백질은 두뇌 발달의 열쇠

신경세포는 약 140억 개나 되며, 교질세포는 약 700억 개가 된다고 한다. 이들 뇌신경 세포가 잘 발육하려면 이들 세포의 재료가 되는 단백질 등의 영양소가 충분히 공급되어야 한다.

생후 2년 이내에 단백질 영양 불량으로 사망한 9명의 어린이의 뇌를 해부하여 건강한 어린이의 뇌와 비교해 본 결과, 뇌의 중량과 단백질 함량, 그리고 핵산 함량이 감소되어 있었으며, 생후 초기에 일어난 단백질 영양 불량으로 뇌세포의 수는 감소되고 세포 크기는 변하지 않았음을 알 수 있었다.

세계 여러 나라에서의 보고에 의하면, 젖먹이 시절 이유기에 영양 공급이 부족하게 되면—특히 단백질 에너지 영양이 불량하면—, 그 기간 동안만 어린이의 발육이 나빠지는 것이 아니라 그 뒤에 영양을 개선하여 주어도 정상적인 신장이나 두뇌의 성장이 회복되지 않는다고 한다.

스티치와 스미드 박사는 남아프리카에서 생후 1년의 어린이가 심하게 영양 상태가 나빠졌을 때 두뇌의 발육이 감소되는 것을 관찰하였는데, IQ가 뚜렷하게 낮았고, 7세까지 지능지수의 개선을 보여 주지 않았다고 보고하고 있다.

코넬 대학교 위니크 박사의 연구 결과에 따르면, 영양 불량이었던 어린아이는 3세 반이나 5세 사이에 정상 체중에 도달했어도 정상적인 지적 수준에 이르지는 못했다고 한다. 사망한 소아 14명의 뇌는 모두 단백질, DNA와 RNA의 감소를 보였으며, 뇌의 지방질과 콜레스테롤 함량도 줄어들고 있었다고 한다.

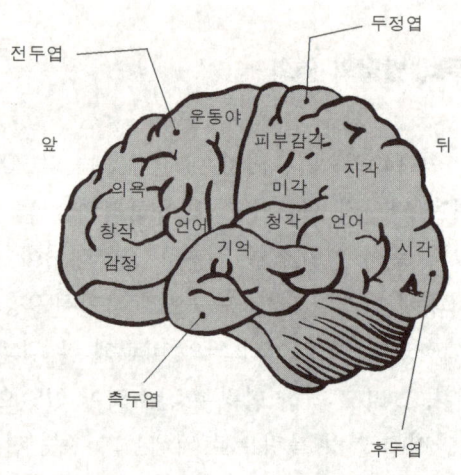

뇌의 구조

인간답게 사는 작용과 우리가 추구하고 있는 뇌력 향상에 직접 관계를 맺고 있는 것이 대뇌피질(大腦皮質)이다. 이것은 대뇌의 가장 바깥쪽에 있으며 3mm 가량으로 매우 얇다. 대뇌피질 중에서 뇌력과 가장 관계가 깊은 부분은 전두엽(前頭葉)으로, 바로 이마의 안쪽에 있다. 전두엽은 감정의 자리이자 지능과 의욕의 자리이며, 전신 활동의 큰 중심이다. 사람의 전두엽은 매우 커서, 전 피질의 약 30%를 차지한다. 참고로, 고릴라의 전두엽은 17%, 개는 7%, 토끼는 2.2%에 지나지 않는다.

뇌는 아미노산과 충분한 산소를 좋아한다

뇌세포 중에서 추진력과 억제력이 잘 이루어져야만 두뇌 개발이 잘 되어 머리가 좋아진다는 것이 대뇌 생리학에서 밝혀졌다.

이 양쪽의 힘의 바탕이 되는 것이 아미노산이다. 이 아미노산에는 종류가 매우 많은데 글루타민산을 비롯한 여러 가지가 뇌세포에 많다. 이들 아미노산이 그대로의 모양으로는 추진력이나 억제력을 나타내지 못한다. 이 아미노산에 비타민 B_1, B_2가 함께 작용하면 추진력이 생기고, 비타민 B_6 판토텐산이 합세하면 억제력이 생기게 되는 것으로 알려져 있다.

억제력이 형성될 때에는 에너지를 그다지 필요로 하지 않으나, 추진력을 형성할 때에는 매우 많은 에너지를 필요로 한다. 그러기 위해선 혈액 중의 산소가 많이 쓰이게 되므로, 뇌세포에는 항상 산소가 충분히 함유된 혈액이 보내져야 한다.

이상을 종합해 보면, 뇌가 활발히 움직이기 위해선 아미노산, B_1, B_2, B_6, B_{12}, 판토텐산 등과 충분한 산소를 함유하는 혈액이 꼭 있어야 한다.

뇌를 젊고 깨끗하게 유지해야 한다

오래 사는 것도 중요하지만 이왕이면 건강하고 젊은 몸으로 살아야 보람있는 일이다. 거기에다 젊고 활력 있는 뇌를 갖춘다면 금상첨화일 것이다.

그러기 위해서는 뇌의 노화를 막아야 하는데, 뇌의 노화는 뇌세포의 찌꺼기와 관련이 깊으며, 찌꺼기는 세포질의 저장 물질, 즉 영양 물질이 부족해서 일어난다고 보고되고 있다. 그런데 뇌의 노화가 뇌세포의 찌꺼기 때문에 일어난다는 사실을 모르는 사람들이 많다.

두뇌 작용을 원활히 하고, 세포가 젊고 활기에 차도록 하려면,

끊임없이 생겨나는 노폐물을 제거해야 한다. 그것이 곧 두뇌 작용이 잘 되고 머리를 좋게 하는 원동력도 되는 것이다.

이 노폐물을 제거하는 데 큰 몫을 하는 것이 곡류에 들어 있는 단백질과 비타민 E이다. 비타민 E와 단백질은 서로 어우러져 산소의 순환을 통해서 세포의 찌꺼기를 조절한다. 비타민 E와 단백질이 어우러지면 산소가 지방산과 화합해서 과산화물, 즉 노폐물이 만들어지기 어렵게 하는 것이다. 바꾸어 말하면, 비타민 E는 산소가 하는 산화 작용을 방해하는 것이다.

이와 같이 조직에서 노폐물을 제거하는 작용 때문에 뇌의 세포는 아미노산을 이용해서 묵은 세포를 새로운 세포로 쉽게 바꿀 수가 있다. 새 것으로 바뀐 세포는 제 기능을 다할 수 있어 뇌는 싱싱한 젊음을 유지할 수 있는 것이다.

비타민 E는 곡류의 씨눈(배아)에 풍부하게 들어 있다. 다른 단백질성 식품은 비타민 E를 거의 가지고 있지 않아 매우 대조적이다. 그런데 곡류 식품에는 자연의 배려로 단백질과 비타민 E가 함께 들어 있는 것이다. 이들은 노폐물이 잘 만들어지지 않게 하는 산화방지제 역할을 한다. 즉 힘이 빠져 쇠퇴한 세포에서 만들어진 노폐물을 제거하는 것이다.

비타민 E는 산화방지제의 효력이 큰데, 이러한 작용은 다른 비타민에서는 볼 수 없는 독특한 특성이라고 볼 수 있다.

곡류의 씨눈에 들어 있는 단백질은 함께 들어 있는 비타민 E의 작용으로 노폐물을 씻겨 내려가게 함으로써 혈액을 깨끗하게 유지하게 한다. 그래서 뇌세포가 노폐물의 방해를 받지 않게 된다.

뇌를 청소하는 식생활 프로그램

① 가능한 한 많이 지방분을 식물성에서 섭취한다. 샐러드 드레싱이나 조리용에 사용하기 위해 정제가 덜 된 식물성유를 쓴다. 우리 나라에서 많이 쓰고 있는 참기름이나 들기름은 매우 훌륭한 재료이다. 호남 지방에서 나물을 무칠 때 들깨를 갈아 쓰는 것도 뛰어난 지혜이다.

② 현미나 그 밖의 곡류를 섞은 밥을 지어먹는다. 빵은 통밀로 만든 것이 좋으며, 메밀가루도 좋다. 비타민 E는 곡류의 씨눈 부위에 많기 때문에 방아를 많이 빻아 지나치게 정백(精白)해서 희게 하면 거의 없어지고 만다.

③ 간(肝) 요리와 과일을 곁들여 먹는다.

④ 간식으로 땅콩, 호두, 해바라기씨, 호박씨 등을 잘 씹어 먹는다. 이들 식품에는 천연의 비타민 E와 레시틴이 풍부해서 두뇌 회전을 빠르게 하는 힘을 가지고 있다.

비타민 E는 쉽게 파괴되기 때문에 되도록 가공하지 않은 자연 식품으로 섭취하는 것이 바람직하다. 비타민 E가 부족해지면 신경세포 등의 노인성 변성이 잘 일어난다는 사실이 밝혀지고 있다. 비타민 E의 1일 소요량은 아직 확실치 않으나 50mg 가량을 먹는 것이 바람직하다고 알려져 있다.

비타민 E를 비교적 많이 가지고 있는 식품들은 다음과 같다(단위 $\mu g\%$).

콩 22,800, 장어 8,190, 명란 5,130, 참기름 110,000, 고구마 400.

이상과 같은 연구로 보아 머리를 좋게 하기 위해서나 건강한 몸을 유지하기 위해서는 우리의 식생활을 조금 바꾸어야 한다.

첫째, 밥의 양을 줄이고 반찬, 즉 부식의 양을 늘려야 한다는 것이다. 곡류 중에서도 백미만을 주식으로 하는 우리의 식생활은 당질을 과다하게 섭취하게 되어 그 당질을 소화시키기 위해 비타민 B_1의 필요량이 상대적으로 증가하게 되고 이것은 비만증이나 당뇨 등의 결과를 초래하기가 쉽다.

결론적으로 당질의 과다 섭취는 영양의 불균형을 가져와 대뇌의 활동에 장애를 일으킬 뿐만 아니라 성인병의 원인이 될 수도 있으므로 당질, 즉 밥을 줄이고 콩을 주제로 한 된장이나 두부, 콩나물 등과 달걀, 육류, 어패류를 비롯하여 신선한 채소의 섭취를 늘려야 한다. 이 때 참기름, 들기름, 올리브유 등은 훌륭한 건뇌식(健腦食)이 된다.

부식을 많이 섭취하기 위해서는 결과적으로 우리가 먹는 반찬이 싱거워야 한다. 반찬이 짜면 부식품을 많이 섭취하지 못하게 되며, 또 염분의 과다 섭취라는 또 다른 위험을 부르게 된다. 그러므로 반찬을 싱겁게 만들어 밥보다 많이 먹는 것이 좋다.

둘째, 혈액에 산소를 충분히 공급해야 한다. 두뇌 활동은 혈액 속의 산소를 많이 필요로 하므로 혈액에는 항상 신선한 산소가 공급되어야 하며 이는 숲 속의 산책이나 새벽 조깅 등으로 해결할 수 있다. 또 실내 환기에 신경을 써서 아이들 방이나 거실에 늘 신선한 공기가 차도록 해야 한다.

IQ가 낮아도 걱정할 것 없다

걸프 전쟁의 영웅인 노만 슈와츠코프 장군은 IQ가 170이라고 한다. 전쟁의 와중에서도 보도진이 그의 IQ를 열심히 보도하는 것으로 보아도 알 수 있듯이 IQ는 아직도 머리 좋은 것의 기준으로 이용되고 있는 것 같다.

IQ는 프랑스의 비네 시몬이란 심리학자가 1905년에 제창한, 지능 정도를 측정하는 방법이다. 멘탈 테스트라고 하는 이 지능 검사는 특수 지능 검사와 일반 지능 검사의 두 가지가 있다.

특수 지능 검사는 연상·주의·상상·기억·추리 등의 특수 능력을 단독으로 측정하는 검사법이다. 이에 대해 일반 지능 검사는 특수 검사를 적당히 선택·종합하여 지능의 평균 수준을 결정하는 검사법이다.

지능 검사의 결과로 얻은 정신 연령을 실제 연령으로 나눈 다음 100을 곱한 것이 지능지수, 즉 IQ로서, 이것은 지능의 발달 정도를 표시하는 데 이용되고 있다.

지금도 유치원이나 초등학교에 입학할 때 IQ 테스트를 하는 곳이 많이 있다고 한다. 그러나 요즈음에는 그 결과를 그다지 중요하게 여기지는 않고 있다. 그저 어느 그룹과 다른 그룹을 비교할 때 참고로 쓰일 정도이다. 개인차의 경우 지능의 범위가 넓어서 정확도가 낮기 때문이다.

한국과 미국에서 이 검사를 실시했다고 해보자. 한국어와 영어의 경우에 차이가 날 것이다. 한 예로, 유럽 도시에 살고 있는 아이와 오스트리아 깊은 산 속에 살고 있는 동갑내기 둘을 골라 IQ 테스트를 한 일이 있다.

서로 관련이 있는 것 두 개를 쌍으로 짝짓게 하는 실험이었다. 이를테면 만년필은 종이와, 책상은 의자와 짝을 짓는 식이다. 이것도 두 가지 형이 있어서 또 다른 형은 나뭇잎과 나뭇가지, 꽃과 잎과 같은 배합을 하게 하였다.

그 결과 만년필과 종이 등 도시형 문제의 경우에는 깊은 산에 살고 있는 아이가 뒤졌다. 그러나 나뭇잎과 나뭇가지와 같이 자연에 관한 설문에선 비교가 안 될 정도로 도시 아이가 뒤떨어졌다.

IQ라는 것은 검사 받는 사람의 생활 환경과 관계가 깊기 때문에 '좋은 머리=지능지수'라는 공식은 성립되지 않는다.

IQ를 국제적인 표준으로 사용한다는 것은 옳지 않다고 반대 의견을 내세우는 학자가 많다. 실제적으로 큰 뜻이 없다는 것이다. 만일 IQ가 믿을 만한 것이라면 모든 입학 시험이나 취직 시험, 각종 국가 시험 등을 모두 IQ 테스트로 할 수 있고, 해야 할 것이다.

'우리 아이는 IQ가 낮은데' 하고 걱정할 필요가 조금도 없다. 사람은 태어날 때 분야별로 특기를 하나씩 가지고 나왔으므로 그것을 찾아서 갈고 닦으면 되는 것이다. 산수에 뛰어난 지능을 가지고 태어난 사람이 있는가 하면, 미술에 뛰어난 능력을 가진 사람이 있다는 것을 우리는 잘 알고 있다.

앞짱구 뒤짱구여야 머리가 좋은가?

한때 앞짱구 뒤짱구로 머리가 크면 머리가 좋은 것으로 알려지기도 했다. 머리가 크면 지능을 관장하는 뇌의 용량이 크기 때문에 머리가 좋을 것으로 생각한 것이다.

언뜻 듣기엔 일리가 있는 것 같으나 전혀 그렇지 않다고 하니 납작한 머리를 가진 아이의 어머니들은 낙심할 필요가 없다.

수많은 세포가 모여 있는 뇌세포가 항상 모두 회전하는 것이 아니다. 어린이는 불과 몇 %밖에 활동하지 않으며 어른이 되어도 전체의 1/4, 즉 25% 정도만이 작용한다는 것이다.

흔히 뇌의 무게가 사람의 지적 능력의 크기와 같다거나 뇌의 주름이 많아야 머리가 좋다는 속설이 많으나 과학적 근거가 없다.
중요한 것은, 75% 이상 잠자고 있는 뇌세포를 어떻게 눈뜨게 하느냐이다. 그리고 이미 활동하고 있는 뇌세포의 작용을 가능한 한 높이도록 노력해야 한다.
오스트리아의 에코노모와 코스키나스라는 두 병리학자는 사람은 탄생할 때 이미 140억 개의 뇌세포를 형성하고 있다고 추산했다.

수수께끼 뇌의 신비

뇌는 우주에서 가장 복잡한 구조물이라는 표현에 어울리게 베

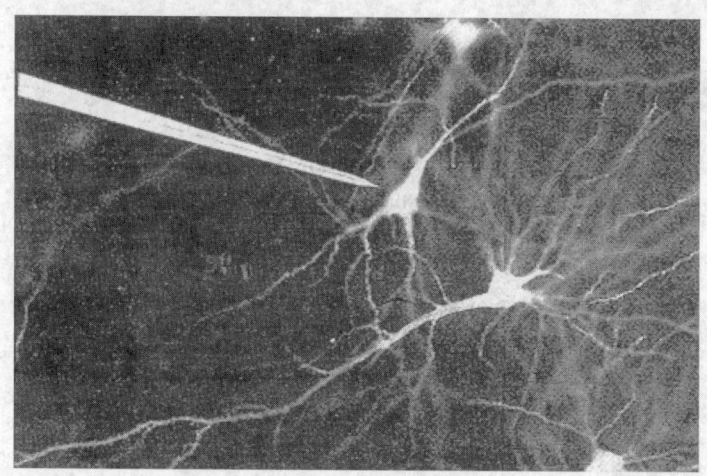

텅스텐으로 만들어진 미세 전극이 뉴런(신경세포, 검게 염색됨)의 활동을 측정하고 있는 모습

일에 가려진 부분이 많았다. 그 베일이 현대 과학에 의해 서서히

벗겨지고 있다.

약 100년 전 뇌 조직의 염색 기법이 개발되면서 본격적인 연구가 이루어지기 시작했다.

전자 현미경과 미세 전극의 개발, 분자생물학의 응용으로 많은 부분이 밝혀지고 있다.

뇌의 무게는 약 1,300g이고, 1,000억 개 가량의 뉴런(neuron : 신경 세포와 이로부터 돌출되어 있는 신경 섬유)으로 이루어져 있다고 한다. 말랑말랑한 이 조직에서 다양한 문명이 선을 보였고 불멸의 명작들이 사람들의 심금을 울리고 있는 것이다. 컴퓨터를 만들어낸 것도 바로 이 뇌의 힘이다.

수많은 뉴런이 촘촘히 얽혀 있는 처리 체계가 바로 뇌이기 때문에 기본 단위인 뉴런에 대한 규명이 진행 중에 있다.

뉴런이 다른 일반 세포와 구분되는 가장 중요한 특징은, 바로 정보를 처리한다는 점이다. 즉 뇌는 시각·청각·후각 등의 정보를 처리하고 거기에 적절한 운동을 명령한다.

자극이 뇌에 받아들여지고 운동 명령으로 바뀌는 과정에 대한 연구가 신경 과학 가운데서도 가장 중요한 초점이 되고 있다.

감각에서 운동에 이르기까지의 과정에 대한 연구가 가장 활발한 것이 시각중추신경계의 영역이다. 이 연구는 1981년 하버드 대학교의 허벨과 위셀 교수가 노벨상을 수상함으로써 일반에게 알려지기 시작했다.

마취된 고양이의 시각신경계의 뉴런 활동을 미세 전극으로 조사하는 것이 연구의 시작이었다. 물체의 형태·색채 등 시각을 구성하는 요소들이 뇌의 시각 중추를 구성하는 개별 뉴런에 어떻게 나타나고 처리되며 시지각(視知覺)이 이루어지는지 그 매커니즘을 처음으로 밝힌 것이다.

단일 뉴런의 활동을 측정하는 기법은 깨어 있는 동물의 뇌에서 뉴런의 활동을 조사하면서 새로운 분석을 가능케 하고 있다. 이 뉴런은 한치도 틀리지 않는 수학적 계산을 하고 있다는 놀라운 사실이 밝혀졌다.

미국 MIT의 조지 아플라스 교수는 "팔 운동에 관여하는 뉴런들의 수학적 계산 과정을 통해 팔을 뻗는 각도가 결정된다"는 사실을 보고하고 있다.

신경세포 자체에 대한 연구 외에 신경세포간의 전달 과정에 관여하는 신경 전달 물질에 대한 연구도 많다. 뇌의 화학적 전달 물질과 회로에 관한 연구가 시작된 지는 얼마 되지 않지만 뇌와 행동, 기억 학습 등의 내용이 차츰 구명되고 있어 흥미롭다. 사람 뇌의 놀라운 능력은 학습과 경험에 따라 그 구조와 기능에 변화가 일어난다고 한다.

학습에 의한 뇌의 변화는 현재 뉴런간의 연결 부위인 시냅스(synapse : 신경세포의 신경 돌기가 딴 신경세포에 접합하는 부위)에서 일어나는 것으로 생각되고 있다.

살아 있는 동물 내의 절편(두께 0.5mm 정도)에 산소와 영양 공급을 통해 살아 있는 뉴런의 형태를 시각화해서 시냅스 변화를 직접 관찰하는 새로운 기법이 이용되고 있다.

시냅스 변화를 밝힘으로써 학습 장애, 기억 장애의 치료도 가능할 것으로 기대하고 있다.

기억의 매커니즘

앞에서도 말했지만 사람은 약 140억 개에 이르는 뇌신경세포를 가지고 있다. 이것은 임신 18주부터 생후 20개월 사이에 성인 뇌의 70%가 형성되고, 그 뒤 7세경까지 90%가, 그리고 18세까지는 100%가 완성되며 그 이후부터는 서서히 퇴화한다. 이 140억 개의 뇌신경세포는 아직 한 번도 쓰지 않은 새 녹음 테이프에 비유할 수가 있다. 태어나면서부터 엄마의 사랑스런 목소리, 엄마의 따뜻한 젖가슴 등 이런 식으로 하나씩 차례로 새겨 가는 것이다.

그러면 어떻게 하면 이 140억 개의 뇌신경세포라는 녹음 테이프에 보다 많고 보다 충실하게 정보를 기록할 수 있을까? 다시 말해서 어떻게 하면 기억력을 좋게 할 것인가? 이것은 누구나 한결같이 원하고 있는 것이며 또 누구나 알고 싶어하는 것이다.

여태껏 우리들은 기억력이 좋다든지 머리가 좋다든지 하는 것은 다만 유전에 의해서 결정되는 것인 만큼 어찌할 도리가 없지 않겠느냐고 단념해 왔다. 그런데 대뇌 영양학과 뇌신경생리학의 비약적인 발전으로 인하여 기억력도 노력에 따라서 얼마든지 좋게 할 수 있다는 사실이 밝혀졌다. 그러면 기억은 어떻게 되는 것일까? 그 기억의 매커니즘을 알아보기로 하자.

기억에는 세 가지 단계가 있다.

제1단계는 몇 초 동안의 순간적인 기억으로, 대부분은 바로 잊어버린다. 길거리에서 많은 사람의 얼굴이 비치며 스쳐 지나간 뒤에 곧 잊어버리는 것과 같은 것이다.

제2단계는 몇 분 내지 몇 시간 동안만 기억되는 것이다. 시험

장에 들어가기 직전의 암기식 공부와도 같은 것이다. 이것도 쉽게 잊어버리게 된다.

그러나 제3단계는 몇 년 또는 몇십 년 동안이나 길게 가는 기억이다.

'에빙하우스의 망각 곡선'이라는 것이 있다. 그것은 기억을 반대 방향으로 잊어버리는 과정을 그래프로 나타낸 것인데, 이를 통하여 시간의 흐름에 따라서 얼마쯤 잊어버리게 되는지를 알 수 있는 것이다.

이 망각 곡선에 의하면, 우리 인간은 어떤 것을 암기한 다음에 이틀 동안에 그 66%를 잊어버리게 되고 그 다음부터는 서서히 내려와서 1개월이 지나도 79%만을 잊게 되고 나머지 21%는 오랫동안 잊지 않고 기억할 수 있다는 것이다. 즉 기억력은 시간의 흐름에 따라 '잊어버리는 것'이 적어진다는 것이다. 다시 말해서, 일정한 시간이 지나갈 때까지 기억한 것은 쉽게 잊지 않는다는 것을 의미한다. 결국 참된 기억이 되기 위해서는 시간이 걸린다는 말이 되겠고, 이 시간 안에 되풀이해서 반복 학습을 하는 것이 기억을 정착시키는 최선의 길이 된다는 것이다.

기억은 처음에는 '전기적 패턴'에서 시작하여 마지막에는 '단백질'의 형태로 고정된다. 이 기억이 정착된 '단백질'은 DNA(데옥시리보핵산)라는 핵산 단백질로서, 마치 수많은 정보가 암호로 처리되어 녹음되어 있는 녹음 테이프와도 같은 것이다. 그러므로 이 원본의 DNA만 있으면 필요할 때 언제든지 RNA라는 복사본 단백질을 떠낼 수 있는 것이다. 그리고 이러한 암호 테이프를 만들기 위해서는 단백질의 원료인 필수아미노산을 비롯하여 비타민 B복합체에 속하는 여러 가지 비타민과 미네랄 등의 영양소가 필요한 것이다.

머리는 쓸수록 좋아진다

어떠한 천재의 두뇌라고 할지라도 갓 태어날 때에는 백지 상태이다. 여기에서 백지 상태라 함은 마치 녹음 테이프에 비유되는 뇌세포가 아직 새 것으로 한 번도 사용되지 않은 상태임을 의미한다. 어린이는 태어나면서부터 어머니의 목소리, 젖가슴의 감촉 등을 차례로 기억하기 시작하고 마침내는 말을 배우고 글을 익히면서 아직 사용하지 않은 녹음 테이프를 하나씩 메워 간다. 보다 많은 정보를 뇌세포에 새겨 넣어 그것들을 종합해서 연결시키는 것이 곧 '두뇌의 발달'인 것이다.

사람은 누구나 다 같이 140억 개의 뇌신경세포를 갖고 태어나는데, 그 가운데서 실제로 사용되는 것은 약 10~60% 정도에 불과하다. 보통 사람의 경우 머리가 무척 좋다는 사람은 20% 정도, 그리고 아인슈타인과 같은 천재라도 기껏해야 60% 정도밖에는 사용하지 못한다는 것이다. 문제는 바로 여기에 있는 것이다. 그러므로 140억 개나 되는 천문학적인 숫자의 뇌신경세포에 되도록 많은 정보를 새겨 넣어 그 새겨진 정보를 원활하게 처리·운영하여야 하는 것이다. 그러기 위해서는 두뇌의 영양소를 고루 섭취하고 교육적인 훈련을 열심히 쌓아야 한다.

두뇌의 발달은 생리적으로는 18세 정도에 완전히 끝난다. 물론 학업을 계속하거나 새로운 경험에 의하여 지식이나 교양의 폭이 넓어지기는 하지만, 뇌의 생리학적 발달 그 자체는 더 이상 계속되지 않는다. 그러므로 대학에 입학하기 전까지의 시기야말로 우수한 두뇌를 만들 수 있는 마지막 기회라고 할 수 있는 것이다. "공부는 젊어서 열심히 해야 된다"는 옛말이 참으로 일리가 있는 것이다. 해부학적 소견에 따르면, 쓰이지 않은 뇌신경세포에는 '리포푸스친'이라는 노화 물질이 침착되어 있음을 알 수 있다. 다시 말해서 머리를 쓰지 않으면 빨리 늙는다는 것이다.

외국의 경우를 보면 정년 퇴직한 뒤 5년 이내에 사망하는 사람의 비율이 가장 높다고 하는데, 이것은 곧 머리를 쓸 일이 없어져 빨리 늙어 사망하는 것임을 의미한다.

머리는 하루에 약 400cal의 열량을 소모시키고 있다. 이는 놀랍게도 몸 전체가 소비하는 열량의 약 20%에 해당하는 것으로서, 뇌는 영양 대사가 매우 왕성한 기관임을 알 수 있다. 그런데 이러한 열량 소모는 두뇌의 지적 활동과는 별로 관계가 없다. 다시 말하자면, 공부를 하거나 신경을 쓴다고 해서 더 많은 열량이 없어지는 게 아니라는 것이다. 그러므로 뇌를 쓰지 않으면 노화 물질인 리포푸스친만 생길 뿐 하등의 이익(열량 절약)도 없다는 것이다.

뇌에는 무진장한 자원(공테이프)이 있다. 아무리 써도 녹음 테이프가 부족해지지는 않는다. 그러므로 열심히 가동해서 녹이 슬지 않도록 해야 한다.

머리가 좋아지는 자연 식품

지금까지 언급한 머리 회전을 좋게 하는 영양에는 단백질(필수 아미노산)을 비롯한 다가불포화지방산(생선류·씨앗류의 기름) 및 비타민 B복합체($B_1 \cdot B_2 \cdot B_6 \cdot B_{12}$)·비타민 C·비타민 E 그리고 칼슘·아연·망간 등의 미네랄이 있다.

이러한 영양 성분이 풍부히 함유되어 있는 자연 식품에는 다음과 같은 것이 있다. 그 가운데서도 가장 완전하고 가장 훌륭한 자연의 식품은 바로 엄마의 젖(母乳)이다. 우유는 덩치만 크고 머리가 둔한 소를 기르기 위한 것이지 엄마의 젖과는 다른 것이다.

곡식류로는 조·수수·콩 등을 들 수 있고, 씨앗류로는 호박씨·호도·해바라기씨·검정 참깨 등이며, 씨눈으로는 소맥배아(小麥胚芽)·쌀눈(玄米胚芽) 등이 있다. 그리고 해조류로는 다시마·미역·파래·김 등이며, 열매류로는 대추·용안육(龍眼肉)·매실 등이 있고, 육류로는 야생 메추리·토종닭·토끼·멧돼지 등이 있다.

밤새워 공부하는 것은 해롭다

옛 사람이 불을 발견하기 전에는 생식을 할 수밖에 없었다. 불이 없었던 시대는 불고기나 생선 구이나 된장찌개 등을 먹을 수가 없었음은 물론, 해가 져서 캄캄해지면 일체 움직임이 불가능했을 것이다. 그러니 아침에는 해가 동녘 하늘을 밝게 한 다음에야 일어나 활동하기 시작하였고, 저녁에는 해가 져서 서녘 하늘이 캄캄하게 되기 전까지만 활동할 수 있었을 것이다.

인간이 지구상에 나타났다고 추산되는 약 250만 년 동안 이러한 자연의 속박은 어찌할 도리가 없었을 것이며, 매일처럼 똑같은 일과를 보낼 수밖에 없었을 것이다. 즉 해가 뜨면 일어나고 해가 지면 누워서 자는 그러한 일과였을 것이다. 그리고 그러한 습관은 적어도 250만 년 동안 계속되었을 것이다.

우리 인간이 불을 발견하고부터는 등불을 밝히는 일이 가능했으므로, 자고 일어나는 일에 대하여 반드시 자연의 구속을 받지 않아도 되었을 것이다.

불을 발견한 뒤로 인간의 오랜 습관이었던 일찍 자고 일찍 일어나는 일에도 변화가 생겼던 모양이다. 왜냐하면 늦게 자고 늦게 일어나는 습관을 가진 사람도 있으니까 말이다.

어른들은 늦잠을 자는 아이들을 심하게 나무란다. 공부는 밤에 하는 것보다는, 조용하고 공기가 맑은 이른 아침에 해야 되는 것이라고 굳게 믿고 있기 때문이다. 그래서 새벽녘에 일찍 일어나서 공부하도록 종용하는 것이다. 마치 그것이 조상 전래의 어떤 불문율이라도 되는 것처럼 말이다.

그런데 한 가지 중요한 것은, 잠에는 두 가지 스타일이 있어서, 제각기 자기 스타일대로 잠을 자야만 건강에도 좋고 학습 능률도 오른다는 사실이다. 말하자면 초저녁에 일찍 자고 새벽에 일찍 일어나는 타입과, 그와는 반대로 밤에 늦게 자고 아침에 늦잠을 자는 타입이 있는 것이다.

잠의 양은 면적으로 헤아려지는데, 초저녁에 일찍 자는 형의 사람은 잠들고 나서 몇 시간 동안 깊은 잠에 빠지고 아침녘에는 얕은 잠을 자기 때문에 예정보다 1~2시간 정도 아침에 일찍 깨어나는 것은 별 문제가 아닐 수 있다.

그러나 밤에 늦게 자고 아침에 늦잠을 자는 형의 사람은 밤에는 얕은 잠을 자고 아침녘에야 깊은 잠을 자게 되기 때문에, 만약 무슨 일로 아침에 일찍 일어나 평소보다 1~2시간을 덜 자게 되면 하루 종일 피곤하고 머리도 개운하지 않을 것이다. 만약 공부하는 아이들이 이렇다면 수업 시간에 집중력이 생길 리가 없는 것이다.

그러므로 공부하는 아이들은 자기의 체질화된 수면형에 따라 자연스럽게 잠을 자는 것이 현명하다. 그래야만 낮에 보다 능률적이고 효과적인 공부를 할 수 있는 것이다. 늦잠을 잔다고 무조건 게으르다고는 할 수 없는 것이다. 그것은 사람마다 잠을 자는 스타일도 생체 리듬에 따라 각기 다르기 때문이다.

아무리 좋은 영양을 섭취한다고 해도 충분한 수면을 취하지 못한다면 머리가 지쳐서 끝내는 생각하는 것은 물론 기억하고 판단하는 능력이 떨어지고 말 것이다.

그렇다면 잠은 몇 시간 정도 자는 것이 가장 적당할까? 잠은 지나쳐도 좋지 않고, 부족해도 머리를 지치게 한다.

정신의학자 와이간트 박사가 실험을 통하여 실험 대상자들에게 지적(知的)인 노동을 시키면서 잠의 효과를 조사해 본 결과, 충분한 작업 능률을 회복하는 데는 최소한 7~8시간의 수면이 필요하다는 사실을 알아냈다고 한다.

수면은 몸을 쉬게 하며 육체적 피로를 회복시키는 데에만 필요한 것이 아니라, 낮에 익힌 지식을 쉽게 잊어버릴 수 있는 '전기적 패턴'에서 확고한 기억 물질인 'DNA'의 형태로 전환시키는 일, 다시 말해서 '기억을 정착'시키는 데 절대적으로 필요한 것이다.

또한 뇌에서는 잠자는 시간에 내일에 쓰일 두뇌 활동 물질인 '플러스 물질'과 '마이너스 물질'을 만드는 중요한 일을 한다. 그렇기 때문에 충분한 수면이 보장되지 않으면 다음 날의 공부에 오히려 지장을 초래할 뿐만 아니라, 이러한 상태가 오래 계속되면 결국에는 건강을 해치게 되고 만다.

우리가 잠을 자고 있을 때에 몸은 쉬고 있으므로 칼로리와 산소의 소비량이 많이 줄어들지만, 뇌의 경우에 있어서는 깨어 있을 때와 마찬가지로 하루에 약 400kcal의 에너지 및 산소 소비량의 20%라고 하는 많은 양을 소비하고 있다.

이것만 보아도 몸은 쉬어도 머리는 계속적으로 일을 하고 있다는 사실을 쉽게 알 수 있는 것이다. 그리고 밤샘을 하는 공부는 오히려 손해를 본다는 사실도 알게 되었을 것이다.

공부하는 밤에 좋은 영양 간식

밤새워 공부를 하다 보면 때때로 입이 심심해지게 된다. 이런 때에는 무엇을 먹는 것이 좋을까? 공부에 지치지 않는 체력을 유지하고 학습 능률에도 좋은 영향을 주는 것은 없는가?

밤중에 먹는 간식은 첫째로 양이 적고 소화하기 쉬운 것이라야 한다. 왜냐하면 위 속에 음식물이 가득하고 또 그것이 오래도록 머물게 되면 졸음이 오고 피로해지기 때문이다.

혈액이 위장 쪽으로 모이고 부교감신경이 항진되면 뇌 쪽으로 가는 혈액의 양이 부족하게 되어 자연히 긴장이 해이해져서 나른

하게 된다. 그러므로 이런 때는 가급적이면 유동식이 좋다. 야채 주스나 과일 주스 또는 수프와 같은 것이 좋으며, 과자류나 백설탕이 든 음료수는 좋지 않다.

IQ는 향상시킬 수 있다

두뇌의 기능을 높이고 IQ를 향상시키는 영양 물질이 존재한다는 것은 이제는 상식에 속한다.

노벨상 수상자인 알렉시스 카렐과 라이너스 폴링은 이 문제에 관한 선구적인 과학자들로 유명하다.

머리를 좋게 하려면 무엇보다도 매일매일의 식사를 통하여 적절한 양질의 단백질과 다가불포화지방산(소맥배아·콩·깨 등의 식물류) 및 비타민 B복합체·비타민 C·비타민 E·칼슘·아연·망간 등을 섭취하는 것이 필요하다.

라이너스 폴링은 비타민 C 한 가지만으로도 충분히 IQ를 높일 수 있다는 것을 과학적으로 입증하였다. 비타민 C는 오른쪽 뇌와 왼쪽 뇌의 정보 교환을 원활히 하는 데 필수적인 영양소이며, 그밖에도 뇌혈관을 튼튼히 하고 혈중 콜레스테롤을 낮추는 작용을 하여 혈액의 흐름을 좋게 한다.

아연은 기억 물질인 DNA(핵산단백질)의 합성을 촉진시키는 작용을 하며, 칼슘은 뇌신경세포의 안테나 역할을 하는 시냅스에서의 정보 전달을 촉진시킨다.

비타민 B복합체에 속하는 비타민 $B_1 \cdot B_2 \cdot B_6 \cdot B_{12}$ 등은 두뇌 활동 물질인 GABA(감마아미노낙산)와 플러스 물질 및 마이너스 물질의 합성에 기여한다. 또한 다가불포화지방산은 뇌의 건조 중량의

30%를 차지하는 인지질의 구성 성분으로서 매우 중요한 것이다.
그리고 비타민 E는 혈액의 흐름을 좋게 한다. 뇌에는 눈에 보이지 않을 만큼 가늘고 많은 혈관이 흐르고 있다. 뇌의 1㎣ 용적에는 무려 110cm의 혈관이 거미줄처럼 뻗어 있다. 그렇기 때문에 혈액의 순환은 대단히 중요한 문제이다. 망간은 '정서 미네랄'이라는 별명이 붙어 있을 정도로 정서적 안정을 지켜 주는 중요한 기능을 한다.
이 모든 영양소들이 음식물을 통하여 일상적으로 섭취되어야 하는 것이다. 만약 이러한 영양소의 섭취가 하루 세 끼의 식사를 통해서 부족하다고 판단될 때에는 영양 보조 식품의 형태로 이를 보충·공급하여야 한다.

머리둘레가 크다고 반드시 IQ가 높은 것은 아니다

이미 태내에서 형성되어 이 세상에 태어나게 되면 스스로의 삶을 위해서 뇌신경이 가지를 치기 시작하며 마침내는 세포와 세포 사이를 거미줄처럼 연결하고 얽혀서 살아가는 슬기를 기억, 판단, 행동하게 된다.
그러니까 뇌에는 저마다의 영역이 있어 머리의 왼쪽은 언어, 기억, 수리 등을 관장하고, 머리의 오른쪽은 음악, 시각, 회화적 감각, 공간적 감각을 관장하며, 신피질(新皮質)은 공포, 경쟁, 폭력 등의 원시성을 간직하게 되며, 소뇌는 운동신경을 관장하게 된다.
사람은 다른 동물과 마찬가지로 어릴 때부터 환경에 적응해야만 살아 남을 수가 있다. 그래서 뇌신경을 형성할 때 지능 형성을 위한 기본적 경험 구조의 80%는 6세 이전에 형성되고 4세 이전에는 이미 분별력이 생긴다.
 그 뒤 뇌신경은 학습에 의해서 더욱 발달하게 되어 20세가 넘으면 뇌세포가 하루에 10만 개씩 죽어 가는 현상이 빚어진다. 신진대사가 활발한 20세 이전에 일단 지능이 완성되는 것으로 여겨지지만 그래도 사회 생활의 경험을 통하여 지능은 50대에 완숙해진다. 뇌는 환경과 경험을 통하여 지능을 축적해 나가는 것이다.
 그런데 IQ라는 지능지수가 있어 아이들의 세계에 파문을 던져 왔다. 본래 IQ는 1904년 프랑스의 파리시 교육위원회가 비네 박사에게 지진아(遲進兒)의 객관적 선별법을 설정해 달라는 부탁을 받고 끈질긴 연구와 조사 끝에 한 가지 공식을 찾아낸 것이다.
 그는 정신 연령이라는 개념을 도입, 예컨대 3세 정도의 지능밖에 없는 대상은 '정신 연령 3세'로 규정하여 지능 발달의 지표로 삼았고, 그 '정신 연령'을 '실제 연령'으로 쪼개어, 거기에다 100을 곱한 것을 IQ(인텔리젠스퀘션트)라고 정했다.
 이것이 미국으로 건너가 100을 기준으로 하는 방법을 제시해 그것이 오늘날까지 통용되고 있다. 그는 사람의 지능을 7단계로 나누어 140 이상은 최우수, 120 이상은 우수, 110 이상은 평균 이상, 100은 평균, 그 이하는 평균 이하, 79 이하는 정신 능력 결함 경계, 69 이하는 정신 능력 결함이라고 분류하게 되었다.
 이러한 IQ 검사법이 1962년에 우리 나라에 들어와서 아동 교육계에 회오리바람을 일게 했는데 머리가 클수록 지능이 높다는 말까지 돌아 머리가 작은 아이를 가진 학부모의 비관은 이만저만하지 않았던 일까지 빚어졌다.
 이를테면 1956년에 관계 기관이 조사한 머리둘레는 남자가 83.9mm, 여자가 68.2mm였는데 1979년엔 남자가 88.97mm, 여자가 89.85mm였다. 이것은 분명히 그 동안의 생활 환경과 식생활의 개선으로 머리둘레가 커졌음을 뜻한다.

또 남녀 고등학교 학생 2,447명을 대상으로 머리둘레와 지능지수의 관계를 알아본 결과, 머리둘레 80 이하인 학생 가운데 IQ 100 이상은 28명뿐이고, 머리둘레 100인 학생 가운데 IQ 100 이상은 76명이었다는 조사도 없지는 않다(1980년 서울대학교 보건대학원 鄭坤采 씨 연구).

그렇다고 머리통이 크다고 지능이 보다 발달하고 있는 것은 아니다. 지능지수를 결정하는 IQ 검사법 자체가 능력을 편중해서 평가하고 있기 때문이다. 한 미디로 지능이라는 개념이 지금까지는 잘못되어 있어 수학이나 언어 능력만을 측정해 왔었다.

그래서 미국의 하버드 대학의 심리학자 하워드 가드너 박사는 새로운 지능 검사법을 근년에 제창하고 있다. 그는 근본적으로 인간에게는 여러 종류의 지적 능력이 있어 이 능력들이 각각 독립적으로 작용하지만 인식 작용이 개입된다는 점에서는 공통된다. 즉 지각(知覺), 분석, 이해의 과정이 복잡하게 얽혀 있다는 것이다.

따라서 가드너 교수는 언어 능력, 논리적 또는 수학적 추리력 외에도 음악적 재능, 시각적 분석력, 충동의 신체 능력 그리고 인간적 능력을 지능의 개념에 포함시켜야 한다고 주장하고 있다. 인간적 능력이란 자신의 감정을 파악하고 남의 감정을 알아차리는 능력을 가리킨다.

이들 여섯 가지 재능은 서로 협조하기도 하지만 각각 놀랄 만큼 독립된 능력이다. 까닭에 IQ 검사법 자체에 매달릴 필요는 없다. 하물며 언어와 추리 능력에만 치중하고 있는 지능지수와 머리통의 크기를 연관시켜 머리통이 크면 똑똑하다는 말은 성급한 결론에 지나지 않는다. 학교 성적이 별로 신통치 않았던 사람일지라도 사회에 나가서 얼마든지 성공한 예가 수두룩하지 않은가. 문제는 어릴 때 뇌신경을 형성시켜 주는 온전한 생활 환경, 교육 환경에서 아이들의 지능이 구축되고 발달하는 것이지 공연한 선입감이 아이들을 천재로 만들어 주는 것은 아니다.

지능은 개발된다

그 동안 지능의 유전에 관한 연구나 이야기가 활발하게 이루어져 왔던 것도 사실이다. 그러나 요즘에는 그런 것은 별로 생각하지 않게 되었다. 그보다는 어린이의 지능을 어떻게 하면 최대한으로 개발할 수 있을 것인가에 대해서 관심을 집중시켜 왔다. 그것은 그만한 까닭이 있어서였다. 첫째로, 설령 지능이 유전하는 측면이 있다고 하더라도 이미 세상에 태어난 것을 가지고 이러니 저러니 해도 돌이킬 수가 없는 일이고 소용이 없는 일이기 때문이다. 다른 하나는 생육 환경과 교육의 방법에 따라서 분명히 지능이 개발된다는 증거가 잡혀졌기 때문이다.

이같은 이야기는 오늘날과 같이 과학적인 것은 아니지만 일찍부터 옛날 동양에서나 서양에서 다같이 믿어져 왔던 일이다. 다만 요즘 와서 그것이 과학적으로 증명이 되고 믿어지게 되었을 뿐이다. 5세 때에 지능지수가 100이던 어린이가 15세가 되면 환경과 교육에 따라서는 그보다 높은 110이나 120 정도로 올라가는 것을 흔히 볼 수가 있고, 150이나 그 이상으로 올라가는 경우도 있는 것이 바로 그것이다.

재능도 개발된다

지능과 함께 사용되는 말 가운데에 요즘에는 재능이라는 말이 있다. 그리하여 재능 개발이라는 말도 잘 쓰이는 용어가 되었다.
그러면 재능이란 무엇을 뜻하는 말일까? 한 마디로 말하면 재능은 창조적 지능이라고 표현하면 좋다. 지능은 여러 가지 지적 요인을 포함한 학습을 해 나갈 수 있는 지적인 바탕이라고 하면, 재능은 그런 것들 중에서도 요즘 아주 중요시되고 있는 창조성과 관련된 지능을 가리킨다고 하면 잘못이 아니다. 흔히 일반적으로 지능이라고 하면 주어지는 학습 내용을 가장 빨리, 가장 정확하게 인지하고 이해하며 받아들일 수 있는 것을 주로 지칭한다.
이에 대해서 재능, 즉 창조적 지능은 다만 주어지는 지식이나 내용을 이해하고 받아들이는 것으로 그치는 것이 아니다. 그런 것을 바탕으로 하겠지만 새로운 것, 새로 필요한 새 모양, 새로운 틀과 같은 것을 꾸미고 만들어 내는 능력을 포함한다.
오늘날 많은 발명과 발견이 이루어져서, 이른바 지식과 기술이 고도로 발달하여 사람이 얻고자 하고 가지고자 하는 지식과 기술을 얻게 된 것은 모두가 다 잘 아는 일이다. 그리하여 오늘날과 같이 문화적이고 문명의 이기를 활용하여 잘살게 됨으로써 인류의 문화를 더욱 발전시킨 배경이 되었다. 앞으로도 계속 이같은 창조적인 생각과 지능과 능력을 필요로 하고 있다. 어린이 스스로도 그것을 원하지만, 부모와 사회와 어른들 모두가 많은 어린이들이 그런 창조적 지능, 즉 재능을 가지기를 바라고 있다.
그런데 다행히 이같은 재능은 지능과 마찬가지로 개발되는 것으로 알려지고 있다. 굳이 구체적인 예를 들 필요는 없다. 될 수 있는 대로 지능을 개발하고 그 개발된 지능을 바탕으로 꾸준히 조건을 갖추어 가면서 학습하고 노력하면 재능 개발은 가능하다. 그런데 그것은 환경이 교육적으로 꾸며지고 어려서부터 시작되면 될수록 그만큼 빨리 개발이 잘되는 것도 사실이다. 요즘 조기 교육이 중요시되는 까닭도 바로 여기에 있다.

뇌세포의 발달과 재능 개발

지능 및 재능이 개발되는 것은, 태어날 때에 머리 속에 소중히 간직하여 가지고 나온 수십 억 개의 뇌세포가 모두 충분히 그 기능을 발휘할 수 있도록 하는 데에서부터 시작된다. 가령 예로부터 음악을 잘한 사람을 보면 아주 일찍부터 그 훈련을 받았기 때문이라고 한다. 유명한 발명가도 따지고 보면 대개는 일찍부터 그렇게 될 수 있는 자극을 받아 온 경우가 대부분이다. 어려서부터 자극을 주고 훈련을 하면 관계 뇌세포가 개발되지만, 자극도 주지 않고 훈련도 하지 않으면 관계 뇌세포가 기능을 발휘하지 못한 채 그냥 지나고 말게 되는 것이 보통이다.

그런데 재능이 개발되는 데에 도움이 되도록 어린이의 뇌세포가 발달하는 정도에 따라 알맞게 자극을 주고 훈련하게 되면 더욱 효과가 나타나게 될 것은 분명하다. 그 동안 학자들이 대뇌 생리학을 연구하고 발달 심리학과의 관계에서 정리해 놓은 것을 보면 대개는 4단계로 나누어 볼 수 있다.

첫째는 출생으로부터 3세경까지로서, 마치 전기에 비유하자면 전기의 배선이 이루어지는 시기이다. 그러므로 이 기초 공사라고도 할 수 있는 전기 배선이 잘 되지 않으면 그 전기는 제대로 기능을 발휘할 수 없게 될 것은 뻔하다. 따라서 지적인 자극이 어려서부터 적절히 주어져야 한다는 이야기가 되는 셈이다.

제2단계는 4, 5세경으로부터 7세경까지로, 배선이 된 전기의 기능을 발휘하는 연습이 되고 시험이 되며 기틀이 잡히는 시기이다. 피아제라는 학자도 5, 6세까지가 중요하다고 했는데 거의 일치하는 의견이라고 할 수가 있다. 적절한 자극과 훈련으로 머리를 쓰는 연습을 시키는 일이 중요하다는 이야기이다.

제3단계는 8세경에서부터 10세경까지로, 제2단계의 연습이 습관화되고 적극적이 되고 틀이 잡히는 시기이다. 그리고 끝으로 제4단계는 11, 12세경에서부터 20세 전후까지로, 배선 작업이 끝이 나고 자리가 잡히고 기틀이 마련되어 스스로 자극을 찾고 스스로 훈련이나 고생을 하면서도 그것이 매우 즐겁기만 하게 되는 때이다. 이렇게 해서 재능 개발이 일찍부터 시작되지 않으면 안 된다는 것이 판명되었다.

발달 단계에 적합한 교육 기술

하뷔가스트라는 미국의 교육 사회학자가 만들어 낸 말 가운데에 '발달 과업'이란 말이 있다. 이 말은 어린이가 자라나는 각 나이 단계에 따라 발달하는 데에 있어서 필요한 신체적 정의와 지적인 특성이 각각 두드러지게 나타나 스스로 그것을 발휘하려는 모습이 나타나게 되는 것을 뜻한다.

가령 생후 6개월 전후가 되면 이가 나기 시작하는 것이 신체적 발달 과업을 수행하는 일부이며, 이에 따라 입 안이 근질거리고 옹알이를 하게 된다. 옹알이를 한다는 것은 벌써 말을 배우기 시작하는 언어 발달 과업이 나타나는 것이라고 할 수가 있다. 그러므로 어머니나 아버지는 이같은 옹알이를 정확한 발음 연습이 되도록 모범을 보여서 모방을 잘 하게 하는 것이 바로 언어 교육을 잘 지도하는 방법이다. 또 이 때는 종종 웃고 우는가 하면 화를 내는 수도 있다. 그러니까 그런 것도 부모가 적절히 조정하면서 한 걸음 더 나아가 그 수준과 조금 더 높은 수준에서 적당한 자극을 주고 훈련을 하게 되면 그만큼 재능 개발의 효과를 가져오는 방법이 된다. 그러나 지나쳐도 아니 되고 부족해도 아니 되는 이른바 중용을 간직하는 노력을 하는 일에 유의해야 한다.

이와 같은 각 발달 단계에 따른 바른 지도는 비단 출생 직후만이 아니라 유아기·아동기·청년기 등 각각 다르면서 연속성을 가지고 조정되어야 하기 때문에 세심한 주의가 있어야 한다. 이것이 다름 아닌 환경과 아울러 이에 따른 교육 방법이 함께 따르면서 조정되도록 노력하는 것이 중요함을 암시하는 일이다.

혈액형에 맞는 지도 원리

요사이 지능이나 재능의 개발과 관련해서 혈액형을 생각하는 경향이 많아지고 있다. 사람마다 혈액형이 제각기 다르다. 이 혈액형이 사람의 성격을 다르게 할뿐만 아니라 관심의 방향도 다르게 하는 수가 많다. 물론 혈액형만이 모든 것을 다 결정하는 것은 아니지만 상당히 많은 영향을 주는 것만은 확실하다. 그렇게 보면 혈액형도 내면적으로 간직하고 있는 하나의 환경이라고 할 수가 있다. 그러므로 어느 혈액형에서나 공통적으로 적용될 수 있는 유의점을 생각하고 각 혈액형에 따른 지도상의 유의점을 연구하여야 한다.

이렇게 볼 때에 공통적인 점과 관련하여 우선 고려할 것은 학습 의욕을 길러 주는 일이다. 어린이나 어른이나 비슷하지만 누구나 다 호기심이 생기게 마련이다. 그런데 어렸을 때는 감각적인 것으로부터 모양·색깔·생김생김·움직이는 것 등까지 호기심이 쉽게 자극을 받게 된다. 그러니까 적절히 칭찬해 가면서 그런 자극물을 제공하여 놀게 한다. 그러면 굳이 '하라 마라' 하지 않아도 하고 싶은 의욕이 생긴다. 특히 능력에 맞게, 적절히 칭찬하고 가끔 꾸짖기도 하면, 아이는 성공하기도 하고 실패도 한다. 말로나 물건으로 작품을 표현해 보게도 한다. 그리고 은연중에 목적 의식을 가지게 하고 결과를 스스로 검토하게 하면, 때에 따라서는 다른 아이와 경쟁도 하고 그것이 직접 경험과 아울러 새로운 요구를 낳게 하는 계기가 되는 것이다. 다음에 유의할 일은 아이를 되도록 한 가지 일에 집중하게 하면서 무엇인가 새롭게 만들고 해 보도록 자극하고 훈련한다.

사물을 생각하고 기억하는 곳은 뇌수이다

흔히들 두뇌를 '머리'라고 한다. 이른바 머리라고 하면 막연히 두부(頭部)를 가리키는 말로 알아듣게 된다. 그러나 여기서 말하는 머리란, 해골 속에 들어 있는 뇌수를 말한다.

머리, 즉 뇌수는 두부의 안면골과 두개골로 싸여 있다.

우리들이 보통 '머리가 아프다'든지 '머리가 무겁고 개운치 않다'고 하는 것, 또는 '머리가 흔들리고 어지럽다'고 하는 것은 곧 뇌수를 말하는 것이요, 근육이나 살갗이 있는 곳을 말하는 것이 아니다.

머리의 작용이 좋다든지 나쁘다든지 하는 말은 실은 '기억력이 좋다, 나쁘다', '이해와 추리 능력이 좋다'는 것을 뜻하는 것이다.

그러한 작용은 뇌수 가운데 있는 대뇌라는 곳에서 이루어진다.

대뇌의 모양은 공을 반으로 잘라서 밑바닥을 조금 펼쳐 놓은 듯한 것과 흡사하며, 무게는 보통 어른이면 1,300~1,400g 정도이다. 이곳이 사물을 기억하고 또 생각도 하는 중심지이다.

머리가 좋다는 것

머리가 좋다는 것은 많은 기억 능력이 있고, 그 기억하고 있는 것에서 미지의 것을 추리할 수 있는 능력이 뛰어난 것을 말한다.

다음은 테스트를 받는 아이를 예로 든 것이다.

① 이 아이는 문제를 자세히 보기 위해 테스트 용지를 들여다보고 있다.

② 95×60이란 문제는 이전에 배운 일이 없다. 그러나 구구법을 외웠다면 9×6=54, 5×6=30을 암기하고 있을 것이다.

덧셈도 배웠으므로 95를 90+5로 풀어서 생각할 수 있다.
이 아이는 자기가 기억하고 있는 구구법으로 덧셈을 처리하면 될 것이라고 생각하기에 이른다.
③ 다음은 간단한 덧셈으로 답을 쓰게 될 것이다.
그러나 덧셈이나 곱셈을 배운 일이 없다면 이 아이는 문제 자체의 뜻조차 이해할 수가 없을 것이다. 학습한 것(즉 경험한 것)을 바르게 기억하고 있다면 문제가 나왔을 때 기억의 정리와 맞춤으로 답을 쓸 수가 있을 것이다.
기억하고 있는 것이 많으면 많을수록 그것을 정리하고 통합하는 능력이 발달하여 보다 복잡한 문제를 해결할 수 있는 능력이 생기게 될 것이다.
이는 학교에서 공부하는 것에만 한하지 않고 일상 생활 모든 것에도 해당이 된다.

대뇌와 척수가 하는 일

시장 가게에서 우연히 마음에 드는 옷을 발견했을 때나, 또는 마음에 드는 입술 연지나 그 밖의 화장품을 구하고 싶을 때, 옷인 경우에는, ① 자기에게 알맞은 치수이다 ② 색깔이나 디자인이 마음에 든다 ③ 예산으로 따져 합당하다면 드디어 다소의 흥정을 하여 사기에 이른다. 화장품인 경우에는 옷의 경우처럼 과히 비싼 것은 아니므로 그다지 망설이지 않고도 살 수가 있다.
이렇듯 의복이나 화장법을 새롭게 해보려는 것은 곧 '보다 아름답게 되고 싶다', '현재보다 나아지고 싶다'는 의욕이자 의지인 것이다.

이러한 의욕이나 감정은 인간만이 가지고 있는 것으로 머리(뇌수)가 정상적으로 발달해 있는 뚜렷한 증거인 것이다. 인류가 다른 동물에 비하여 우수한 머리를 가지고 있는 것은, 그 욕구를 생기게 하는 두뇌가 발달하여, '어떻게 하면 좋은가'를 생각하고 그것을 곧 행동으로 옮길 수가 있기 때문이다.

이러한 욕구나 생각, 그리고 행동을 할 수 있는 것은 두뇌의 역할로 말미암은 것이다.

머리가 좋다는 것은 곧 대뇌가 발달되어 있다는 증거이다.

대뇌에서는 물건 등을 볼 수 있는 시각, 살갗에 닿는 것을 알 수 있는 촉각, 냄새를 맡을 수 있는 후각 등 말초에서 전달되는 것을 느끼는 지각중추와, 무엇을 생각하고 이해하며 추리하는 기능을 갖는 중추가 각각 달리 산재하여 분담하고 있다.

만약 팔과 다리를 움직이게 할 수 있는 대뇌중추 중에서 왼쪽 팔과 다리를 다스리는 중추에 손상이 일어나면 왼쪽을 쓰지 못하게 되고, 시각중추에 손상이 생기면 눈알은 멀쩡하다 하더라도 장님이 되는 것이다.

이를테면 주부가 부엌에서 요리를 만들 경우, 그 순서를 은연중 생각하면서 행동하게 된다. 냄비의 물이 끓는 소리를 듣게 되면, 일일이 계산을 하지 않고서도 칼로 무나 고기를 가지런히 썰어 넣는 동작이 거의 무의식적으로 이루어진다.

이는 곧 지각신경(시각·청각·후각·촉각 등)을 통하여 뇌에 갖가지 신호가 전달되고, 전달을 받은 뇌에서는 적절한 판단으로 운동신경을 통하여 몸의 여러 곳에 명령을 내리게 된다.

만약 운동신경이 끊어졌다면 그 끊어진 쪽의 동작은 전혀 불가능해진다. 즉 오른팔 쪽의 운동신경이 고장이 나게 되면 아무리 손을 움직이려 해도 전혀 움직일 수가 없게 된다.
 반대로 체성감각(지각신경)이 무디어지거나 고장이 생기면 상부인 뇌중추에 올바른 정보가 전달될 수가 없어, 뇌중추는 마침내 판단을 그르쳐 칼에 손가락을 베이게 마련이다. 만약 정상적인 경우라면 칼날이 왼손 끝으로 향할 찰나에 재빨리 손끝을 오므려 외상을 미연에 막을 수 있을 것이다.
 그리고 일일이 뇌중추의 명령에만 의존한다면 시간이 걸리게 되므로 그런 때에는 척수의 반사신경이 대역으로 작용하게 된다. 즉 우리들 인간의 모든 행동은 머리 속에서 생각하면서 움직이는 행동과 복잡한 생각이 없이 즉시 움직이는 반사운동으로 이루어진다.
 즉, 늘 반복을 하여 몸에 익혀진 일은 무의식적으로 행할 수가 있다. 이것은 갓난아기 때부터 이루어질 수는 없다. 갓난아기는 어떤 위험에 부닥뜨려도 피할 줄을 모른다.
 위험을 느끼고 그에 대처할 수 있는 능력이 생기게 되려면 태어나면서부터 갖가지 복잡한 경험과 훈련을 쌓아(학습을 하여)야만 몸에 익혀지게 마련이다.
 처음에는 뇌 속에서 생각해서 했던 작업도 그것을 되풀이하는 가운데 몸에 익혀지면 드디어 뇌의 명령에 의하지 않고서도 자동적으로 움직일 수가 있게 된다. 이것을 이른바 조건반사라고 한다. 조건반사가 가능하게 되면 불필요한 전달 작용을 억제하고 그에 필요한 에너지만 사용하게 된다.

조건반사를 많이 만든다

신경과 신경끼리 연결을 가지고, 말초에 자극이 오면 그것은 곧 대뇌로 전달되고 뇌에서는 판단을 내리게 된다. 이것이 곧 들은 것, 본 것, 느낀 것에 대한 생각 또는 사고하는 과정이다.

뇌에는 100~150억 개의 신경세포(뉴런)가 있다. 신경세포들은 서로가 붙어 있는 것이 아니라 신경세포의 종말부(終末部)와 그에 대응하는 세포막이 200~300옹스트롬(1Å=1천만분의 1mm) 정도의 매우 작은 사이로 떨어져 있다.

이 연락 부분을 시냅스(그리스어로 '잇는다'는 뜻)라고 한다. 어떤 자극이 전해지면 신경섬유의 종말부에 있는 전달 물질인 시냅스 과립(顆粒)이 다음 신경세포로 옮아간다.

이 전달 물질에는 흥분형의 것과 억제형의 두 가지 종류가 있다. 흥분형의 전달 물질이 많이 전해지면 소위 물건의 '사재기'같은 과욕을 부리게 되고, 억제형의 전달 물질이 많이 전해지면 사고 싶었던 물건도 절약해야겠다는 자제를 하여 사려는 생각을 거두게 된다. '물건을 살까? 말까?'하고 망설이게 되는 까닭은 '사고 싶다, 갖고 싶다'는 생각의 흥분성 전달 물질과, '돈이 모자란다'는 예산 사정 등의 어려움 때문에 일어나는 억제형 전달 물질이 서로의 성질을 상쇄해 버리기 때문이다.

그리고 흥분이 전달되려면 시냅스에서 수밀리 초(秒, 최소한 0.5mm초)의 시간이 걸리기 때문에 뇌에서 판단하고 결정하여 명령을 내리려면 반사에 비하여 다소 시간이 걸리게 마련이다.

언제나 하고 있는 행동은 몸에 배게 된다. 같은 이치로 언제나

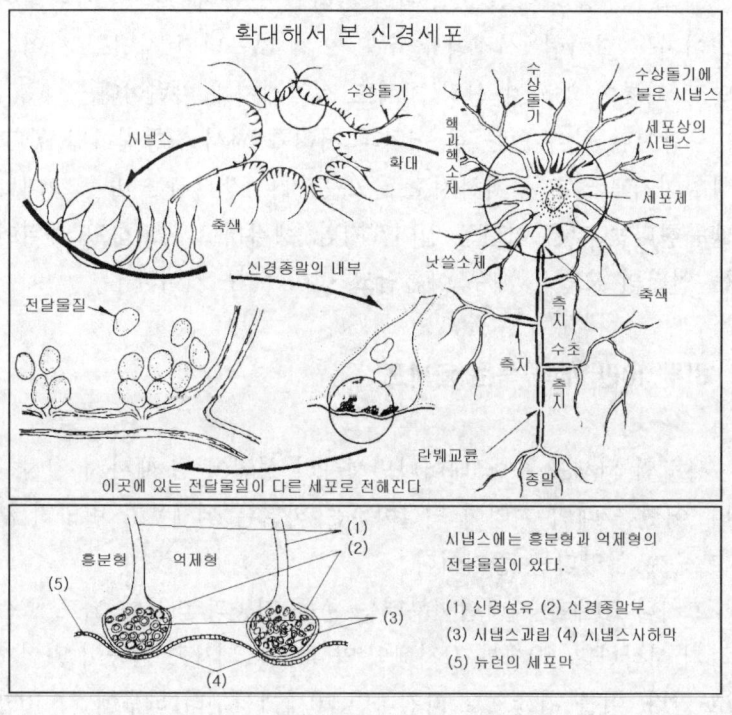

머리를 쓰게 되면 머리를 쓰는 방법을 마침내 뇌신경이 기억하게 된다. 그러므로 언제나 사물에 대하여 골똘히 생각하는 버릇이 있는 사람은, 여러 가지 경우의 사례를 뇌 속에 기억하고 있으므로 머리를 쓰지 않는 사람에 비하여 정확한 판단하는 시간이 빠르다.

이와 같이 인간은 '머리에 외우고 있는 일'과 '새로이 외우는 일'이 쌓이는 가운데 보다 인간답게 성장하게 된다고 설명할 수 있다.

사람이 운동하지 않고 누워만 있다면 근육이 위축되고 탄력이 없어지는 것처럼, 신경의 경우도 쓰지 않는다면 시냅스 사이의 연락 계통이 약해져 신경 자체도 쇠약해지게 마련이다.

사람이란 살아 있는 한 어차피 머리를 써서 활동해야만 한다. 망설이지도 않고 주저하지도 않고, 언제나 생각하는 바를 그대로 행동한다는 것은 어려운 일이겠지만, 생각하고 사고하고 움직이는 인간의 모습은 매우 아름답고 멋이 있는 것이다.

하루 10만 개씩 죽는 뇌세포

사람의 뇌세포 수는 태어나면서부터 성인이 될 때까지 일정하다. 어렸을 때의 기억이 되살아나는 까닭은 뇌세포가 변하지 않고 죽지 않았다는 증거이다.

그러나 20세를 지나면서부터는 운동 기능과 더불어 뇌도 노쇠하기 시작한다. 80세까지 전체의 약 40%의 뇌세포 기능이 없어지고 만다. 이를 평균으로 따진다면 20세에서부터 하루에 약 10만 개의 뇌세포(뉴런) 기능이 없어지는 셈이다.

심리학자들에 따르면 새로운 사실이나 경험을 기억하는 능력과 힘은 25세에서 65세까지 평균 35%가 저하되는 데 비하여, 지능지수만은 20에서 80세 사이에 약 20% 정도만 저하된다는 사실을 보고하고 있다. 즉 어른이 되면 새로운 사실이나 학문을 기억하는 것은 차츰 어렵게 되지만 지금까지의 경험을 살려, 사물을 이해하거나 추리하고 창조하는 능력은 그다지 쇠약하지 않는다는 사실을 증명한 것이다.

다음의 그림은 시냅스의 네 가지 상태를 표시한 것이다. 왼쪽으로부터 ① 정상 ② 비대 ③ 발달 ④ 폐용의 상태를 알기 쉽게 나타낸 것이다.

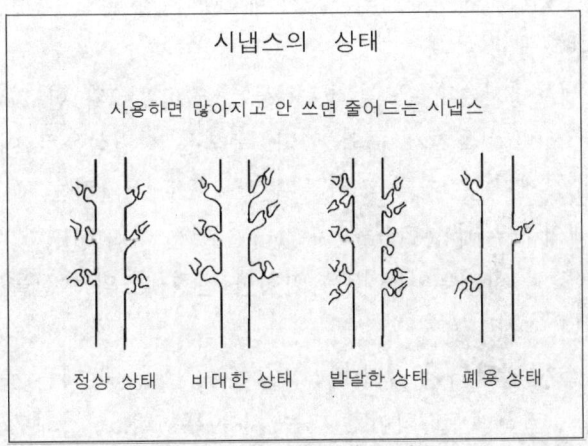

노화나 비활동으로 신경을 사용하지 않는다면 시냅스의 수가 줄어들어 신경과 신경 사이의 연결이 없어지고 만다.

20세를 지나면서부터는 뇌세포가 하루하루 줄어드는데, 거기에 활동을 하지 않거나 머리를 쓰지 않는다면 시냅스가 점점 줄어들어 나이에 걸맞지 않게 늙어 보이고 이른바 '애늙은이'가 되어 버리는 수도 있다.

그러므로 생활에 의욕을 가지고 부지런히 생각하고 활동하는 사람은 언제나 싱싱하고 젊게 보일 것이다.

3~4세까지가 가장 중요

앞의 그림은 신경세포의 발달 과정과 뇌의 발달 과정을 알기 쉽게 나타낸 것이다.

신경세포에서는 많은 돌기(수상돌기 : 樹狀突起)와 한 가닥의 길다란 축색(軸索)돌기가 나와 있다. 축색은 신경섬유로 이루어져 있으며 전해져 온 자극을 다른 신경세포로 전달하는 작용을 한다. 축색의 맨끝에 전달 물질이 있다는 것은 이미 설명한 바 있다. 전달 물질을 받아들이는 것은 인접한 신경세포의 수상돌기나 세포체이다.

시냅스가 발달되어 있다(머리가 좋다)는 것은 곧 다른 축색과의 연결이 긴밀하게 잘 되어 있다는 것을 뜻한다. 신경세포의 수가 많으면 그만큼 연결이 복잡하여 머리가 좋을 것 같지만 유감스럽게도 어린아이나 어른의 뇌세포 수는 차이가 없다. 그러므로 머리를 좋게 하려면 한 개의 신경세포의 수상돌기를 되도록 많이 나오도록 하여 시냅스를 늘리도록 하는 것이 바람직하다.

3~4세까지 시냅스의 급성장이 이루어진다

임신 3개월째의 태아의 경우, 대뇌의 신피질이 발달하여 형태적으로는 성인과 같다.

다음 그림(뇌의 상정 과정) 중 3mm의 태아는 수정 후 약 26일쯤 된 것이다. 8mm(2개월 반) 정도가 되면 간뇌 부분에서 뇌가 차츰 굽어지며 발달한다는 것을 알 수 있다.

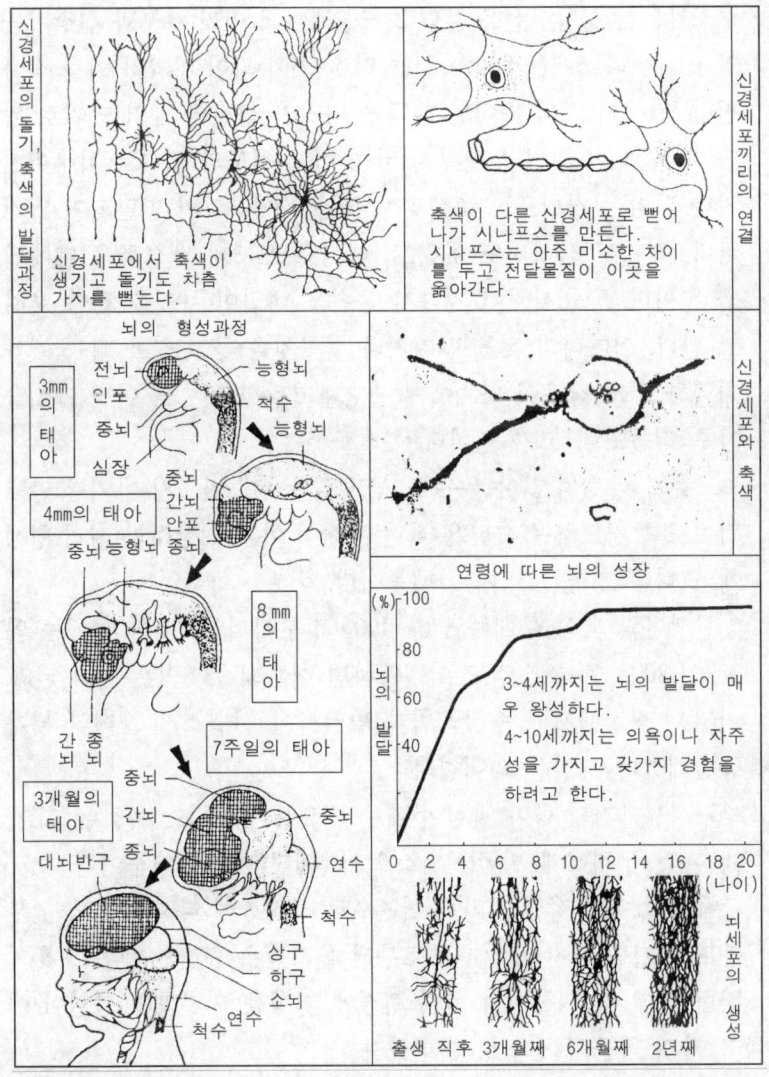

스캐몬의 성장곡선을 보면 2개월 태아의 머리 부분과 신장비는 약 1 : 1이다. 5개월 태아에서는 약 5 : 3이 되어 머리가 차츰 작아진다. 만삭이 되어 태어날 때에는 머리가 신장의 ¼의 크기로 된다. 이와 같이 태어날 때까지 뇌는 어느 정도의 크기로 갖추어지지만 뇌의 신경세포는 축색과 수상돌기가 그다지 발달되어 있지 않다. 걷지도 말하지도 못하고, 배가 고프거나 배설했을 때에만 울 뿐이다. 5~6개월이 지나서야 손을 내밀어 무엇을 잡아 보려고 한다. 어머니의 젖을 만지거나 젖꼭지를 물고 젖을 빠는 것을 기억하고 그 감촉이 자기에게 필요불가결의 것으로 여겨 그것을 자주 더듬고 빨고자 원한다.

모유가 나오지 않아 우유를 먹일 경우에도 반드시 아기를 안고 먹이도록 지도하는 까닭은 이런 체험이 아기의 장래의 성격 형성에 크나큰 영향을 미치기 때문이다.

신생아의 뇌의 무게는 370~400g 정도이지만 6개월 째에는 약 2배인 800g, 7~8세 정도로 성장하면 어른의 95%의 무게가 된다. 이것은 신경세포의 수상돌기가 발달하여 시냅스가 늘어나 뇌가 충실해졌다는 것을 의미한다.

3~4세까지의 육아 과정이 매우 중요하다고 하는 까닭은 그 때에 뇌가 급격하게 발달(시냅스가 이루어진다)하기 때문이다.

이 시기에 축적된 기억은 어른으로 성장함에 따라 매몰되는 부분도 있기는 하지만, 양친으로부터 물려받은 유전인자나 그 후의 경험 못지 않게 장래의 인격 형성에 영향을 미친다는 사실이 여러 가지 학문적 연구로 밝혀졌다.

뇌를 발달시키는 영양소

뇌의 발달 과정에서 절정기라 할 수 있는 6~7세 이전의 영양 상태가 좋지 않으면 시냅스의 발달이 늦어진다.

월남 난민의 영양 장애가 특히 유아의 뇌에 후유증을 남길 우려가 있다는 것이 국제적인 문제와 관심이 되고 있을 정도이다.

시냅스의 발달에 필수적인 영양소는 단백질, 비타민 B_1 등으로, 이것이 부족하면 지진아(遲進兒)가 될 우려가 있다고 한다. 그리나 편식을 하지 않도록 하고 적절한 영양을 공급한다면 영양실조나 부족은 면할 수 있을 것이다.

3~4세까지는 어머니 품에서 시냅스가 발달되고 5~6세에서 10세까지는 자극적으로 생각하고 갖가지 호기심으로 여러 가지 새로운 사실에 도전하는 창조의 시대라고 볼 수 있다. 이 때에 충분한 시냅스가 형성되도록 노력하는 일이 가장 중요하다.

흥분을 일으키는 시냅스만을 발달시키면 제멋대로 행동하는 성격 파탄의 소지를 만들기 쉽고, 반대로 억제를 일으키는 시냅스만이 발달되면 무기력하고 소극적인 인간을 형성할 소지를 만들 위험이 있다. 그러므로 흥분과 억제가 균형이 잡힌 인격을 만들 수 있도록 세심한 주의를 할 필요가 있다. 즉 인격의 균형 있는 형성은 시냅스의 균형 있는 발달이라고 말할 수 있다.

두뇌의 세포 조직을 강화하는 기억법 10가지

신경세포와 시냅스가 어떠한 구실을 하는 것인지를 이해하고 이를 실생활에 활용하는 것이 바람직하다.

다음에 나열하는 것은 대뇌 생리학의 원리에 따라 기억 능력을 향상하는 방법이다. 지금까지 무의식적으로 행했던 것도 이론을 알게 되면 이를 좀더 발전적으로 활용할 수 있다. 학습 활동이나 사회 활동(대인 관계 등)에 활용하도록 한다.

① 과로를 삼가고 지나치게 과식하지 않도록 한다.
② 충분한 수면을 취해 뇌세포의 피로를 막는다.
③ 새로운 지식을 흡수하여 뇌세포를 젊게 유지한다.
④ 의식적으로 좋은 환경에서 지내도록 한다.
⑤ '반드시 외운다'는 강한 의욕을 갖는다.
⑥ 자신을 갖도록 하여 뇌세포의 억제를 막는다.
⑦ 호기심을 가지고 외우려고 하는 것에 흥미를 갖는다.
⑧ 대상을 관찰하여 뇌중추의 정보를 풍부히 한다.
⑨ 나이에 따라 기억법을 바꾸어 본다.
⑩ 시각이나 청각 등의 감각을 이용한다.

나이에 따라 다른 기억법

기억의 방법은 대체로 다음의 세 가지를 들 수 있다.
① 뜻을 생각지 않고 무조건 암기한다(기계적 기억법).
② 암기해 두어야 할 것이 한 가지 이상일 때, 거기에 공간적·시간적 연관을 시켜 암기한다(연상 기억법).
③ 암기하려는 것의 뜻을 분명히 이해한 뒤에 거기에 관련을 지어 암기한다(논리적 기억법).

12~13세경까지는 이른바 기계적 기억법이 발달할 때이다. 이 나이를 지나면 소위 연상 기억법(도식적 기억법)이 발달하고, 15~16세 이상이 되면 논리적 기억법이 발달하여 다른 기억법은 차츰 약화된다. 이는 어린 시절에는 뇌가 충분히 발달하지 않아서, 논리적이며 추리적인 두뇌 활동이 어렵기 때문이다.

성장함에 따라 논리적인 사고가 발달하기 때문에 뜻이 없는 내용, 까닭이 없는 것은 암기하기가 힘들어진다.

무엇이든지 기억하려고 할 때에는 되풀이하여 재확인하는 것이 중요하나. 그렇게 하는 가운데 뉴런(신경세포)이 회로가 고정되기 쉽고 기억의 재생이 가능해진다.

눈으로 보고 소리를 내며 손으로 쓰는 등 5관(시각·청각·촉각·후각·압각)을 모두 활용하여 되도록 뇌중추에 많은 정보를 보내도록 하는 것이 기억에 도움이 된다.

1 과로를 피하고 너무 과식하지 않도록 한다.

2 충분한 수면으로 뇌세포의 피로를 막는다.

3 새로운 지식을 흡수하여 뇌세포를 젊게 유지한다.

4 의식적으로 좋은 환경에서 지내도록 한다.

5 '반드시 외운다'는 강한 의지를 갖는다.

6 자신을 갖도록 하여 뇌세포의 억제를 막는다.

7 호기심을 가지고 외우려고 하는 것에 흥미를 갖는다.

8 대상을 잘 관찰하여 뇌중추의 정보를 풍부히 한다.

9 나이에 따라 기억법을 바꾸어 본다.

10 시각·청각 등의 감각을 총동원한다.

제 2 장
머리는 쓰면 쓸수록 좋아진다

머리는 쓰면 쓸수록 좋아진다

인간의 일생 중 가장 머리가 잘 활동할 때는 언제인가? 여기서 몇 가지 문제가 있게 된다. 즉, 그것은 기억력이라는 점만으로 생각한다면 6, 7세로부터 31, 32세까지의 사이가 가장 좋다.

그 때가 지나면 기억력은 차츰 줄어든다. 그것은 대뇌의 분업의 하나인 언어 중추가 빨리 자라서 쇠퇴한다는 특징을 갖고 있기 때문이며, 특히 말이나 이름에 대한 기억력은 30세를 넘으면 줄어든다. 그러므로 어학 같은 학문은 30세 전에 해 두는 것이 좋을 것이다.

기억을 주로 하는 공부도 마찬가지인데, 나이를 먹으면 먹을수록 그대로 기억에 남지 않아 아무래도 메모해 두지 않을 수 없게 된다. 사람의 이름 같은 것을 알면서도 생각이 잘 나지 않는 것은 50~60세가 넘은 사람에게서 나타나는 현상이다.

그러나 추리력을 따져 보면 32, 33세~52, 53세까지가 가장 머리가 좋은 때이며, 그 전은 그리 좋지 않고 그 뒤도 더 좋아지지 않는 모양이다.

그러면 독창력을 생각해 보자. 이것은 42, 43세~65, 66세 정도의 사이가 가장 좋다. 그 나이의 전후는 조금씩 뒤떨어진다고 생각하는 것이 좋을 것이다. 노인의 완고란 젊은 사람의 사상의 진화나 변전(變轉)을 이해하지 못하고 자기만이 옳다고 생각하기 쉬운데, 일반적으로도 그렇다. 그러나 노인이라도 뇌수의 활동이 어느 연령에서 그쳐 버린 사람과 새로운 지식을 계속 얻고 있는 사람과는 아주 다르다.

완고의 반대를 유연성이라고도 하는데, 늙어서도 역시 유연성을 잃지 않는 뇌수가 가장 우수하다는 것은 두말할 필요도 없다. 학문이나 예술의 경우를 보면, 물리학·수학·음악 등은 젊어서 하지 않으면 안 되며, 반대로 생물학·의학·미술 같은 것은 아무래도 장년층이나 노년층이 되어서가 아니면 달성할 수 없는 모양이다.

뉴턴은 물리학의 창시자라고도 할 위인(偉人)이지만 그의 최고의 저작은 27~28세에 완료해 버리고, 그 뒤로는 거의 새로운 연구를 하지 못했다. 이와는 반대로, 다윈(生物學), 파블로프(生理學) 같은 사람은 모두 50세가 넘어서 비로소 이름을 남긴 훌륭한 연구를 해내었다. 이렇게 생각해 보면, 인간의 일생 중에 어느 때가 가장 좋은가 하는 것에는 각자의 활동 상태에 따라 조건이 다르므로 일률적인 대답을 할 수가 없겠다.

근육의 힘과 머리의 활동

이와는 반대로 근력, 완력, 즉 보통 '힘'이라고 하는 작용에 대해서는 17~18세 가량부터 30세 정도가 가장 강하고, 그 후로는 차츰 약해진다. 운동선수도 대개 그러한 것을 생각해 보면 알 수 있을 것이다. 이와 같이 근육의 힘과 머리의 활동은 전혀 다른 것이며, 머리의 활동이 오래 간다는 것은 틀림없는 사실이다.

그것은 어째서 그렇게 되는 것일까? 근육에 대해서는 발육하는 힘을 낼 때가 좋다는 일반적인 대답이 나온다. 뇌수 작용의 경우는 분업이 각각 다른 발육 방법을 가진다는 점이 다르다. 즉 빨리 발육하여 오래 가는 분업도 있고, 빨리 생겨서 빨리 없어지는 것, 늦게 생겨서 늦게까지 남는 것 등으로 분업의 성질이 각각 다르다고 생각된다.

많은 사람들이 오해하는 것은 다음과 같은 것이다. 즉 인간의 여러 가지 부분의 활동에는 절대 한도가 있으며, 그것을 넘으면 전혀 아무 것도 할 수 없게 된다는 생각이다. 젊었을 때 머리를 너무 쓰면 노인이 되어 쓸 수가 없게 된다든지, 또 하루 몇 시간씩밖에는 공부할 수 없다는 등으로 생각하는 것 같은데, 적어도 두뇌에 한해서만은 그런 일이 없으며 쓰면 쓸수록 좋아지는 것이다.

근육이나 그 밖의 것에는 한도가 있다. 어느 한도에 달하면 그것을 유지해 나갈 뿐이다. 그러나 두뇌는 잘 쓰면 좋아지는 것으로서, 무제한으로 활동할 수가 있다.

어째서 그런가? 사람이 일생 동안 쓰고 있는 것은 대뇌의 $\frac{1}{3}$ 정도이며, 그 나머지 $\frac{2}{3}$는 잘 쓰려고 노력만 하면 잘 움직일 부분으로서 남아 있다는 계산이 되는 것이다. 그러므로 시골 농부들이 자연과 더불어 생활을 하여 머리를 그다지 쓰지 않고 성장했기 때문에 50세쯤 되면 이내 머리가 움직이지 않게 된다. 이것을 '두뇌의 마비'라고 말하는데, 머리를 쓰지 않은 데서 비롯되는 것이다. 또 이 문제는 비타민 부족(백미를 먹음으로써)에 빠졌을 때와 똑같은 현상을 보이므로, 비타민 B군에 대한 연구의 여지도 있는 것이다.

바보는 입을 벌리고 있다

그런데 무엇을 생각할 때 그 생각하는 대상에 따라 주로 두뇌의 어느 곳이 쓰이는가가 결정된다. 그 분업을 중심으로 하여, 예를 들면 눈앞에 무엇인가 형태가 있는 것을 상상하며 생각할 때에는 물론 시각의 중추, 그리고 공간을 인식하는 중추 같은 것을 중심으로 하여 머리가 움직이는 것이다. 그래서 이 중심이 되는 분업에 역점을 둘 때는 다른 분업은 쉬든지, 그렇지 않으면 오히려 억제가 되는 것이 편하다.

예를 들면 배불리 먹어 위나 장이 충만해 있으면 이를 끊임없이 대뇌에 보고한다. 그렇게 되면 혈액도 내장에 집중된다. 그럴 때에는 머리의 활동이 둔해지며, 따라서 식후에 즉시 공부한다는 것은 손해가 된다. 배가 고플 때도 마찬가지 현상이 일어난다. 배고프다고 하는 보고가 지체없이 대뇌에 올라간다. 따라서 그 때에 생각하거나 공부하는 것은 좋지 않다. 그와 같은 이유로 일하는 분업 이외에는 될 수 있는 한 여분의 것이 없는 것이 좋다.

그래서 여분의 것을 억제하고 싶은 것인데, 보통 방법으로는 되지 않으니까 방 안을 왔다갔다한다든지 하면서 생각하는 버릇을 가진 사람이 있다. 이것은 단조로운 운동을 해서 운동중추를 움직이고, 따라서 운동중추 이외의 곳에 억제를 주어서 그 때의 분업이 필요한 곳에 배후의 힘이 되어 주는 것이다.

사람에 따라서는 어떤 일을 하면 불필요한 곳을 억제할 수가 있는가 하는 것을 자기도 모르는 사이에 배우게 되어 사용하는 사람이 있는데, 생각할 때에 자꾸 발을 떠는 사람도 그 한 예이다.

목을 한쪽으로 기울인다든지, 눈을 지그시 감는다든지, 머리를 긁는다든지 또는 이마를 짚는 사람도 있다. 조용히 하지 않으면 공부할 수가 없다는 사람도 있고, 잔잔한 음악 같은 것이 들리지 않으면 작업 능률이 나지 않는다는 사람도 있다.

  그런 것은 없더라도 생각할 수 있도록 습관을 붙일 수 있는 것이다. 바보가 입을 벌리는 것은, 무엇을 생각할 때 다른 부분이 억제되어 있기 때문에 나타나는 현상이다. 그래서 정신을 팔면 입이 저절로 벌어지고 만다. 심한 경우에는 군침마저 흘러나오는 것도 볼 수 있다.

문장을 쓰며 생각한다

  머리가 가장 잘 움직이는 자세는 어떤 것인가? 이미 앞에서도 말한 것처럼 다른 데서부터의 억제를 될 수 있는 한 적게 하는 것 이외에는 별다른 방법이 없다. 굳이 말한다면 똑바르게 목을 세우고 똑바로 있을 때가 가장 좋다. 서 있든지 앉아 있든지 또는 목을 세우고 있는 것이 가장 자연스러우므로 이 자세가 좋은 것이다. 옆으로 누워 있을 때는 또 다르다. 이것은 수면의 자세이므로 그 조건이 붙어 있으면 주의를 집중하기에는 불편하여 중요한 생각에 이르면 반드시 일어나야만 할 것이다.

  예컨대, 똑바로 앉은 자세로 사물을 생각하는 동안에는 머리가 단조로운 자세이기 때문에 뇌수가 작용하지 않게 되어 흔히 목을 기울여 보거나 손발을 움직여 보거나 한다. 그것은 손발에서와 같이 운동에 의한 변화가 뇌수 쪽으로 돌아가므로 그것이 자극되어 뇌수의 작용이 촉구되는 것이다. 앞에서도 말한 것처럼 방 안을 왔다갔다하며 생각하는 사람, 산책할 때에 가장 잘 생각할 수 있는 사람들과 같은 경우이다.

이런 뜻에서 가장 좋은 방법, 즉 무엇인가 운동을 해서 뇌수의 활동을 촉구하려는 것은 입으로 외워 보는 것, 생각을 남 앞에서 말해 보는 것, 더 좋은 것은 글을 쓰며, 즉 문장을 쓰면서 생각하는 것이다. 어떤 학문에서는 실제로 쓰고 있는 가운데 차례차례로 좋은 생각이 솟아난다는 경우가 많다. 그러므로 문장을 쓴다는 것이 머리를 움직이는 가장 좋은 방법이라고 해도 무방할 것이다. 수학에서도 마찬가지로 역시 종이에 수식(數式)을 쓰면서 생각하는 것이 가장 좋은 학습 방법이다.

기억은 뇌의 전류를 흐르게 한다

기억이란 것은 한 번 경험한 것, 또는 여러 번 경험한 것이 머리에 남아 있다는 것이다. 그러나 남아 있기만 해서는 아무 소용이 없다. 당장 생각해 내려고 할 때 곧 생각이 나지 않으면 소용이 없다. 이렇게 생각이 나는 것을 '기억의 재생'이라고 부른다. 사실은 이 재생을 누구나 다 기억이라 말하고 있는 것이다.

그러면 재생은 어떻게 해서 일어나는 것일까? 인간의 대뇌를 수술로 노출시켜 여기에 외부로부터 전류를 통하게 하면 어느 장소에서만 기억이 일어나게 된다. 그 전류는 극히 약한 전류이지만 전류를 흐르게 한다는 것만으로 기억이 재생되는 것은 무엇 때문일까? 그것은 기억을 가진 대뇌의 어떤 장소에서 역시 전류가 흐르기 때문에 일어나는 것이다. 이런 경우 머리 밖에서 전류를 통하면 어떻게 될까?

그러나 머리 밖에서는 아무리 전류를 보내도 기억은 재생되지 않는다. 두개골을 열어 젖히고 직접 기억중추에 전류를 흐르게 해야 하는데 그러한 일이 실제로 뇌수에서도 일어나고 있다. 그것은 동작 전류라는 전류가 대뇌 속을 흐르는 경우를 말하는데 신경에서 전파되어 대뇌로 가는 것이다. 지금 손을 바늘로 찔러 본다. 그러면 그것을 받은 신경이 무엇인가를 위로 전파하고 드디어 대뇌에까지 가게 된다. 그 변화는 전류계로 잴 수가 있는 것이다. 그 전류를 동작전류라고 한다. 즉 대뇌의 기억이 있는 장소에 어디선가 동작 전류가 도달되지 않으면 재생은 일어나지 않는 것이다.

어디엔가 가서 좋은 경치를 보면 어렸을 때의 생각이 난다. 아는 사람을 만나면 옛일이 생각나게 된다. 또 어떤 종류의 냄새를

맡으면 중학교 시절, 고향에 있는 학교 교정에서의 일이 생각난다. 즉 눈에 들어온 것이든지 코에 들어온 것이든지 모두 신경을 거쳐 동작 전류가 되어 대뇌에까지 가서 재생 작용을 일으키는 것이다.

기억을 어떤 행동에 결부시켜서 생각한다

그래서 학습을 할 경우에는,
① 소리를 내어 읽으며 배운다. 시험장에서 작은 소리로 중얼거려 보면 저절로 재생된다.
② 책을 그대로 옮겨 적으면서 학습한다. 수학 같은 것은 수식을 쓰며 외워야 한다. 그러면 손동작에 결부되어 기억에 남는다. 손을 써 보는 동안에 저절로 재생되는 것이다.
이 두 가지의 것, 즉 소리를 내는 것이든 손의 운동이든 그것을 의지의 힘으로 일으키면 근 수축, 즉 운동을 일으킨다. 그러면 사용한 이 근육에서 신경을 거쳐 동작 전류가 올라가 대뇌로 가서 동작 전류가 대뇌를 흐른다. 그것으로 재생하게 된다.
③ 그래서 언제나 재생할 수 있도록 하게 하여, 어떤 변화에 새로이 기억하려고 하는 것을 결부시키는 것도 또한 크게 도움이 될 것이다. 예를 들면 영어 단어를 암기할 때 'sore(닿으면 아픈, 쓰라린)'를 '쿡쿡 쑤셔 아파'라고 기억해 두는 식이다.
④ 눈으로 보게 하는 것이 좋으나 그보다 음향이 더 효과적이고 음향보다도 손닿는 것, 그보다 훨씬 더 좋은 것이 운동이다. 이런 것이 강한 재생 방법이 될 수 있는 것이다.
그러니까 학교에서 배운 것을 선생의 흉내를 내어 친구에게 한

번 되풀이해 이야기해 볼 때가 있는데, 그것이 학습을 위해 가장 좋은 방법이다. 선생은 몇 번이나 같은 강의를 하기 때문에 잘 외고 있는 것이다. 대학에서는 4, 5명이 클럽을 만들어서 차례차례로 강의해 보는 방법도 효과적이다.

　그림을 공부하는 사람은 유명한 화가들의 그림을 복사한다. 프랑스의 루브르 박물관에는 유명한 그림 앞에서 복사하고 있는 사람이 많이 있다. 음악도 명곡을 몇 번이고 접촉하지 않으면 그 곡을 암기할 수가 없을 것이다.

제 3 장
재능 개발의 방법

재능 개발의 방법

누구에게나 재능은 숨어 있다

　사람의 얼굴이 모두 다른 것처럼 각 개인의 재능도 각각 다른 것이 사실이다. 그렇기 때문에 그림을 잘 그리는 사람, 노래를 잘 부르는 사람, 사무적인 사람, 경제적인 면에 투철한 사람, 사교성이 능한 사람 등 재능은 천차만별이라고 할 수 있다.
　이와 같은 것도 역시 사람의 성격과 같이 선천적인 소질과 그 사람이 처해 있는 환경에 의하여 형성된다고 볼 수 있다. 인간에게는 부모와 조상으로부터 이어받은 소질이라는 것이 있어서, 사람에 따라서 문학의 소질, 또는 음악의 소질 등 여러 가지 특유한 가능성을 가지고 태어난다. 그러나 선천적인 소질은 어디까지나 가능성일 뿐이며, 그 뒤 그 사람의 소질을 육성시킬 수 있는 좋은 환경의 조건이 갖추어져야만 비로소 이루어지는 것이다. 선천적으로 문학에 소질이 있다고 해도 부모가 학문을 이해하지 못하고 상업에 관한 교육을 시켰다면, 그 사람의 타고난 문학적인 소질은 육성되지 못하고 그 소질을 나타낼 수 있는 기회를 놓치고 마는 것이다.

튜울립이나 다알리아 같은 꽃의 경우도 비료와 수분과 햇빛의 혜택을 받을 수 있는 환경에 있어야 비로소 아름다운 꽃을 피울 수 있다. 그 중 어느 하나라도 없어서는 안 될 것이다. 이와 마찬가지로 사람도 선천적인 소질을 발휘하려면 그 조건은 더욱 복잡하고 어려운 것이다. 음악의 소질이나 그림의 소질 같은 재능은 어릴 때라도 알아내기가 쉽지만, 철학이나 문학, 혹은 사업가적인 수완, 종교가로서의 소질 등은 쉽사리 본인이나 주위 환경에서도 알아내기 힘든 것이다.

젊었을 때는 비교적 부유한 관계로 평범한 생활을 보냈으나, 40대에 이르러 신앙적인 것에 이끌려 신앙 생활에 들어가 위대한 종교가가 된 회교도의 교조인 마호메트는 그 좋은 실례라 하겠다. 또한 50대에 이르러서 인간이 어떻게 생활할 것인가에 대하여 심각한 고민을 가지고 이 문제에 돌입하여 차츰 철학적 재능이 개화한 대철학자도 있다.

어렸을 때 독특한 재능을 발휘하여 세상 사람들의 주목을 끈 천재는 10대 또는 20대에 그 재능을 발휘한 것이라고 믿어 버리는 사람이 많다. 실제에 있어서는 40대, 50대에 이르러 겨우 재능의 개화를 본 대기만성의 천재도 적지 않다. 이와 같은 대기만성형은 최초에는 자기의 재능을 모르기 때문에, 문학적인 천재적 재능을 가지고 있으면서도 사회에 나가서 관리나 회사원으로 그 직무에 얽매여 장기간 자기의 천재적인 재능을 발휘할 기회를 얻지 못하였거나, 틈틈이 쓴 현상 논문이나 소설, 희곡 등이 당선되어 발견되거나, 어쩌다 소설이나 논설문을 쓰고 싶어서 쓴 글이 세인의 인정을 받게 되어 비로소 자기의 재능을 스스로 발견하게 되는 수도 있다.

스페인의 화가 고야는 그 천재적인 재능을 발휘하게 된 것이 40세가 넘어서였고, 저 유명한 미국의 시인 휘트먼이 ≪풀잎≫을 자신의 돈으로 출판하여 세상에 내고 비로소 인정을 받게 된 것이 36세 때였다.

재능은 스스로 키워야 한다

젊어서부터 문학적 취미가 있어 소설을 써 보았으나 대중의 인정을 받지 못하고, 10년 혹은 20년이란 장구한 세월을 꾸준히 노력하여 겨우 그 결실을 맺어 세상의 인정을 받게 되는, 문자 그대로의 대기만성형도 있다. 이런 형의 사람은 어느 일정한 수준의 재능까지 도달하려면 많은 노력과 기간이 소요된다. 이와 같이 일정한 수준의 재능에 도달하는 데 있어서 빠른 사람과 늦은 사람이 있다. 그러므로 육체를 주로 쓰는 체육인은 그 재능의 개화가 빠른 것이 좋겠다. 장년기가 넘으면 체력의 감퇴로 말미암아 재능도 멈추고 퇴화되기 때문이다.

여기에 반하여 두뇌적 면의 재능, 즉 문학·철학·정치·실업 등의 방면에 있어서는 대기만성형이라도 지장은 없는 것이다. 도리어 인간이 좀 원숙해진 40대가 넘어서 참된 재능이 발휘되는 예가 많다. 모차르트, 쇼팽과 같은 조숙의 형은 드물고, 꾸준한 노력과 수련을 계속함으로써 비로소 자기의 재능을 발견하고 이를 개화하는 사람이 많다.

어려서부터 천재적인 소질을 가지고 태어나는 사람은 눈에 띄게 알아볼 수 있다. 천재적 가수는 어려서부터 음감이 참으로 좋고, 천재적인 화가는 어렸을 때부터 그 싹이 뚜렷이 다르다. 그러나 보통의 재능을 가지고 태어나는 사람은 음악가나 화가나 그에 대한 재능이 있다 하더라도 천재적인 사람과 같이 소질을 빨리 발휘하지 못하는 것이다.

그러므로 천재적인 소질을 가지고 태어난 사람이 10세 때에 가질 재능의 수준을 보통 사람은 노력과 수련으로 15세, 혹은 20~30세에 이르러서야 겨우 도달하게 되는 것이다. 천재는 개화가 빠르고, 보통의 재능을 가진 사람은 개화하기까지에 상당한 노력과 시간을 요하게 된다. 그러나 이와 같은 시간이나 노력에 굴하지 않고 정진할 경우에 대개 그 방면에 재능을 가지고 있는 사람이라면 반드시 꽃을 피울 수 있을 것이다. 인간이 태어나면서부터 가지고 있는 재능을 개화시키려면 거기에 적당한 환경을 가지고 점차 재능을 육성해 나가야 한다.

음악가가 되려면 음악학교에 입학하여 훌륭한 교사 밑에서 좋은 지도를 받아 기초에서부터 잘 닦아 가며 차츰 재능을 길러 가

지 않으면 안 된다. 화가가 되려면 데생(dessin)부터 철저하게 마스터하여 화가로서의 재능을 육성해 가야 할 것이다. 그러나 실제에 있어서는, 자기의 재능을 확실히 의식하고 기초적 부문부터 시작하여 점차 재능을 육성해 나가기보다는 — 그런 사람이 좋은 환경의 혜택을 받을 수 있다 —, 자기가 과연 어떠한 재능이나 소질을 가지고 있는지 모르고 있는 사람이 대부분이다.

가령 문학적 소질이나 예술적인 재능이 있다 하더라도 가정의 형편상으로 도저히 그 방향으로 진출할 수 없다든지, 또는 그 방면으로 진출하려고 하였으나 과연 그 길을 택함으로써 성공하느냐, 못 하느냐의 걱정 때문에 마음에 없는 월급 생활이나 상업으로 일생을 마치는 사람도 많을 것이다. 그러나 자기 재능과 적성을 잘 살려서 자기의 갈 길을 확정하고 계속 전진하는 사람만이 성공할 수 있는 것이다.

재능은 조건 반사로 훈련해야

• 자기 능력에 따라 목표를 세운다

우리들이 운동 경기 같은 것에서 흔히 겪는 일이다. 반드시 이겨야 하겠다는 생각에서 마음을 조이면서 노력하고 있으나 몸이 제대로 움직여 주지 않을 경우가 있다. 이럴 때는 마음을 조이면 조일수록 상대방에게 패하고 만다.

음악을 연습하는 경우에 있어서도 그렇다. 친구가 하모니카를 멋지게 부는 것이 부러운 나머지, 도레미파에서부터 배워 가려던 기초를 무시하고 아무렇게나 불어 댄다면 곡이 제대로 될 리 없다. 이와 같이 마음은 앞서나 손과 입이 들어주지 않으므로 도리어 싫증을 느끼게 되어 중단하고 말게 된다.

• 조건반사를 만들어야 한다

재능을 형성한다는 것은 자기의 생각대로 몸이나 손발 또는 두뇌를 움직일 수 있도록 훈련하는 것을 의미한다. 그러기 위해서는 처음에는 물론 기본적인 형부터 시작하지 않으면 안 된다. 구기(球技)를 연습하는 데 있어서도 기본기를 철저히 익힌 뒤에 여러 가지 기술적인 방법과 응용적인 방법을 수련함으로써만이 비로소 공이 날아왔을 때 손발과 몸이 자연스럽게 움직여져서 무의식적으로 공을 칠 수 있고, 받아 낼 수 있게 된다.

공이 날아온 후에 어떻게 할 것인가를 의식하고 생각한 다음에 행동하면 이미 좋은 기회는 잃게 되며 따라서 실수도 많아질 것이다. 이것은 운동이나 구기뿐만이 아니라, 음악·연예·문학의 경우에도 마찬가지일 것이다. 의식적으로 하던 일이 차츰 무의식적으로 할 수 있게 되는 것을 심리학에서는 조건반사의 움직임이라고 한다.

조건반사라고 하면 누구나 저 유명한 생리학자 파블로프를 생각하게 될 것이다. 그의 대표적인 실험에서 종이 울리면 개가 군침을 흘리는 반사 행위가 조건반사의 전형적 예라고 하겠다. 종소리를 들으면 개가 군침을 흘리게 하는 반사 훈련은 처음에 종을 울리고 그 직후 개에게 먹을 것을 주는 버릇을 길러 가면 차츰 개의 머리 속엔 '종소리 - 먹을 것 - 군침'식의 회로가 고정되어 갈 것이다.

이와 같이 고정된 회로가 개의 머리 속에 형성된 뒤부터는 종소리만 들려도 개는 군침을 흘리는 반사 행위가 일어나게 될 것

이다. 혹은 개에게 종소리를 들으면 짖도록 훈련을 시키면 '종소리 - 짖는다' 식의 회로가 개의 머리 속에 형성되어 종소리만 들으면 짖게 될 것이다.

이와 같이 종소리를 듣고 군침을 흘린다든지 짖는 것은 반사 행위가 훈련되어 있는 개에 한하여 될 수 있는 것이고, 다른 개들에게는 이와 같은 반사 행위가 있을 수 없을 것이다.

이와 같이 특수한 훈련에 의하여 독특한 행위를 하는 것을 조건반사라 한다. 반면에 돌팔매가 날아왔을 때 무의식적으로 몸을 피한다든지, 얼굴에 무엇이 닿으려 할 때 본능적으로 이를 피하는 등 배우지 않고도 누구나 다 하고 있는 행위를 무조건반사 행위라 한다.

• 조건반사를 종합해야 한다

운동 경기 등은 특히 기본기의 훈련부터 시작하여야 한다. 이를 마스터하게 된 후에야 응용을 습득하는 것이다. 상대방이 어떤 방법으로 공격을 해 왔을 때는 이러이러한 기술을 종합하여 반격에 나서며, 또 어떻게 상대방을 누를 수 있을 것인가를 직접 현실에 부딪쳐 자기 마음대로 여러 가지로 응용할 수 있도록 조건반사의 형성을 기술적으로 연마해야 한다. 즉 기본적인 조건반사를 종합할 뿐만 아니라, 그것을 기초로 하여 제2차 조건반사의 형성, 다시 제3차의 조건반사로 차츰 고차원적인 조건반사를 형성해 나가야 한다.

예를 들면 울타리 안에 들어 있는 원숭이에게 손에 닿지 않는 높은 곳에 매달아 놓은 과일을 따먹게 할 때, 옆에 있는 상자를 큰 것부터 차례로 쌓아 놓고 딛고 올라가 따먹을 수 있도록 훈련을 시키기란 그리 쉬운 일이 아닐 것이다. 그러나 몇 번이고 반복을 거듭하는 가운데 제2의 형태, 제3의 형태로 바꾸어 가면서 조건반사를 형성해 간다면 이윽고 조건반사의 종합이 이루어져서 과일을 따먹게 된다. 이 원숭이의 단순한 행위에도 많은 조건반사의 행위가 종합되어 있는 것이다.

인간이 만약 이와 같은 상태에 직면하였다면, 보통 사람의 경우 누구나 생각할 여지도 없이 (조건 반사적으로) 과일을 따먹게 될 것이다. 그러나 아직 지능이 발달되지 않은 어린아이라면 쉽게 되지 않는다. 조건반사가 형성되지 않았기 때문이다. 그러나 이 어린아이도 차츰 조건반사의 형성에 따라 생각할 여지도 없이 반사적으로 행동을 취하게 될 것이다.

우리들의 일상 생활에서 흔히 하고 있는 행위에도 조건반사의 결합에서 오는 것이 대부분이다. 자전거를 타는 것이라든지, 자동차를 운전하는 것도 많은 조건반사 행위의 종합에 의하여 비로소 되는 것이다.

• 재능에 대한 지나친 생각

재능을 교육에 의하여 마음대로 만들 수 있다는 것은 지나친 생각이다. 재능은 타고나는 것이라는 생각과는 반대로 교육에 의하여 마음대로 만들 수 있다는 생각을 가진 사람이 있다.

그러나 어느 한 재능을 신장시키려면 어떤 방법으로 어떤 내용을 교육시킬 것이냐 하는 데 대해서는 아직 연구가 다 되어 있지 않다. 재능에 큰 영향을 주는 것은 부모나 교사가 '어떻든지 이 아이의 재능을 길러 주자'는 의식적인 교육이 아니라, 어린이 주위 사람들의 일상 생활 태도나 분위기 등이며, 이것이 어린이의 자발적인 의욕을 불러일으키고, 하고자 하는 의욕을 돋구어 주는 일이 많다.

또 갓난아기는 '앞으로 어떤 빛깔로든지 물을 들일 수 있는 백지 상태'로 태어나는 것은 아니다. 타고난 소질은 '어느 정도의 빛깔'을 가지고 있는 것이므로, 이를 마음대로 바꿀 수 있다고 생각하는 것은 잘못된 생각이다.

그러므로 재능을 기르는 방법으로는 ① 흥미의 형을 알아서 자연스런 성장을 돕고 ② 실패를 책하지 말 것이며 ③ 새로운 지식이나 발견의 기쁨을 체득시키고 ④ 기본적인 기능을 바르게 훈련한다는 것 등이다.

재능은 조건 반사로 강화해야

• 무의식중에 한 일이 위력을 낸다

재능의 형성이라고 하는 것은 말할 나위도 없이 조건반사를 형성하는 일이라 하겠다. 조건반사가 형성되면 지금까지 의식적으로 하던 것을 무의식중에도 빈틈없이 하게 될 것이다. 의식적으로 노력을 하면서 피아노를 치고 있을 때는 틀리기 쉬운 것이다. 이것은 손이 많은 지시에 저항하기 때문인 것이다. 그러나 조건반사가 형성되면 손의 저항이 없어지고 무리하게 의식을 하지 않고도 손이 자연적으로 건반을 두드리게 되는 것이다.

이런 조건반사는 노동이나 예술, 문학, 과학 모든 면에 있어서 동일한 것이다. 마음의 에너지를 필요로 하던 문제에 대해 그 소요량이 점차 적어지면 고차적인 문제에 돌입할 수 있게 된다. 이와 같이 모든 일을 의식하고 생각하면서 할 때는 마음의 지시, 대뇌중추의 명령 하달에 저항을 많이 받아 기본형의 응용이 잘되지 않지만, 무의식중에 하게 되면 마음의 지시에 저항이 적어짐으로써 그 능력의 발휘가 예상 밖으로 클 것이다. 말하자면 주의의 집중이 잘되는 것이다.

• 정신 통일과 주의 집중하는 경우

조건반사가 잘되면 일이 쉽게 잘 된다는 것은 최면술에 걸리면 인간이 월등한 능력을 발휘하는 것과 유사한 것이다. 최면술에 걸려 있는 상태라면 자고 있는 것과 비슷한 상태이다. 그러나 자고 있는 상태와 최면술에 걸려 있는 상태는 다른 것이다. 즉 최면에 걸린 사람은 최면술자의 암시를 받아들일 수 있는 뇌의 한 점만을 움직이고 있는 것이다. 그 한 점을 통하여 최면술자의 암시가 피최면자에게 전해진다. "너는 곡예사다"라고 하면 몸이 제멋대로 굽혀지고 혹은 막대기와 같이 굳어지며, 머리와 발만 들어도 몸이 지탱되는 것이다. 어쨌든 최면술에 걸리면, 말하는 사람의 말대로 의외의 능력을 발휘하게 된다. 이와 같은 일이 되는 것은 최면에 걸린 사람의 주의가 말하는 사람의 암시에 집중되어, 암시의 말에 전혀 의심을 갖지 않고 저항하지 않기 때문이다.

그런데 처음에 의식하고 있는 동안에는 여러 가지 잡념이 떠올라 주의 집중이 산만해지기 쉽다. 그러나 차츰 정신을 가다듬어 노력만 하면 점차 무의식 상태로 되어 자아를 잃고 몰두하게 된다. 이 때의 의식 상태는 한 점에 집중하게 된다.

그러므로 인간이 온 정신을 집중시켜 무의식적으로 (조건반사적으로) 일어나 활동을 하면 할수록 재능을 비상하게 발휘할 수 있다. 명인이나 달인(達人)이라 하는 것은 마음먹은 대로 표현할 수 있는 사람이며, 이러한 사람의 마음과 몸은 어떤 것에든 저해되지 않은 상태이다. 스포츠나 일 등에 있어서도 빨리 숙련하는 사람과 늦게 진전하는 사람이 있다. 그러나 이러한 사람일지라도 항상 노력하지 않으면 형성된 조건반사가 깨어지고 그 능력도 원만하게 발휘되지 않는다. 반대로 진전은 늦어도 꾸준히 노력을 쌓아 온 사람은 조건반사가 축적됨에 따라 점차 비범한 경지에 도달하여 어려운 문제도 무의식중에 해결하게 되며, 재능은 현저한 비약을 이룩할 것이다.

• 재능의 발견은 빠를수록 좋다

자신이 타고난 소질을 발견하여 빨리 조장해 간다면 재능의 개발은 빠를 것이며, 반대로 자기의 소질을 인식하지 못하고 이것저것 실패를 반복하다 보면 재능의 개발도 자연히 늦어질 것이다. 그러나 일단 자기의 재능을 발견하고 여기에 전력을 다하면 그 뒤에는 노력 여하에 따라 늦어진 재능의 개발도 만회하게 될 것이다. 그런데 몸을 움직이는 스포츠, 발레 등 육체적 조건에 좌우되는 것은 그 재능의 개발이 늦으면 발전할 수가 없다.

그러나 두뇌를 쓰는 방면은 재능의 개발이 늦어도 결정적인 핸디캡은 되지 않으며, 조건반사를 형성하여 무의식중에 할 수 있는 훈련을 쌓아 나가면 능력은 어느 시기에 가서 비약적인 전진이 있게 될 것이다. 재능의 개발이라고 하는 것은 실로 조건반사의 형성인 것이다. 의식적으로 노력하는 방법으로부터 차츰 노력하지 않고도 자연히 될 수 있도록 훈련하여 감에 따라 마음의 에너지를 집중시킬 수 있는 것이다. 즉, 자아(自我)를 잊어버리고 몰두함으로써 재능의 개화는 비약적으로 진전되는 것이다.

성장 발육에 따른 환경적 영향

어린이의 생명이 출생 이후부터 그 의의를 갖는다고 생각하는 것은 큰 잘못이다. 눈에 보이지 않는 태아기 9개월 동안은 신체 각 기관의 분화와 신체 성장의 기반이 튼튼히 마련되는 시기로서, 이 시기에 받는 영향은 매우 치명적인 것이다.

한 생명체가 하나의 원만한 개체로 성장·발육하기까지는 유전적 요소뿐 아니라, 여러 모의 환경적 영향을 계속 받음으로써 가능하게 된다.

• 두뇌 발달 과정의 특징

신체의 발달 중 우리 몸의 제반 작용을 관할 조절하는 중추신경계의 성장 발육 시기가 우리 몸의 어느 부분보다 가장 먼저 일어난다는 사실은 매우 중요한 뜻을 내포하고 있다. 중추신경계 중에는 척추신경계보다는 윗부분인 두뇌가 먼저 발달된다. 즉 위에서부터 아래의 순서로 발달하게 되는데 한 예로 머리가 먼저, 그 다음 팔이 그리고 팔보다 늦게 발이 움직이게 된다. 또 하나의 발달 방향은 중심으로부터 밖으로이다. 척추신경계의 중심으로부터 팔, 다음 손의 끝 방향으로 발달된다. 20세기 전반까지만 해도 두뇌는 발육 과정에 있어서 안전하게 보호되는 것으로 간주되어 왔었으나, 그 뒤 점차 뇌의 성장 발육 과정에 수반되는 영양실조 같은 환경적 요인이 치명적 영향을 준다는 사실이 밝혀졌다.

일반적으로 성장 발육 과정은 크게 질적인 것과 양적인 것으로 나눌 수 있는데 다음과 같다.
① 질적인 면인 세포의 증식과 분화가 일어나는 기간
② 질적인 면과 세포의 크기가 증가하는 양적인 면의 성장·발육이 함께 일어나는 기간
③ 양적인 면의 성장, 즉 세포의 크기가 증가하는 기간

신체의 기관마다 이 시기는 서로 특성 있게 다르다고 본다.

그런데 두뇌에서 모든 정보를 받아들이고 옮겨 주며, 풀이, 분석, 판단하여 결정하고 통제하는 모든 작용의 중심 역할을 하는 주 뇌세포의 증식이 대부분 태아기에 일어난다는 사실은 개나 쥐 같은 동물과 다른 점이다.

다음의 그림에서 볼 수 있는 바와 같이 주 뇌세포의 증식이 태아기에 활발하게 진행되어 출생 후 6개월까지 계속되는 것으로 보는데, 특기할 것은 100억 개 이상이나 되는 주 뇌세포들은 한 번 증식기가 끝나면 다시는 세포 분열 현상이 일어나지 않아서 재생될 수 없다는 점이다. 그러므로 주 뇌세포의 나이는 우리 자

재능 개발의 방법

신의 나이와 같다고 볼 수 있다.
 이 주 뇌세포를 보좌하는 세포는 주 뇌세포보다 훨씬 많은 수인데 출생 후 2세 정도까지 증식이 계속된다. 이 보좌세포는 주 뇌세포와는 달리 완성된 후에도 세포의 재생이 가능하다.

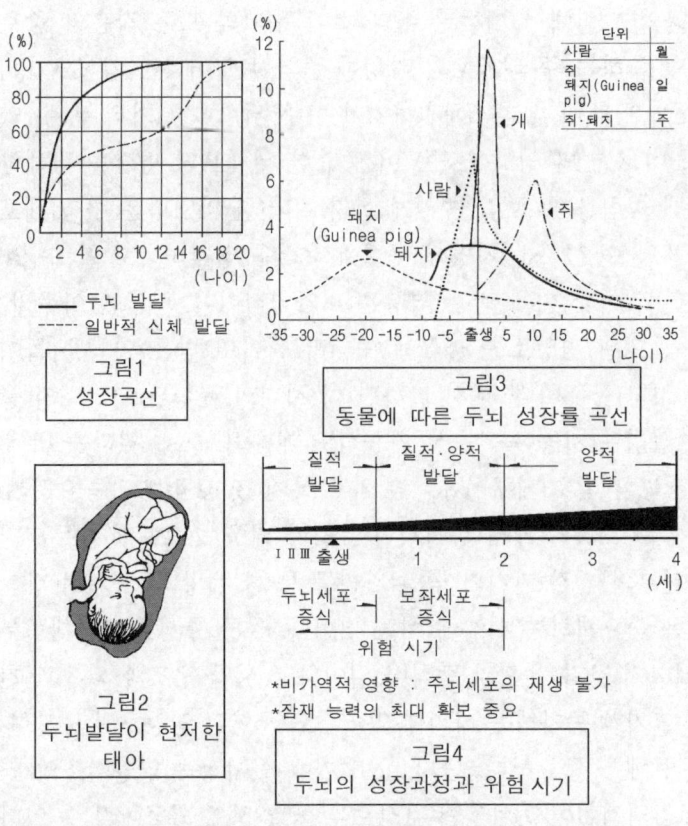

그림1 성장곡선

그림2 두뇌발달이 현저한 태아

그림3 동물에 따른 두뇌 성장률 곡선

그림4 두뇌의 성장과정과 위험 시기

이같이 세포의 증식기가 끝나고 타고난 세포 수의 확보가 끝나면 4세 정도까지는 모든 뇌세포의 크기가 증가되고, 이들의 작용을 원활하게 하며 특히 주 뇌세포에서 정보를 전달하는 부분을 보호하는 지방 구조의 형성이 계속되어 두뇌의 크기가 증가하게 된다.

앞의 그림에서 지적된 바와 같이 두뇌의 모든 작용의 중추적 역할을 하는 주 뇌세포의 왕성한 증식이 일어나는 임신 3기(마지막 3개월)와 출생 후 6개월까지가 아주 위험한 시기로 볼 수 있으며, 이 시기의 영양실조는 이 중요한 뇌세포의 발달을 방해하고 잠재 능력을 확보할 수 없게 한다. 이러한 악영향은 주 뇌세포가 재생될 수 없다는 치명적 사실에서 더욱 심각하다고 할 수 있다. 따라서 이 시기에 받은 영향은 비가역적이며, 차후에 아무리 좋은 균형된 영양소를 공급해 주더라도 이미 받은 영향을 돌이킬 수 없다는 뜻이다. 다시 말하면 이 시기의 균형된 영양소의 충분한 섭취는 저능아의 출산 가능성도 배제해 줄 수 있다는 뜻이다.

저능아 및 지체부자유아의 차후 복지 및 보호책도 중요하지만, 이제는 그 원인에서 환경적인 요소가 더욱 중요하게 대두되면서 임신부의 건강 관리와 영양 관리를 통한 '예방'의 효과적 방안을 더욱 중요시하는 시점에 이른 것이다. 물론 출생한 뒤 6개월부터 4세까지 보좌 세포의 증식이 일어나고 지방 구조와 뇌세포 전체의 크기가 증가되는 시기에 있어서도 균형된 영양소의 충분한 섭취가 매우 중요하다. 단지 이 시기에 있어서는 영양실조의 영향이 가역적이어서 차후의 보상으로 어느 정도 되돌이킬 수 있다는 점이 다르다고 할 수 있다.

두뇌 발달에 영향을 미치는 환경적인 요소

유전적 요소뿐 아니라 여러 가지의 환경적 요소가 두뇌 발달 과정과 저능아 출생에 영향을 줄 수 있다는 사실이 점차 확실해지고 있으나, 환경과 지능 발달과의 관계는 매우 복합적인 것으로서, 연구·표명하기 어려운 과제의 하나임에 틀림없다. 신체의 각 기관의 발달은 각 기관에 따라 특수 시기가 있으며, 이 시기에 따라 그 중요성이 부여된다. 임신 1, 2, 3기를 통틀어 보면 각 기관의 형성이 시작되며 세포 분열 현상이 가장 빠르게 진행되는 제1기가 가장 위험하다. 그러나 각 기관의 위험 시기는 각기 다른 것 또한 특징이다.

영양적 환경을 포함하여, 태아 건강에 영향을 미칠 수 있는 알려진 환경적 요소를 열거하면 다음과 같다.
① 수태 이전의 어머니와 아버지의 건강 상태.
② 어머니 자체의 환경 중에서 여러 가지 질병, 약물, X-레이나 다른 방사선 투사, 음주, 흡연, 연령, 심리적 상태 등.

태아가 받을 수 있는 영향의 크고 작음은 환경적 요소가 어떤 것이냐, 언제 영향을 받았느냐, 그리고 얼마나 오랫동안 지속되었느냐 등에 좌우된다고 볼 수 있다.

성장 발육하는 사람의 뇌의 무게, 단백질 및 핵산의 변화

다음의 그림은 성장 발육하는 사람의 뇌에 있어 여러 생화학적 요소들의 증가하는 양상을 나타내었다.

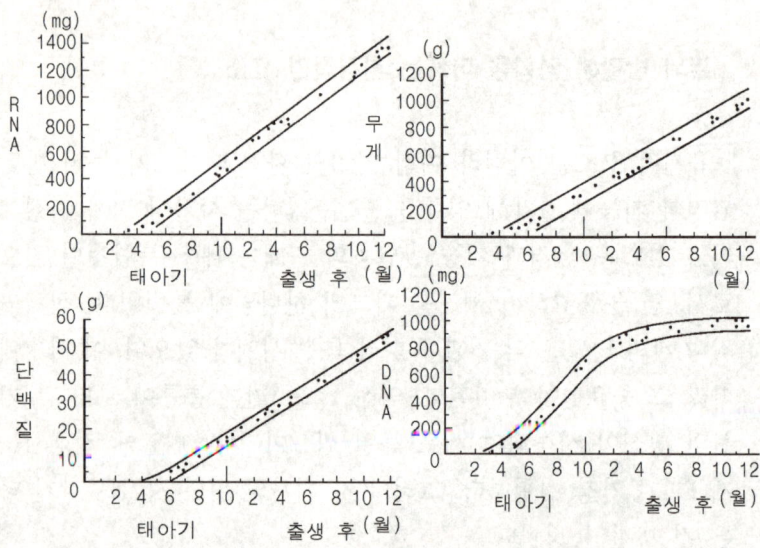

사람의 출생 전후에 있어서 뇌의 무게, 단백질, RNA 및 DNA의 변화

주 뇌세포나 보좌세포 증식의 활발한 과정이 끝나면 뇌의 DNA 총량이 일정하게 유지되는 반면에, 뇌의 무게나 단백질 및 RNA의 양은 세포의 크기가 증가함에 따라 세포질의 내용물이 증가 현상을 보여 주어 DNA의 양과는 대조적인 패턴을 나타내고 있다. DNA는 유전 정보를 가지고 있는 물질로서 세포 분열 현상과 함께 같은 양이 새 세포에 존재하게 된다. 따라서 각 세포 내의 DNA 양은 일정하며, 두뇌의 DNA의 양이 일정해졌다는 것은 세포의 분열 과정이 끝이 나서 더 이상 증식되지 않는다는 뜻이다. 결국 우리 신체가 20세까지 성장하여 성인이 된다고 볼 때 두뇌는 매우 일찍 그 성장이 완성됨을 증명해 주는 것이다.

• 영양실조와 두뇌 발달

두뇌의 세포 증식기에 있어서 영양실조의 영향으로 인해 두뇌의 크기가 작아지고 세포의 수가 감소됨에 따라서 지능 발달이 저하된다는 사실이 동물에서뿐만 아니라 사람의 경우에도 확인이 되었다. 구체적으로 몇 가지 살펴보면, 출생 후 6개월 이전의 심한 영양실조는 뇌세포를 감소시켰고, 핵산, 단백질, 지방질, 효소의 활성도 등을 감소시켰다. 그리고 뇌세포들 사이에서 정보를 전달해 주는 물질들도 감소되었다. 이렇게 위험 시기의 영양실조나 다른 기형 유도인자의 영향은 염색체의 손상도 입게 되는데, 이는 비가역적 영향으로 일시적인 것이 아니고 영구히 남아 있게 된다.

옆의 그림은 1세 이전에 사망한 어린이 중 사고나 독성 물질에 의해 사망한 어린이와 영양실조로 말미암아 사망한 어린이의 두뇌에 함유된 DNA양, 즉 세포의 수를 비교한 것이다. 여기서 사고나 독성 물질에 의해 급사한 경우는 두뇌의 세포의 수가

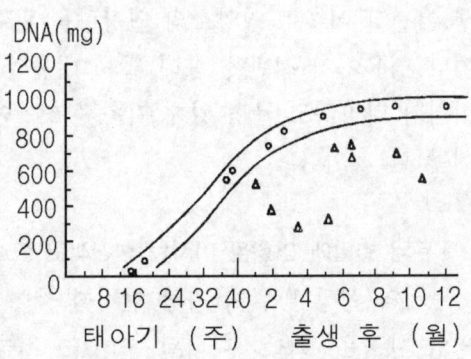

○ 사고로 사망한 어린이의 경우
△ 영양실조로 사망한 어린이의 경우

만 1세 이전에 영양실조로 인해 감소된 뇌의 DNA 함량

정상권에 속해 있으나, 영양실조로 인해 사망한 경우는 정상보다 세포의 수가 감소된 것을 볼 수 있다. 이것은 위험 시기의 영양실조가 뇌세포의 수, 즉 잠재 능력의 미확보를 초래하여 인간 발달 과정에 치명적 영향을 준다는 것을 실증해 주는 것이다.

영양에서 강조한 두뇌 발달 과정만 하더라도 임신부나 영유아기 영양이 얼마나 중요한가를 알 수 있다. 임신부 영양 지침은 임신 전반을 통해 철저한 균형식에 있음을 알아야 한다. 질적인 면은 물론 양적인 증가는 임신 3기에 크게 증가된다. 체성분의 기반이 되는 양질의 단백질 섭취가 충분해야 함은 물론, 뇌성분의 주요 부분을 구성하는 필수 지방산(식물성 기름)의 섭취도 부족해서는 안 되겠고, 모든 대사를 원활히 해 주는 비타민과 무기질도 필수 요건이다.

골격의 성분으로 칼슘 등의 무기질도 중요하다. 아기를 위해 출생 이전과 이후로 영양소의 권장량을 뚜렷이 나누기보다는 태아기나 영유아기 전반을 통해 발육 내용의 특성을 감안하여 영양 섭취가 다양하고 균형 있게 지속적으로 이루어지도록 노력을 다해야 할 것이다.

• 두뇌 발달에 영향을 미치는 환경적인 요소

두뇌의 성장 발달이 가장 현저한 태아 및 영유아기의 이상적 영양 환경은 겉으로 나타날 수 있는 저능아의 가능성이나 여러 불행한 결과를 예방할 수 있다는 점에서, 또한 겉으로 당장 나타나지는 않지만 튼튼한 미래의 터전이 마련된다는 점에서 이 시기의 중요성이 강조되는 것이다. 방법론상의 문제로 이 시기에 두뇌가 받는 영향이 어느 정도 클 것이다, 작을 것이다, 왈가왈부하며 문제의 중요성을 간과할 때는 이미 지났다. 이미 규명된 과학적 근거를 바탕으로 하여 실천에 옮김으로써 최대한의 효과를 거두어야 한다.

• 모체 영양의 중요성

두뇌 세포의 분열 과정이 일단 끝난 후 받은 손상은 그 재생이 불가능하므로 이를 초래할 수 있는 비가역적·환경적 요소 중 특히 모체 영양의 중요성을 강조하지 않을 수 없다. 동시에 신체의 성장이 완성된다고 보는 20세까지 연령에 따른 최적의 영양 환경을 계속하여 마련해 주어야 할 것이다. 수태 이전의 어머니와 아버지의 건강 상태 및 난자와 정자의 상태가 어린이의 건강에 영향을 줄 수 있음을 감안할 때 영양의 중요성은 결코 성장하는 시기에 국한된 것이 아니라, 평생 동안 강조되어야 하는 환경적 요소이다.

보다 넓은 의미에서 영양적 환경을 비롯한 심리적, 사회적 제반 환경이 균형있고 올바르게 마련될 때 비로소 완전아(完全兒)로의 성장 발육이 가능할 수 있기 때문에, 여러 측면에서의 종합적이고도 균형 있는 노력이 요구되는 것이다.

미국의 의학자인 E.W. 파크는 "건강하게 태어나는 것은 인간 최대의 권리이며, 육체적으로나 정신적으로 건강한 아동을 양육하는 것은 국가의 가장 중요한 과업임에 틀림없다"고 강조하고 있다.

• 우수아의 지적 특성

우수아는 일반 아동보다 지적으로 매우 우수하다.

우수아는 어려서부터 많은 어휘를 사용하며 6세 이전에 글을 해득하고 학업 성과는 일반 아동보다 적어도 2년 이상 앞선다. 그리하여 숫자 개념이 일찍 발달하고 관찰력이 예민하여 한 번 본 것을 잊어버리지 않으며 또한 일반 아동에 비해 주의 집중 능력이 매우 강하다. 그러므로 학업 성적이 매우 우수하여 쉽게 모든 것을 빨리 배우는 경향이 있다.

코우(Kough)는 우수아의 인지적 특성을 다음과 같이 설명하고 있다.

첫번째, 쉽게 빨리 배운다.
두번째, 상식이 풍부하다.
세번째, 사고 능력이 빠르며 사물에 대하여 명백히 파악하고 관계를 이해한다.
네번째, 한 번 보고들은 것을 잘 기억한다.
다섯번째, 어휘력이 풍부하다.
여섯번째, 언어를 쉽고 정확하게 구사한다.
일곱번째, 같은 나이 또래보다 적어도 2~3년 정도 높은 수준의 책을 읽는다.
여덟번째, 높은 지적 수준을 요하는 문제를 잘 해결한다.
아홉번째, 많은 것을 질문하며 광범위한 분야에 흥미를 보인다.
열번째, 사고 능력이 독창적이며, 관찰력과 반응이 예민하다.

그렇기 때문에 우수아는 대부분 학교 생활을 즐기는 경향이 있고 모든 일에 흥미와 관심, 호기심이 많다. 특히 음악, 문학, 예술, 고대사 등의 토론에 일반 아동보다 관심이 높다.

특히 우수아 연구에 있어서 우수아는 창의성이 현저하게 탁월하다는 점에 역점을 두어 길포드는 우수아의 지능과 창의력에 관하여 다음과 같이 말하고 있다.

즉, 우수아의 지능은 ① 인지 ② 기억 ③ 이미 알고 있는 사실을 새로운 관계로 재구성한다 ④ 관례적인 결론에 도달한다 ⑤ 평가 등의 5단계가 있다. 이 가운데 창조적 사고에 이미 알고 있는 사실을 새로운 관계로 재구성한다는 것이 가장 큰 기여를 하고 있다고 한다. 그리고 여기에는 사고의 흐름, 융통성, 독창성, 정교함 등을 포함한다.

• 우수아의 인성 및 사회적 특성

앞서 말한 바와 같이 우수아는 대체로 일반 아동보다 사회적 적응을 잘하며 원만한 성격을 소유하고 있다고 한다.

터먼과 홀링워즈는 학교 생활에 가장 적응이 잘 되는 높은 능력을 가진 범위가 IQ 125~155라고 지적했다.

그리고 우수아는 일반적으로 사회, 문화적 배경이 일반 아동보다 좋은 경향이 있다고 했다. 즉 과장된 표현이나 공격적인 것, 속이는 것 등이 비교적 적고, 다른 사람들이 좋아하며 어려움을 스스로 해결하는 능력이 높다. 나아가서 예의 바르고 협동 정신이 높으며 유머가 있어 주위 사람들이 좋아하고 정서적으로 안정이 되어 있다.

그리고 부모의 학력, 교육적 배경이 높으면 높을수록 우수아의 배출이 많으며, 시골보다 도시에서 우수아가 더 많이 배출된다고 말하고 있다. 또한 우수아는 동료간에 인기가 높고 정서 및 사회적으로 안정되어 인성 발달이 원만하다고 한다.

흔히 가정에서나 학교에서 우리가 쉽게 볼 수 있는 특성은 다음과 같은 것들이다.

① 모든 것을 빨리 쉽게 배우고 이해한다.
② 일반적인 상식을 실제에 많이 적용한다.
③ 사물을 추리하는 능력이 뛰어나고, 상호 관계를 이해한다.
④ 연습을 많이 하지 않아도 듣거나 읽은 것을 기억한다.
⑤ 읽기, 학습 진도 등이 같은 나이 또래보다 1, 2년 앞선다.
⑥ 질문을 많이 하며 넓은 영역에 흥미가 많다.
⑦ 독창적이고 독립적이며, 평범하지 않은 아이디어를 만든다.
⑧ 주의 집중이 잘되며 비판적이고 통솔력이 강하다.

앞의 여러 특성을 살펴볼 때 우수아의 조기 발견 조기 교육과 함께 교육적 조치 및 교육 방법이 얼마나 중요한가를 알 수 있다.

재능 개발을 방해하는 조건

어떤 조건이 재능의 자연스런 성장을 방해하는 것일까?

• 흥미의 싹을 잘라 버리는 일

여기에서 중요한 것은 어린이의 지적 흥미를 잘라 버려서는 안 된다는 것이다. 알기 쉽게 말해서, 어떤 능력이 성장하려고 할 때에는 그 능력과 관계되는 여러 가지 일에 대한 흥미가 활발해진다. 그러므로 어린이가 한 가지 놀이에 열중하고 있을 때에 거기에 물을 끼얹어서는 안 된다. 꼭 금지해야 할 놀이는 방향을 돌려 주고 넓혀 주도록 한다.

• 지나친 간섭

부모로서 적절한 조언은 필요하지만 지나친 간섭은 자기 힘으로 일을 해 나가는 데 자신을 잃고, 부모에게 의지하거나 자발성이 없는 어린이로 자라게 한다.

• 방임적 태도

어린이의 교육에는 보호하는 작용과 발달을 촉진하는 작용이 있다. 방임이란 이 두 가지 작용을 하지 않는 일이며, 무책임, 잔혹과도 관련되는 태도이다. 대개의 경우 발달할 가능성이 있는 재능도 방임하면 피묻혀 버리고 만다.

• 불안감을 갖는 일

어린이는 불안한 상태에 놓이면 위축되어 적극적인 의욕을 상실한다. 부모 사이의 불화 등으로 심리적인 안정감을 해쳐서는 안 된다.

어린이에게 장래 일을 얘기하게 하면 공부의 의욕이 솟는다

어린이가 열심히 공부를 해주었으면 하는 부모의 마음은 물론 어린이의 장래를 위해서 그것이 필요하다는 생각에서 나온 것이지만, 과연 어린이는 그것을 어느 정도로 이해하고 있는 것일까? 하물며 눈앞의 현실을 하나 하나 초월하여 힘을 쌓아 가는 것이 자기의 장래를 행복하게 해주는 일이라고 생각하는 어린이는 드물고, 또 실감으로써 납득하기는 여간 어려운 일이 아닐 것이다.

그러나 지금의 이 어려운 공부는 자신의 장래를 위해서 필요한 것임을 어린이에게 이해시킬 수 있다면, 이것은 다른 무엇보다도 강력한 동기 부여가 될 것이다.

그래서 어린이에게는 어린이 나름의 발상법으로 장래를 포착하게 할 필요가 생긴다. 그러려면 우선 어린이로 하여금 자기 자신의 장래에 관한 얘기를 하게 해 보는 것이 좋다. 아무리 비현실적인 얘기라도, 아니 오히려 비현실적인 얘기일수록 어린이의 꿈은 크게 부풀어오를 것이다. 부모는 끝까지 얘기를 듣는 입장에 서서 어린이가 자기의 장래상을 마음대로 그리도록 한다.

이렇게 함으로써 공부하기 싫은 어린이에게 동기를 유발시켜 장래를 개척, 건설하기 위하여 필요한 공부의 중요성을 깨닫게 할 수도 있다.

형제를 예로 든 성적 비교는 발분 재료가 되지 못한다

부모는 자녀의 성적을 평가할 때 아무래도 형제들을 예로 들기 쉽다. 부모로서는 자기가 낳고 기르는 자식이기 때문에 성적은 물론 소질이나 성격 면에 이르기까지 손쉽게 비교하는 대상이 되겠지만, 이를 받아들이는 어린이 입장에서는 그렇지가 않다.

우선 형제를 비교하는데 형을 칭찬했다고 하자. 동생은 아주 어릴 적부터 항상 형의 뒤만을 따라왔다. 매사에 형이 앞장을 서게 되고 어려운 일에는 항상 형의 도움을 받아 왔다. 그러니까 형을 칭찬하는 부모의 말에 대한 동생의 반응은 "그야 형이니까 잘하는 것이 당연하지 않느냐?"는 대답이 나오거나 "아무래도 나는 형을 당할 수가 없어" 하며, 자기를 낮추면서 정당화시키기 쉽다.

이 경우에서는 동생이 형을 본받는다는 자연스런 감정이 작용할 가능성이 있어서 그래도 괜찮지만, 반대로 형을 평가할 때 동생을 예로 들어 칭찬했다면 어떻게 될까? 평소에 늘 나이가 위라고 해서 항상 동생에게 모범을 보여 왔고, 때로는 동생을 감싸주기도 하며, 동생에게 양보를 해 오고 있는 관계가 단번에 역전된다. 동생의 장점을 솔직하게 칭찬하는 마음보다는 질투하고 분하게 여기는 감정에 사로잡히기 쉽다.

'형제는 남의 시초'라고는 하지만, 남 이상으로 비교의 대상으로 삼아서는 안 되는 것이다.

시원찮던 사람이 훌륭해진 얘기는 어린이를 발분시킨다

훌륭한 사람들에게는 과거에는 시원찮은 시기가 있었다는 것을 어린이들이 알면, 어린이들은 자기를 그 인물에 투영(投影)하여 미래에 희망을 갖게 되고 현재의 장애를 극복해 가는 용기를 얻을 수 있다.

이 좋은 예로써 오스트리아의 아들러가 있다. 그는 소년 시절에 심한 열등감으로 고민했으나 그 열등감에서 벗어나려고 열등감을 연구하기 시작했다. 그리고 동서고금의 각 분야에서 두각을 나타낸 위인 중에 역시 자기와 마찬가지로 열등감에 사로잡혀 있으면서도 노력한 끝에 훌륭한 인물이 된 사람이 많음을 발견하고, 자신도 세계 심리학에 이름을 남긴 위대한 심리학자가 된 것이다.

특히 학교 시절에 열등생이었던 유명인으로서는 나폴레옹을 비롯하여 생물학자인 린네와 다윈, 발명왕 에디슨, 물리학자인 뉴턴, 철학자인 헤겔, 시인 바이런 등 얼마든지 있다. 이렇게 역사상에 빛나는 위인이 아니더라도 어린이들의 주변에도 열등생이 성공한 인물은 많을 것이다.

공부는 해야 하는 것임을 되풀이하여 납득시키는 것이 좋다

사람은 자신이 납득할 수 없는 것을 강요당할 때 큰 심리적 고통을 느끼게 된다. 예를 들면 파란 불(직진 신호)이 켜졌는데도 노상에서 누군가가 차 앞을 막고 서서 멈추라고 소리를 질렀다고 하자. 그 이유를 모르는 운전사는 불안한 마음에서 일단 멈췄다가 마침내는 제지를 뿌리치고 발진하려고 할지도 모른다. 그러나 멈추라고 하는 이유가 마라톤 선수들이 지나가기 때문임을 알게 되면 할 수 없이 5분이든 10분이든 느긋하게 기다릴 것이다. 전동차가 정거장이 아닌 데서 갑자기 섰을 때 즉시 차내 방송으로 앞차와 충돌 직전에 가까스로 섰다는 것을 설명하여 주면 승객들은 "살았구나" 하고 안심할 것이다.

공부도 마찬가지이다. 이유도 없이 그저 공부만 하라고 하면 어린이들은 부담스럽고 불안하기만 할뿐이며, 결코 하고자 하는 의욕은 솟아오르지 않는다. 공부는 해야 하는 것임을 어린이들에게 납득시키는 것은 퍽 어려운 일이지만, 적어도 그 이유를 거듭 설명하는 것만은 필요하다. 이 되풀이가 암시 효과(暗示效果)가 되어 어린이의 마음 속에 '납득'이 내재화(內在化) 하게 되면 공부를 해야겠다는 의지가 차차 굳어져 갈 것이다.

플러스의 암시는 자꾸 되풀이하지 않으면 큰 효과가 없다

당신은 어쩌다가 생각난 듯이 자신이 없는 어린이에게 "너도 하면 잘 할 수 있을 거야" 하는 식으로 자연스럽게 격려하는 때가 있을 것이다. 어린이는 격려와 칭찬을 받는 그 때만은 자신을 회복하여 열심히 공부를 하겠지만, 아마 2, 3일만 지나면 책상 앞에 앉을 생각이 없어질 것이다. 이런 일이 되풀이되면 어린이들은 어머니가 격려하는 말 그 자체에 의심을 품고 도리어 공부와 멀어질 것이다.

어린이들을 격려하거나 칭찬할 경우에는 그 때만에 그치지 말고 매일매일 되풀이하는 것이 중요하다.

즉 플러스의 암시를 되풀이 해줌으로써 평소에 무엇인가를 열심히 하여 잘되기도 하지만, 어쩌다가 실패했을 때는 "아차, 실수했구나" 하는 생각을 갖게 된다. 당연히 야단맞을 각오를 하고 있는데, 객관적인 사실은 제쳐놓고 감정적으로 나무라면 우락부락한 아이는 반항할 것이고, 마음이 약한 아이는 열등감에 사로잡히고 말 것이다. 이렇게 해서는 실패를 다음 성공의 밑거름으로 삼을 수 없다.

정말로 어린이를 타이르고 싶거든, 되도록이면 감정을 누르고 잘못된 부분을 객관적으로 제시하여 어린이에게 납득시키는 것이 중요하다.

어린이에게 필요한 것은 바보니, 못돼먹었느니 하는 감정적 결론이 아니라, 자신이 미처 몰랐던 실패의 원인을 객관적으로 지적받는 일이다.

"우리 아이는 싹수가 없다"는 말이 어린이를 잘못되게 한다

학습에 대한 어린이의 의욕을 꺾는 금기어(禁忌語)의 하나가 부모가 지나가는 말처럼 앞 뒤 생각 없이 "우리 집 아이는 싹수가 없어서…" 하는 식의 말이다.

흔히 어린이가 시험 점수가 좋지 않은 성적을 받아 올 때 "아무래도 너는 벌써 싹수가…" 하고 자탄을 겸하여 어린이들을 나무라는데, 이런 말은 "이제 너는 노력할 필요도 없다"는 것과 같은 뜻이며, 그 말이 나온 시점에서 성적이 나쁘다는 것이 정당화되고 어린이는 그 뒤부터 점점 노력하지 않게 될 것이다.

어른들도 일이 잘되지 않을 때는 흔히 "암만 해도…", "역시…"를 연발하며 자기를 정당화하는데 이런 말을 하는 한 진보는 바라기 어렵다. 어린이들은 말에 대한 반응이 특히 민감한 만큼, 의욕을 꺾는 이런 금기어는 어린이의 마음에 짙은 그림자를 드리우게 된다.

또 이러한 좋지 않은 인상을 받는 말은 이 때까지의 좋은 인상을 받은 말을 지워 버려 어린이의 사고나 노력을 정지시킬지도 모른다. 결과야 어쨌든지 "역시 너는…", "너는 싹수가…" 하는 말을 절대로 쓰지 말아야 할 것이다.

때로는 "공부하라" 보다 "공부하지 말라"는 편이 더 효과적이다

어느 회사에 '특별 근무'라는 것이 있었는데, 여기에서 근무하도록 명령을 받은 사람은 온종일 만화책을 보든, 오락을 즐기든, 제가 하고 싶은 짓을 해도 좋지만, 단 한 가지, '일'만은 절대로 해서는 안 된다는 엄명이 내려졌다. 이렇게 며칠이 지난 뒤 이상한 현상이 일어나기 시작했다. 이 방 사람들이 모두 똑같이 초조해 하기 시작한 것이다. 즉, 일이 하고 싶어 견딜 수가 없게 된 것이다.

재능 개발의 방법

사람은 누구나 자기 실현의 욕구라고 해서 항상 무엇인가에 도전하여 자기를 향상시키고자 하는 자연스런 욕구를 가지고 있다. 그것이 차단되었기 때문에 그들은 초조해 한 것이다.

어린이 공부에 대해서도 똑같은 말을 할 수 있다. 특히 아주 공부를 싫어하여 골치를 썩이는 어린이에게는 귀에 못이 박히도록 들어 온 "공부하라"는 말보다 "그렇게도 지겹게 하기 싫거든 공부하지 않아도 좋다"는 말이 더 효과를 거두는 수가 있다.

'사람은 하지 말라면 더 하고 싶은 법'이란 말이 있듯이 이런 어린이에게는 일단 공부를 금지하고, 자연히 자기 실현의 욕구가 솟아나는 것을 기다리는 것도 하나의 방법일 것이다.

공부 외의 것에 몰두하고 있을 때는 공부를 강요하지 말라

학교에서 돌아오면 공부는 대강대강 해 두고 우표 수집, 야구, 오락실 등 얼핏 보기에 공부와는 관계가 없는 일에 열중하는 어린이가 흔히 있다. 어머니에 따라서는 이런 어린이에 대하여 그 열중하는 일의 몇 분의 일이라도 공부로 돌리고 싶은 나머지, 어린이들로부터 그 열중하는 대상을 빼앗거나 때로는 중단하게 하고 공부를 강요하는 수가 간혹 있는 것 같다.

그러나 뭔가에 열중하여 어른도 무색할 정도의 지식을 습득하려고 하는 것은 그 어린이가 자진해서 하나의 일에 몰두하려고 하는 자발성이나 지속력, 집중력 등을 기르는 둘도 없는 기회이다.

그러나 그 자발성, 지속력, 집중력은 필요에 따라 공부로 돌려질 가능성은 큰 것이다. 또 반대로 말하면 시험을 치르거나 필요할 때에 공부에 집중할 수 있는 능력을 가진 어린이가 아니면 하나의 취미에 그렇게까지 몰두할 수가 없다고도 말할 수 있을 것이다. 그렇지 않아도 주의력이 산만하고 무엇을 하든 곧 싫증을 내는 어린이가 늘어나고 있는 요즘, 설사 공부가 아니더라도 한 가지 일에 철저하게 몰두할 수 있다는 것은 환영할 만한 일이 아니겠는가.

공부 외에 특히 잘하는 것을 인정해 주면 어린이는 발분한다

K씨의 맏아이는 초등학교에 들어가서도 공부하기를 싫어하여 반에서도 열등생에 속하는 존재였다. 그 아이가 어느 날 느닷없이 바이올린을 배우고 싶다고 했다. 이 말을 들은 K씨는 하겠다면 시켜 보자는 생각으로 배우게 했더니, 열심히 하는 탓인지 재능이 점점 향상되어 얼마 안 가서 학예회에서 발표할 정도까지 되었다. 많은 청중들 앞에서 유감없이 기능을 발휘하여 친구들이나 선생님으로부터 칭찬을 받는 생전 처음의 경험을 얻었다. 이것이 도화선이 되어 그 아이는 공부에도 자신을 갖게 되어서 초등학교를 우등으로 졸업했다는 것이다.

이 예로도 알 수 있듯이 어린이가 특히 자신을 가진 것 한 가지를 인정해 주면 자신 있는 범위가 넓혀져서 그것이 다른 데에도 좋은 영향을 끼치는 수가 많다. 특히 어린이가 자신을 잃고 있을 때에는 자신을 회복하는 데 좋은 계기가 된다.

대개의 어린이는 다른 어린이보다 훌륭한 것 한 가지쯤은 가지고 있다. 예를 들면 공부는 못하지만 텔레비전을 통하여 인기 가수의 노래를 두서너 번만 들으면 척척 노래할 수 있는 음감(音感)이 뛰어난 어린이도 있다. 이런 어린이는 우선 노래를 잘한다고 칭찬해 주고, 그 다음엔 그 어린이의 좋은 기억력, 리듬이니 음정을 파악하는 날카로운 감각 등을 지적해 주면 된다.

저도 모르고 있던 좋은 점을 부모로부터 지적 받음으로써 공부는 못한다고만 믿고 있던 어린이가 단번에 자신을 회복, 노래뿐만이 아니라 공부에도 흥미를 갖게 된다. 이렇게 되면 부모가 '공부하라'고 할 것까지도 없이 어린이가 자진하여 적극적으로 공부하게 되어 성적이 향상될 것이다.

어린이 앞에서 담임 선생을 칭찬하면 공부를 잘 하는 계기가 된다

부모들 가운데에는 어린이들 앞에서 담임 선생의 욕을 태연히 하는 사람이 있다. 그러나 어린이는 어머니의 언동에 강한 영향을 받으므로, 어머니의 그 한 마디로 선생님에 대한 존경심을 완전히 잃어버리는 수도 적지 않다. 그것만이라면 또 괜찮지만, 그 때문에 수업이나 공부에도 흥미를 잃는 일마저 있다.

선생을 존경하라고 하면 우리 아이 선생은 존경할 만한 분이 못 된다고 반론을 펴는 분이 있을지도 모르지만, 적어도 어린이

앞에서 선생을 비판하는 것은 좋지 않다. 선생을 칭찬한다고 해서 어린이 자신에게 득이 되면 되었지 손해가 될 리야 없지 않겠는가? 그 이유는 같은 것을 배우더라도 어린이는 존경하는 선생님께 배우면 이해가 빠른 법이기 때문이다.

그래서 어린이가 학교에서 돌아와 그 날 있었던 일을 보고하거든 기회를 보아 선생님을 은연중에 좋게 얘기를 해서 아이가 선생님에 대한 좋은 감정을 갖도록 유도해야겠다. 그래야 아이도 선생님에 대한 신뢰와 존경심이 생겨 공부도 열심히 하게 된다.

공부를 하지 않고 좋은 점수를 받았을 때는 칭찬해서는 안 되다

어린이가 좋은 시험 점수를 받아 왔을 때 한 마디 칭찬이라도 해주고 싶은 것이 부모의 심정이겠지만, 시험 점수만을 칭찬하는 것은 문제가 있다. 좋은 점수가 어린이의 노력의 결과라면 문제가 되지 않지만, 이것이 우연인지, 아니면 부정 행위의 결과인지도 잘 확인하지 않고 칭찬한다면 '노력하지 않아도 좋은 점수를 받는 데'에만 어린이의 눈이 쏠려, 결국은 어린이로 하여금 공부를 싫어하는 어린이로 만들어 버린다. 그 이유는 칭찬한다는 것은 칭찬할 대상이 된 행동을 정착시키고 촉진시키기 때문이며, 행동 과학에서는 이것을 '강화한다'는 말로 표현하고 있다.

예를 들면 그다지 공부도 하지 않고 좋은 점수를 받아 왔을 때 그 결과만을 칭찬하면 '노력하지 않는 행동'만을 강화시키게 된다. 그래서 노력에 대한 가치가 망각되어 '결과만 좋으면 된다'는 생각에 사로잡히게 된다. 아무리 머리가 좋은 어린이라도 노력하지 않고 좋은 점수를 받는 것은 불가능하다. 한때 ≪노력하지 않고 출세하는 법≫이란 책이 베스트셀러가 된 적이 있었는데, 노력하지 않고 출세하기 위해서도 최소한 이 책을 읽는 노력만은 해야 한다.
중요한 것은, 어떻게 해서 노력을 좋은 결과와 결부시키느냐에 있다. 여기서 우리가 강화하고 싶은 것은 '충분히 노력해서 좋은 성과를 올린다'는 행동이다. 무엇이든 결과만 좋으면 칭찬한다는 것은 어린이를 위하는 것이 못 된다.

'칭찬'과 '꾸지람'은 가끔 해야 효과가 크다

부모 중에는 어린이가 공부를 하지 않는다고 야단을 치거나, 시험 성적이 나쁘다고 야단을 치는 등 어린이를 대할 때마다 번번이 나무라는 부모가 있다. 그러나 생각해 보면 그럴 때의 어린이는 꾸중을 듣기 전부터 '이 성적 가지고는 꼭 야단을 맞겠구나' 하는 생각을 하여 속으로 벌벌 떠는 수가 있다.
그래서 부모가 야단을 치지 않더라도 부모의 얼굴 표정만으로도 어린이에 대한 '힐책하는 기분'이 충분히 전해지는 법이다. 이러한 어린이의 마음을 무시하고 번번이 말로 꾸중을 하면 '오늘도 또 야단을 맞는구나' 하는 식으로 꾸중을 듣는 데 익숙해져서 부모의 말은 어린이의 귓전을 스쳐 지나갈 뿐만 아니라, 본래의 목적인 '힐책하는 뜻'을 모르게 되어 역효과를 내는 결과가 된다.
자기 자신이 자녀를 이런 심리 상태로 만들어 놓고는 '입에서 신물이 나도록 일러도 헛일'이라면서 탄식하는 부모가 있는데, 이것은 어린이들의 이러한 미묘한 기분을 무시하고 있다는 것을 모르고 있기 때문이다.

이와 반대로, 번번이 칭찬을 하면 어린이에게 주는 자극은 점점 약해져서 기대한 효과가 오르지 않는다. 즉 '칭찬하는 일'이나 '나무라는 일'이나 모두 본인의 의욕을 촉진시키기 위한 일종의 '자극제'이므로, 너무 과도하면 마비되어 효과가 없어진다.

따라서 칭찬이나 야단치는 것은 가끔 하는 것이 중요하다. 예를 들면 요즘 저 아이가 노는 버릇이 생겨서 이대로 내버려두면 큰일나겠다 싶을 때, 기회를 봐서 나무란다든지, 칭찬해 주고 싶지만 며칠 더 두고 보자는 식으로, 그 효과를 계산하면서 어린이를 대하면 성과를 거둘 수 있다.

이렇게 함으로써 비로소 부모의 말은 어린이에게 좋은 자극제가 될 것이다.

외향적인 어린이는 나무라고, 내향적인 어린이는 칭찬해 준다

야구의 명코치로 널리 알려진 사람에게 선수 양성의 비결을 물어 본 적이 있는데, 그 중에 이런 말이 있었다.

"입단했을 때 저 선수는 치켜세우는 것이 발전에 도움이 되겠고, 저 선수는 꾸짖어야 정신을 차리겠다는 등 선수 각각의 성격에 따라 가르치는 방침을 결정하고 나서 대하면 잘 됩니다."

이것은 어린이의 학습에 있어서도 마찬가지이다. 어머니들 중에는 같은 형제라고 해서 똑같은 방법으로 나무라는 사람이 있는데, 어린이의 성격은 설사 같은 환경에서 자라고 있다 해도 개성이 다르다. 똑같이 꾸중을 들어도 외향적인 어린이는 "또 야단맞았다"고 남에게 얘기할 정도로 그것을 그다지 심각하게 받아들이

지 않는다. 이런 아이에게는 강하게 나무라야 한다.

그러나 내향적인 어린이는 아주 사소한 힐책도 대단한 것으로 생각하려는 경향이 있어서, 그 결과 정서도 불안해지기 쉽다. 이런 어린이들에 대해서는 나무라는 것보다 칭찬하는 데 중점을 두는 편이 효과적이다.

나무라거나 칭찬하거나 간에 그 목적은 어린이가 학습에 열을 내도록 격려하는 데 있다. 그렇다면 어린이의 성격에 따라 나무라고 칭찬하지 않으면 목적은 달성되지 않는다.

'무시하는 것'이 '나무라는 것' 이상으로 효과를 내기도 한다

'가차없이 꾸짖는 것'도 좋지 않고, '너무 오냐오냐 하는 것'도 어린이의 발전에 좋지 않다. 그런 의미에서는 '무시'는 하나의 전형적인 마음가짐이라고 할 수 있다. 꾸짖어도 치켜세워도 부모의 말을 듣지 않는 어린이는 그 행동을 전혀 '무시'하는 것도 하나의 방법이 된다.

예를 들어 보자. 숙제도 거의 하지 않고 학교에서 내준 답안지도 부모에게 보이지 않고 버리는 어린이가 있었다. 부모는 그 사실을 알았을 때 처음엔 호되게 나무랐고, 날마다 극성스럽게 재촉했다. 그런데 그 어린이의 마음가짐이 고쳐지기는커녕 더욱 더 못되게 변해 갔다. 그러자 부모는 의도적으로 어느 날부터 그러한 행동을 전혀 무시하기로 했다. 그랬더니 얼마 지나지 않아 그 고집스러운 태도를 완화하여 답안지를 보여주게 되었다.

어린이에 따라서는 꾸중을 듣는 것을 하나의 벌로 생각하고, 벌을 받음으로써 자기 태만을 보상받은 것처럼 생각하고 있는 수가 있다. 이와 같이 어린이들은 부모로부터 무시당하는 것을 두려워하며 자기 정당화가 불가능함을 알게 된다. 그래서 어린이는 싫지만 어쩔 수 없이 자기가 태도를 고치지 않을 수 없게 되는 것이다.

'공부하지 않아도 괜찮다'는 어린이에게 관대하게 대하지 않는다

어린이는 가끔 공부가 하기 싫으니까 "나는 장차 야구 선수가 될 테니까 공부는 필요없다"든지, "초등학교도 안 나왔는데 훌륭해진 사람은 얼마든지 있다"면서 어설픈 논리를 내세우는 경우가 있다.

이럴 때 "우리 아이는 이제 제법 이치를 따질 줄 알게 되었다"면서 관대한 얼굴을 하고 애매하게 넘겨 버리면 나중에 후회하게 된다.

그 이유는, 아무리 어처구니없는 논리라도 어린이 자신은 훌륭한 명분이나 되는 것처럼 생각하기 때문에, 이것을 방치하면 어린이들은 자꾸 거기에 모든 것을 결부시켜서 계속 자기를 정당화시켜 모름지기 나중에 가서 이것도 저것도 아닌 문제아가 될 수 있기 있다. 그렇게 되기 전에 부모는 아이에 대해 세심한 마음의 배려가 있어야 한다.

정말로 어린이를 위한다면, 학습 중의 요구나 잡담에는 학습에 관련된 것이 아니라면 일체 응하지 말아야 한다. 어린이는 도피처를 잃어 처음엔 반발할지도 모르지만, 부모가 흔들리지 않고 태도를 바꾸지 않는다면 며칠이 지나는 동안에 '공부 시간에는 무엇을 요구해도 소용이 없다'는 것을 깨달아서 도망갈 구멍을 찾는 에너지를 공부 그 자체에 돌리게 될 것이다.
 내가 아는 어떤 어머니는 일체의 요구나 잡담에 응하지 않을 뿐만 아니라, 시장에 갈 때마저도 메모만 남겨 놓고 잠자코 가 버리는 태도를 한 달 가까이 취했다. 그랬더니 처음에는 떼를 쓰기도 하고 원통해 하는 말을 늘어놓기도 하더니, 이제는 "엄마가 얼씬거리지 않는 것이 공부가 더 잘 된다"고 할 정도가 되었다는 것이다. 이렇게 되면 그야말로 대성공이다.
 어린이에게는 공부 시간에는 공부만 하는 것이라는 뚜렷한 구분을 할 수 있게 하는 것이 무엇보다도 중요하다.

어머니의 조사하는 버릇은 어린이의 조사하는 버릇을 길러 준다

 어떤 어머니로부터 이런 얘기를 들은 적이 있다. 그 어머니의 말을 빌면, 자신은 호기심이 많고 속물 근성이 왕성해서 무슨 새로운 일이 있으면 그 일에 대해 호기심을 가지고 꼬치꼬치 캐묻고 싶어진다는 것이다. 들은 것만으로는 부족하여 남편의 서재에서 장서를 꺼내어 조사하고 있었더니, 초등학교 1학년인 장남이 "엄마, 뭐야?" 하면서 들여다보게 되었다는 것이다.
 이같은 행동이 거듭됨에 따라 이 어린이는 조금이라도 의문이 나면 곧 제가 책을 떠들어 보면서 조사하게 되었다는 것이다.
 이와 같이 어린이들은 어머니의 버릇을 금방 본받는 것이다. 나는 흔히 어머니들로부터 "어린이들이 공부를 좋아하게 하려면 어떻게 하느냐?"는 질문을 받는데, 그때 나는 "그러면, 어머니께서는 공부를 좋아하십니까?" 하고 반문한다. 그러면 대개의 어머니들은 "아뇨, 저는 좋아하지 않지만 아이들만이라도 잘해 주었으면 해서요…" 하고 말꼬리를 흐린다.

이렇게 뻔뻔스러운 얘기가 어디 있는가? 어머니의 '조사하는 버릇'이 어린이의 '조사하는 버릇'을 기르듯이, 어린이들이 공부를 좋아하게 하려면 우선 어머니가 공부를 좋아하는 자세를 갖추어야 한다.

한 달에 한 번쯤은 아버지가 공부를 총괄하게 한다

요즘은 교육 엄마가 아닌 교육 아빠들이 늘어나고 있다지만, 대개의 가정에서는 어린이와 접촉하는 시간이 많은 어머니가 학습에 대한 주도권을 쥐고 있다. 어린이의 교육은 어머니에게 일임되고 있는 셈인데, 한 달에 한 번쯤 아버지가 학습을 총괄하게 하면, 어머니가 미처 모르고 있던 어린이의 약점을 발견할 수 있게 되어 어린이의 발전에 큰 도움이 된다.

일정한 간격을 두고 어린이를 관찰하는 아버지는 어린이가 진보한 정도를 정확하게 파악하고, 제3자적인 입장에서 어린이를 객관적으로 평가할 수가 있다. 그것이 날마다의 학습에 반영되면 자질구레한 일에까지 날마다 참견을 하는 아버지보다 훨씬 좋은 효과를 가져다준다.

더욱이 아버지가 한 달에 한 번쯤 학습을 돌보아 준다고 하면, 어린이는 이에 대비한 생각에서 요다음 아버지가 보아주실 때까지 여기까지 해야겠다든지, 이빈만은 아버지한테 칭찬을 받게 해야겠다는 등 매일 하는 공부에도 자극이 되어 하루의 일을 마무리짓는 좋은 목표가 된다. 칭찬을 받든지 야단을 맞든지 간에 아버지의 한 마디는 날마다 칭찬하거나 나무라는 어머니와 달라서

재능 개발의 방법

무게를 가지고 있다.
그런 아버지의 존재를 학습에까지 의식시키면 어린이에게도 학습에 의욕이 생기는 법이다. 어린이의 학습을 어머니에게 일임하고 말로만 공부를 하라고 하면 어린이는 그런 말에 귀를 기울이지 않는다.

공부를 위한 모든 조건을 다 갖추면 반대로 의욕을 상실한다

어린이가 공부를 한다고 해서 겨울에 전기 난로는 말할 것도 없고 전기 슬리퍼까지 준비해 주는 부모가 있다. 음료나 간식은 평소부터 준비하고, 심지어는 집안 텔레비전을 다 끄고 마루도 가만가만 걸을 정도가 되기도 한다.
그러나 이렇게 부족할 것이 없는 환경에 어린이를 놓아두는 것은 어린이의 학습에 결코 좋은 영향을 끼치지 못 한다. 아니 오히려 마이너스가 되는 경우가 많다.
본래 공부나 일에 대한 의욕은 본인이 어떤 결핍감, 기아감(飢餓感)을 느끼고 그것을 충족시키려고 하는 에너지 속에서 생기는 것이며, 과도한 충족감에서는 결코 생겨나지 않는다.
공부를 위한 것이라고 해서 어린이에게 아무런 불만도 없는 환경을 만들어 버리면 어린이의 마음에 심적 포화 상태를 만들뿐이며, 어린이는 그 안락의자의 쾌적함에 빠져서 공부에 대한 집중력을 상실하고 만다. 그 결과 책상에 앉아 있기는 하지만, 졸거나 몽상을 하거나 한다. 어린이의 학습에 대한 환경 조성에 부모가 지나치게 신경 쓰는 것은 도리어 역효과를 부른다. 전기 난로니 전기 슬리퍼니 하며 부모가 어린이의 요구 이상의 것을 마련해 주기보다는 필요한 것에 그치는 편이 어린이의 의욕을 북돋우는 데 더 좋다.

'우리 집 아이는 발전성이 있다'는 부모의 신념이 중요하다

미국의 심리학자가 재미있는 실험을 했다. 어떤 초등학교에서 '학력 신장을 예측하는 테스트'를 했다. 그 결과 전학년의 2% 가량의 어린이가 '매우 우수하여 발전성이 있다'고 각 학급 담임에게 보고되었다. 실은 이것이 허위 보고였으며, '발전성이 있다'고 보고된 어린이들은 테스트와 관계없이 전혀 무작위로 선발된 것이었다. 그런데 놀란 것은 그 후에 실시한 학력 테스트의 성적은 '발전성이 있다'고 보고된 어린이들이 정말로 신장을 보인 것이다.

결과가 그렇게 나타나게 된 이유는 테스트의 결과를 믿은 담임 교사들이 '저 아이는 발전성이 있는 아이'라는 신념을 가지고 교육을 했기 때문에 그것이 어린이들에게 반영되었을 것이라고 해석하고 있다.

'인간은 타인의 기대나 취급에 따라 규정된다'고 하면 어른도 짚이는 데가 있을 것이다. 이런 현상을 '피그말리온 효과'라고 하는데, 인간 심리의 일면을 잘 나타내고 있는 것이다.

제 4 장
창조력을 기르려면 우뇌를 개발하라

창조력을 기르려면 우뇌를 개발하라

뇌

　무게 1.4kg 정도의 뇌 속에는 머리에서부터 발끝까지에 이르는 전신을 담당하는 부분이 정해져 있어 뇌의 정상 상태는 다른 어떤 기관보다 중요한 것으로 인식되어 있다.
　뇌는 대뇌, 소뇌, 간뇌, 연수 4부분으로 나뉘며 약 120억 개의 신경세포와 신경세포 수의 9배에 이르는 지지세포들로 구성되어 있다. 1.4kg의 무게는 전 체중의 2%밖에 안 되지만 전체 산소 소요량의 20%를, 전체 포도당의 25%를 소요할 정도로 다른 어느 장기보다 대사 요구량이 높은 기관이다.
　대뇌는 전체 뇌 무게의 약 7/8을 차지하며 두 개의 반구로 구성되어 표면에 많은 주름이 잡혀 있다.
　대뇌의 왼쪽 반구는 신체의 오른 쪽 반을 지배하고 있는데 양측 반구를 연결시키는 중앙 부분인 뇌량에 의해 이어지고 있다.
　대뇌 왼쪽은 주로 논리적 사고, 수학적 추리, 언어 활동 기능 등 주로 과학적 능력이, 오른 쪽은 공간적·직관적·창조적인 예술성과 관련이 있고 일반적으로 왼쪽 뇌가 우위뇌, 오른쪽이 열위뇌

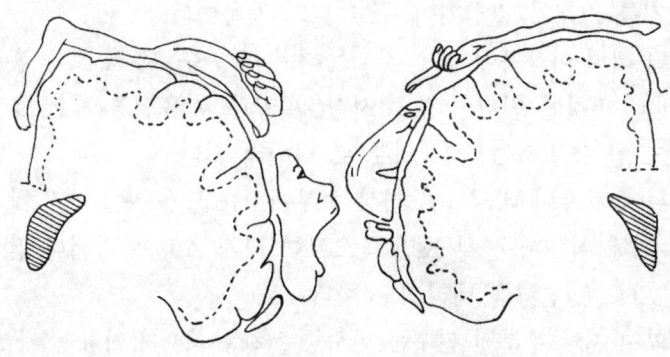

왼쪽) 대뇌운동중추의 담당 영역에 따른 인체 부분의 상대적 크기   오른쪽) 대뇌지각중추의 담당 영역에 따른 인체 부분의 상대적 크기

로 알려져 있다.

왼쪽 뇌를 다쳤을 때 우측 뇌의 손상에 비해 증상이 심한 것도 언어 중추가 왼쪽에 있는 우위뇌이기 때문으로 풀이되고 있다.

대뇌는 피질과 수질로 구성되어 있는데 회백색의 피질은 신경 세포가 모여 사고·판단·추리·감정 등을 관장하게 하고, 백색의 수질은 신경섬유가 모여 흥분의 전달 통로로 작용한다.

소뇌는 뇌 전체의 약 10% 정도로 대뇌의 뒤쪽 아래 부분에 있으며 몸의 자세나 운동을 반사적으로 조절하는 곳이다.

일반적으로 소뇌는 통합 조정으로 대뇌 운동 중추를 돕는 것으로 알려져 있고 눈, 귀, 피부, 골격근 등에서 오는 신경 자극을 받는 곳이기도 하다. 같은 팔을 움직이는 경우라도 연필을 잡는 것과 테니스 공을 치는 동작에는 큰 차이가 있는데 이때 각 경우마다 몇 개의 근육을 어느 정도 수축시키고 얼마나 지속시켜야 할 것인지를 소뇌가 결정지어 주고 있기 때문이다.
한편 대뇌 아래쪽에 있는 간뇌는 척수나 연수로부터 오는 흥분을 대뇌 피질에 연결시키는 '시상(視床)'과, 자율신경·체온·호르몬 농도를 조절하는 '시상하부'로 나눠져 있다.
추위에 체온이 내려가면 시상 하부에서는 열을 빼앗기지 않게 하기 위해 혈액이 신체 표면 쪽으로는 적게 흐르게 하거나 땀구멍을 막도록 명령을 내리기도 한다.
뇌의 마지막 부분인 연수는 반사중추(하품·재채기·기침 등)가 모여 있고 심장 박동, 호흡 운동 등에 관계하고 있다.
이처럼 전신에서 일어나는 모든 일을 감각하고 행동하도록 명령하고, 지능을 갖게 하는 뇌는 우리 몸의 최고 사령관인 만큼 철저한 보호 장치를 갖추고 있다.
외부 충격으로부터 보호받도록 물에 떠 있는 뇌는, 연막, 지주막, 경막 등의 세 겹의 막과, 그 바깥쪽에 6mm 두께의 단단한 두개골, 두피, 머리카락 등 7겹의 보호막에 싸여 있어, 얼마나 중요한 기관인지를 보여주고 있다.
또 뇌의 정상적 기능과 구조가 유지되기 위해서는 산소와 포도당, 전해질 등이 충분히 공급되어야 하는데 안타깝게도 뇌에는 이 영양분을 만드는 힘을 저장할 능력이 없어 끊임없이 공급해 줘야 하며 만일 뇌에 10초만 혈액 순환이 정지되어도 혼수 상태에 빠지게 된다.
뇌의 기능에 의한 지능 정도는 예능력·이성력·추리력·직관력 등에 의해 좌우되지만 사람마다 발달한 능력이 다를 수가 있어 '수학 잘하는 바보'가 나올 수도 있다고 서울의대 신경과 이상복 교수는 설명한다.

뇌의 구조와 기능이 복잡한 만큼 손상이나 이상에 의한 증세도 다양하다.

한 예로 '편두통'은 뇌혈관의 이상 수축이나 확장에 의한 것이라는 '혈관설'이 학계 정설이지만, 최근에 뇌신경 기능에 원인이 있다는 '신경설'도 나오고 있을 만큼 새롭게 밝혀질 문제도 많이 남아 있는 곳이다.

우뇌 테스트 채점표

해당 항의 □칸에 표시하십시오.

사람의 얼굴이나 모습을 잘 기억하지 못한다. □	처음 보는 사람의 얼굴을 잘 기억한다. □
플라스틱이나 금속 제품을 좋아한다. □	나무나 자연 재질의 장난감을 좋아한다. □
식사는 매일 정해진 시간에 잘 먹는다. □	식사는 몹시 배가 고파야만 먹는 편이다. □
꾸중을 들으면 그 영향이 오래 간다. □	기분 전환을 빨리 한다. □
새 장난감이나 놀이에 그다지 흥미를 갖지 않는 편이다. □	새 장난감이나 놀이에 곧 흥미를 갖는다. □
소꿉장난을 즐기고 스토리의 연출을 잘한다. □	열중하기 쉽고 수집하기를 좋아한다. □

TV나 동화의 스토리를 다른 사람에게 잘 이야기한다. ☐	TV나 그림책에 나온 등장 인물의 얼굴이나 장면을 잘 기억한다. ☐
새로운 종목의 운동은 가르쳐 주지 않으면 잘 안 한다. ☐	어른의 운동을 흉내내려고 한다. ☐
혼자서 말하지 않고 잘 먹는다. ☐	늘 다른 사람과 어울려 함께 먹기를 좋아한다. ☐
이야기할 때 동작이나 반응이 적다. ☐	이야기할 때 상대에게 설명하려고 손짓·몸짓을 잘한다. ☐
빨리 걷는 편이고 다른 것에 흥미를 갖지 않는다. ☐	걸으면서 경치나 사람을 보면서 걷는다. ☐

왼쪽은 좌뇌 활동과 관계가 깊은 것이고, 오른쪽은 우뇌 활동과 상관이 많은 것이다.

그 수에 따라 좌뇌적인지 우뇌적인지 판단할 수 있다.

오른쪽에 표시된 것이 3개 이하이면 우뇌 자극을 되도록 많이 시켜 주어야 한다. 4~6개이면 양호한 편이나, 더욱 활성화를 시키는 것이 좋다. 7개 이상이면 우뇌가 잘 발달된 것이다.

성장에 따른 좌뇌·우뇌의 특성 차이

좌 뇌	탄생	우 뇌
·알아듣지 못하는 말을 시작한다. ·제멋대로 말을 한다.	유	·엄마의 목소리를 안다. ·사람 얼굴을 식별한다. ·독특한 이미지 속에서 놀게 된다.

·이미지 없이 한글을 암기한다. ·선택 문제 ○×식 문제에 답을 하기 시작한다. ·집·사람 등을 개념 ·계산을 무기적으로 파악한다. ·영어를 이미지적이 아니라 언어학적으로 배우려고 한다.	아 ↓ 초 등 학 교 3 학 년	·직관력이 예민하게 작용해서 보는 순간에 기억한다. ·제멋대로 자기 이미지를 그리기 시작한다. ·보자마자 수의 증감을 판단하게 된다. ·예민했던 직관력이 약해지는데 10세 때가 분기점이다. ·자기 스타일로 본 것을 그림으로 표현하려 한다. ·추상 개념(무한 등)에 대한 이미지를 갖게 된다.
·상식이나 논리로 사물을 해석하려 한다. ·계획적인 생각을 한다. ·기호적인 것(전화번호·인명 등)을 잘 잊어버린다. ·사고력과 개념의 힘이 약해진다.	↓ 성 인 ↓ 노 인	·생각에 독창성을 발휘한다. ·감정적인 흐름이 나타난다. ·운동 능력은 약해지는데 판단 및 기획력은 성인 때와 마찬가지로 발휘할 수 있다.

심장은 하나인데 뇌는 왜 좌뇌와 우뇌의 두 가지로 나뉘어 있는가에 대해 처음 고민을 한 것이 데카르트이다. 그 후 뇌에 대해 많은 연구가 진행되어 좌뇌와 우뇌의 기능이 다르다는 것이 밝혀졌다.

좌뇌는 우반신(右半身)의 신경계통과 연결되어 그 운동이나 지각을 관상하며, 우뇌는 좌반신(左半身)의 신경계통과 연결되어 그 운동이나 지각을 관장한다는 것이다. 그래서 오른 쪽 눈과 귀로 보고 들은 것은 좌뇌에, 왼쪽 눈과 귀로 보고 들은 것은 우뇌에 신호가 보내진다.
 이러한 좌·우뇌를 연결하는 것이 뇌량(腦梁)이라는 파이프이다. 이 파이프를 통해서 두 가지가 의견 조정을 해서 뇌의 정상 작용이 유지되는 것이다. 이러한 뇌 활동의 분업 체제를 증명한 것이 미국의 노벨상 수상자 스페리 박사이다.
 우뇌가 영상으로 포착을 했는데도 뇌량을 분리한 경우 좌뇌의 언어 기능까지 정보가 전해지지 않는다고 한다. 분리뇌 환자의 왼쪽 시야에 볼트와 너트를 두고 무엇이냐고 질문을 하면 모른다고 대답할 뿐이다. 그런데 이것을 어떻게 쓰느냐고 질문을 하면 두 가지를 손에서 연결하더라는 것이다.
 뇌량이 연결되어 있지 않기 때문에 말로는 표현하지 못하지만 그것이 어떻게 쓰는 것인지는 이미지로 알고 있다는 증거이다. 이러한 실험을 통해서 좌·우뇌의 역할이 상당히 밝혀졌다.
 이러한 기능이 처음부터 완성되어 있지는 않다. 2세까지는 언어 중추도 형성되어 있지 않다. 2세가 지나 겨우 발달이 시작되므로 그 때까지는 이 미지의 세계, 즉 우뇌적 세계에 살고 있다고 보아야 한다.
 그 후 6세쯤 되면 좌뇌가 굳어지기까지는 언어 중추가 미숙하며, 사물을 거의 우뇌 중심으로 생각하게 된다.
 그래서 유아의 우뇌를 하루 빨리 자극시켜 주어야 하는 것이다. 아무 것도 하지 않고 유아기를 그대로 보내면 뇌의 발달은 형편없이 더디게 된다.
 생후 3세까지 유아에게 생명을 유지하는 데 부족함이 없게 먹여 주고 말을 건네지 않으면 어떻게 될까? 믿기 어려울 것이나 그 아이는 죽고 만다. 고대부터 중세에 이르는 문헌에는 그러한 기록이 많이 남아 있다. 근대에 들어서도 보모의 수에 비해 어린이의 수가 훨씬 많은 난민 수용소에서는 그러한 비참한 일이 일어났다고 한다.

커뮤니케이션을 끊어 버리면 뇌의 발육이 정지되어 목숨을 잃게 된다. 요즘 그러한 일은 매우 드문 일이다. 그런데 문제가 되는 것은 커뮤니케이션의 방식이다.

잘못된 접촉을 하고 있기 때문에 아무 자극을 주지 않은 것과 마찬가지로 재능을 개발하지 못하는 경우가 많은 것이다.

엄마가 알아두어야 할 우뇌 훈련법

· 위험하지 않으면 혼자서 그만둘 때까지 놔둔다.
· 위험한 것은 흥미를 갖는 것으로 관심을 옮기도록 유도한다.
· 야단치지 않는다.
· 흥미를 갖지 않는 경우 엄마가 가르치려 하지 말고 함께 놀아 주는 태도가 필요하다.
· 칭찬하는 방법을 생각해야 한다. 잘한다, 좋다, 참 잘 만들었다 등의 평가법으로 칭찬을 하면 아이들은 그 범주를 벗어나려 하지 않는다. 재미있다, 즐겁다, 기쁘다, 훌륭하다 등으로 칭찬을 하는 것이 창조력에 도움을 준다. 중요한 사실은, 엄마가 채점하거나 평가하지 말라는 것이다.
· 흥미를 갖지 않는 경우에는 억지로 시키지 말아야 한다. 엄마가 재미있는 듯이 하거나 실천해 보이는 것이 좋다.
· 평가 대신 엄마의 독특한 표시(웃는 얼굴이나 꽃 등)를 그려 주면 어린이는 더욱 의욕을 갖게 된다.

냄새와 우뇌

우뇌는 좌반신의 신경계통과 연결되어 그 운동이나 신경을 관장하며, 좌뇌는 우반신을 지배하고 있다. 그런데 냄새를 맡는 후각만은 그렇지가 않다. 오른쪽 콧구멍에서 얻은 냄새의 정보는 우뇌로, 좌측 냄새는 좌뇌로 직접 연결된다.

우뇌 자극법으로 냄새를 맡게 하는 것이 우뇌 활성법으로 훌륭한 것이다. 이 때 주의할 것은, 아이가 싫어하는 냄새는 쓰지 말아야 하는 것이다. 호르몬과 인간의 감정에는 깊은 상관 관계가 있기 때문이다.

신경 호르몬에는 아드레날린, 노르아드레날린, 도파민의 3종류가 있다. 아드레날린은 별명이 공포의 호르몬이고 노르아드레날린은 화를 내는 노발 호르몬이다. 공포나 화를 낼 때 많이 분비되는 것이다. 이들의 특성은 맹독성을 가지고 있는 점이다. 체중 1kg당 1mg을 투여하면 목숨을 잃는 것이다.

뇌 중에 극미량이 분비되어 공포와 화를 내게 하는 원인이 된다. 그런데 도파민은 별명이 쾌락의 호르몬이다. 쾌락을 유발하는 근원 물질이라는 것이 판명되고 있다. 아드레날린, 노르아드레날린은 마이너스 이미지의 호르몬이고 도파민은 플러스 이미지 호르몬이다. 따라서 우뇌 훈련에 도파민이 효과적이라는 것은 쉽게 이해할 수 있다.

왼쪽 콧구멍을 막고 귤·초콜릿·딸기·사과·참외·수박·파인애플 등을 오른쪽 콧구멍에서 맡게 하고 알아맞히게 하는 것이다. 물론 이 때에 눈은 감겨야 한다.

복잡한 계산을 많이 했거나 글을 많이 써서 머리가 피로할 때엔 손가락으로 왼쪽 콧구멍을 닫고 오른쪽 코만으로 심호흡을 하면 좌·우뇌의 균형이 잘 잡혀 머리가 상쾌해진다.

우뇌 음악

소리를 판단하는 것은 우뇌인데 좌뇌가 판단하는 소리도 있으므로 선택을 잘해야 한다.

유행가를 잘 따라 부른다고 자랑스레 이야기하는 엄마들이 있는데 이는 잘못된 것이다. 그보다는 고전 음악이 좋은데 그 선택에 다음 세 가지 요소가 필요하다. 즉 음이 곱고, 조용하며, 밝아야 한다.

우뇌 훈련에 좋은 곡을 몇 가지 소개하면 다음과 같다.

드뷔시의 <달빛>, <라 메르>, 슈만의 <트로이메라이>, 바하의 <골드베르그 변주곡>, <G선상의 아리아>, 요한 슈트라우스의 <푸른 다뉴브 강>, 구노의 <아베마리아>, 비제의 <미뉴에트>, 멘델스존의 <바이올린 콘체르토>, <봄의 노래>, 드보르작의 <위모레스크>, 쇼팽의 <강아지 왈츠>, <녹턴>, 브람스의 <자장가>, 모차르트의 <플룻과 하프 협주곡·피아노 협주곡 제23번>, 마르티니 <사랑의 기쁨>, 그리그 <조곡 페르귄트>.

동방삭은 백지 한 장을 베고 자서 머리가 좋았다

전설적인 인물 동방삭은 장수하고 머리가 좋았던 대표적인 인물로 전해지고 있다. 그 비결의 하나가 백지 한 장을 베고 잔 것으로 되어 있다. 바꾸어 말하면 베개를 베지 않고 잤다는 이야기이다.

　그 까닭이 무엇일까? 터무니없는 이야기 같지만 따지고 보면 일리가 있는 것이다. 산소 공급이 원활히 이루어져 두뇌 회전이 잘 되었던 것이다. 산소가 부족하게 되면 두통이 생기고 세포의 괴사 현상이 나타나고 심하면 생명을 잃게 된다.

　숯불머리로 골치가 아프고, 연탄 중독으로 목숨을 잃는 이유가 바로 그것이다. 인체의 모든 세포에 산소를 공급하는 주역은 혈액이며, 혈액 송출을 담당하고 있는 기관이 심장이다. 사람이 살고 있는 동안 심장은 뛰고 있다.

　혈액이 하는 일은 다음 세 가지이다.

　첫째는 산소 공급이다. 헤모글로빈이 산소를 흡수해서 옥시헤모글로빈의 모양으로 모세혈관의 구석구석까지 운반하게 된다.

　둘째는 우리가 섭취한 모든 영양소를 공급하는 일이다.

　세 번째는 대사 산물인 폐기물을 버리는 일인데 이것은 정맥이 담당하게 된다. 그런데 세포의 수가 가장 많은 뇌가 필요로 하는 산소와 영양 물질이 많아야 하는 것은 당연한 일이다.

　그것을 충족하기 위해선 심장의 박동이 순조롭게 움직여야 하는데, 사람의 머리와 심장은 일직선상에 놓여 있을 때가 가장 정상적 자세이다.

　그런데 베개를 높이 베고 자게 되면 목 부분의 굴곡이 생겨 피의 흐름이 자연스럽지 못하게 된다. 따라서 베개 높이는 낮을수록 좋다. 사람들은 이따금 평상시보다 높은 베개를 베면 기분이 좋다고 한다. 그러나 이것은 습관의 변화에서 오는 감각이지 결

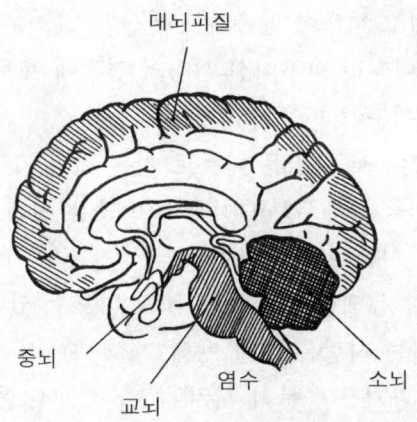

뇌의 구조

코 몸을 위해 좋은 것이 아니다.

그렇다고 두뇌 개발을 위해 갑자기 베개 높이를 낮추는 것도 문제가 있다. 갑작스런 습관의 변화는 편안한 잠을 방해한다. 베개 낮추기 운동만은 장기 5개년 계획을 세워 매일 조금씩 낮추어야 할 것이다.

동서로 갈라졌던 나라를 통일시킨 독일인들의 두뇌는 확실히 우수한데, 그것은 그들이 나무를 잘 가꾸어 온 것과도 깊은 관계가 있다. 그들 나라에는 평지에도 나무가 잘 가꾸어져 있고 "검은 숲"으로 불리는 명소까지 있다.

그들에게는 보리수나무 밑에서 잠을 자면 머리가 좋아진다는 말이 전해진다. 보리수나무는 '린덴바움'이라고 하는데 독일 사람들이 가장 많이 좋아하는 나무이다. 나무 밑에서 잠을 자면 요즘 흔하게 유행하고 있는 삼림욕을 자연스럽게 하게 될 것이다. 삼림욕을 하면 산소 공급이 자연스럽게 이루어질 것이다. 나무는 산소를 배출하고 사람이 배출하는 탄산가스를 흡수·이용하기 때문이다. 뿐만 아니라 나무에선 사람의 건강에 유용한 피톤치드를 비롯해 여러 성분이 방출되고 있다.

따라서 사람이 사는 집은 나무로 지은 집이 가장 좋은 것이다. 그러나 현대인들은 대부분이 내구성이 좋은 시멘트로 지은 집에서 살고 있다. 시멘트로 만든 콘크리트 집은 보기에는 깨끗해 보이나 사람에게 유해한 가스가 조금씩 나오고 있다.

아파트에 사는 사람은 매일 유해 가스 속에서 살고 있는 것이다. 아침마다 환기를 충분히 시켜 주고, 특히 어린이의 공부방은 한 시간에 한 번 정도 환기시켜야 한다.

자동차 배기 가스, 공장의 매연, 담배 연기 등으로 맑은 공기와 멀어지고 있는 현대인에게 산소 공급은 무엇보다 중요한 일이다.

맑은 공기를 이용해서 돈을 벌고 있는 사람도 있다. 일본의 도쿄에는 맑은 공기를 마셔야 건강에 좋다는 캐치프레이즈를 내걸고 후지 산의 맑은 공기를 담은 캔을 파는 사업이 성공적으로 이루어지고 있다고 한다.

이러한 사실로 보아 두뇌 개발과 건강 유지를 위해 가장 먼저 필요한 조건은 좋은 공기, 즉 산소의 공급이라는 것을 알아야 한다.

우뇌를 발달시키려면 손 운동을 많이 시켜야 한다

외국의 산간 벽지에서 갓난아기가 실종이 된 사건이 있었다. 알고 보니 늑대가 아기를 물어 간 것이었다. 그런데 3년 후 우연히 동네 사람이 발견하여 아기를 찾아올 수 있었다.

갓난아기는 늑대에게 물려 갔었기 때문에 말을 하지 못했다. 그

래서 엄마가 말을 가르치느라 애를 썼는데 자라서도 끝내 몇 마디밖에 못하고 말았다. 그 이유는 두뇌 발달이 안 되어 말을 배울 수가 없었던 것이다.

늑대는 네 발로 걸음을 걷는데 사람은 두 발로 걷는다. 보통 동물은 낳자마자 걸음마를 하는데 사람은 돌이 가까워야 걸음마를 시작한다. 그래서 손을 쓰게 되어 있다. 인류가 만물의 영장으로 지구를 지배하게 된 것은 바로 손을 쓸 수 있었기 때문이다. 두뇌 발달의 절정은 임신에서 생후 3세까지이다. 그런데 그 때까지 늑대와 생활을 함께 한 늑대 소녀는 두뇌 개발이 제대로 될 수가 없었던 것이다.

엄마들이 아기에게 시키는 첫 번째 두뇌 개발 운동은 바로 잼잼이다. 되도록 잼잼이를 많이 시키고, 엄마와 함께 가위 바위 보를 할 때 오른손으로만 하지 말고 왼손으로도 하게 해서 좌우뇌의 고른 발달을 도와주는 것이 현명한 일이다.

삼림욕

일광욕·해수욕이 있듯이 상쾌한 산림의 대기를 듬뿍 받는 삼림욕이 화제가 되었다. 울창한 산야의 신선한 공기를 한껏 마시면 누구나 건강한 기분을 느끼게 되어 있다.

나무에서는 '피톤치드'라는 방향성 물질이 발산하는데 이것이 인체 건강에 보탬이 된다는 근거에서 유래된 것이다. 지금으로부터 50년 전에 소련 레닌그라드 대학의 토킹 박사가 만들어낸 말이 피톤치드이다. 식물이 상처를 입으면 자기 보호를 위해 근처의 미생물을 사멸하는 물질을 내는 현상을 알고 명명한 것이다.

'피톤(Phyton)'이란 식물이고 '치드(cide)'는 죽인다는 뜻이다. 이것은 미생물에게는 유해하나 인체에는 이롭게 작용한다. 사소한 피로나 감기는 삼림 속에서 지내다 보면 쉽게 낫는 일이 많다.

유럽에선 삼림욕법이 크게 유행하고 있다. 삼림욕은 자율신경의 작용을 활발히 하고 머리 회전을 잘 시키는 작용을 한다.

식물에선 타감 성분이 나와 대기를 정화시키고, 정유 성분이 있어 피부를 자극하고 소염 효과도 있다.

삼림욕은 매연과 혼탁한 공기에 찌든 사람들에게 맑은 공기를 제공해 주어 기분을 상쾌하게 하고 정신적 피로까지 풀리게 한다. 그래서 삼림욕은 고령화 사회에서 노인들에게 사는 보람을 주며, 청소년의 비행을 방지하는 기능을 한다고 주장하는 학자까지 있다.

유효 성분인 테토치드라는 성분이 1일 1헥타르당 나오는 양을 보면 활엽수 2kg, 침엽수가 3~5kg이나 된다고 한다.

산허리 부분에서 그 성분이 가장 많으므로 숲 가장자리에서 숲 속으로 60미터 가량 들어간 곳이 좋다. '그린 샤워'로 불리는 삼림욕은 일광욕이 자외선으로 인한 부작용을 낳는 것과는 달리 후유증이 전혀 없고, 기술과 경비가 필요 없는 장점을 가지고 있다.

두뇌 개발과 산소

• 세포 활동은 충분한 산소 공급으로 원활해져

중국 한(漢) 나라 무제(武帝) 때의 사람으로 동방삭(東方朔)은 머리 좋고 장수한 사람으로 유명하다. 속설에 서왕모(西王母)의 복숭아를 훔쳐먹어 죽지 않고 장수하였으므로 '삼천갑자(甲子) 동방삭'이라고 일컬어 왔다.

《동방선생집》에는 동방삭의 이야기를 해학적으로 소개하고 있는데 몇 가지를 소개하면 다음과 같다.

'동방삭이 밤 깎아 먹듯 한다'

이 말은 동방삭이가 급하고 귀찮으면 밤을 반만 깎아 먹었다는 데서 조급하여 일을 반쯤 하다가 만다는 표현이다.

그런가 하면 '동방삭이 인절미 먹듯 한다'는 말이 있다. 음식을 오래 잘 씹어 먹는다고 할 때 쓰이는 말이다.

또 '동방삭이는 백지장도 높다고 하였다'는 말이 있다. 이 말은 동방삭이가 불로장생한 것은 백지장도 높다고 할만큼 조심스러웠기 때문이니, 모든 일에 조심하여 실수가 없도록 하라는 말이었다.

동방삭이가 무병장수하고 두뇌가 명석했던 이유를 엿볼 수 있는 내용이 많다.

사람은 일생 동안 심장을 가동시켜 혈액이 온몸에 순환하고 있다. 혈액 순환을 통해 필요한 영양 물질의 공급과 신진대사 폐기물의 처리를 끊임없이 되풀이하는 것이다. 인체를 구성하는 모든 세포가 활기 있게 활동을 유지하는 것이 건강의 첫째 조건이다. 세포 활동을 정상적으로 유지하기 위해선 무엇보다 충분한 산소의 공급이 이루어져야 한다.

세포의 신진대사나 소화 흡수를 통한 에너지 전환에 필요한 산소는 호흡이라는 생리 작용에 의존하고 있다. 잠을 자는 동안에도 호흡을 하며 심장의 박동을 멈추지 않는 것은 필요한 산소를 공급하기 위한 것이다.

빈사 상태에 빠진 사람에게 산소를 흡입시키면, 일시적이지만 기력이 회복된다. 혈액에 산소가 공급되기 때문이다.

호흡과 심장의 고통이 약해서 자력으로 산소 공급이 곤란할 때에 인공적으로 산소를 공급해 주면 큰 효과가 있는 것이다.

• **산소 부족은 여러 가지 증상 초래**

최근 일본에서는 오염된 환경에서 살고 있는 현대인들에게 필요한 "신선한 산소를 팝니다"라는 이색 상술이 등장하고 있다. 이러한 것은 일시적인 효과는 기대될지 모르나 지속적인 효과를 기대할 수는 없는 것이다.

그래서 건강을 유지하기 위해서는 각 세포에 산소를 충분히 공급할 수 있어야 한다. 조깅이나, 수영, 에어로빅 등이 인기가 높은 것은 신체 운동을 통해 산소를 많이 받아들여 활기를 줄 수 있기 때문이다.

산소가 이렇게 필요함에도 불구하고 우리 주변에는 산소 공급을 방해하는 요인이 너무나 많다.

첫째로 공기 오염을 들 수 있다. 최근의 조사를 보면 공기 중의 탄산가스의 양이 증가 일로에 있다고 한다. 이라크가 쿠웨이트 유정(油井)을 불태운 것도 원인의 하나이며, 공장의 매연, 자동차 배기가스, 화산 폭발, 녹색식물의 감소 등은 산소 공급을 방해하는 중요한 요인이다.

인체에 산소가 부족하면 여러 가지 증상이 나타나는데 그 중 하나가 노곤하다는 피로감이다. 몸을 그다지 움직이지 않았는데도 어쩐지 노곤하다는 자각 증상을 호소하는 사람이 많다.

병원에 가서 검사를 해 보아도 아무런 이상이 없다. 그런데 몸은 계속 노곤하여 춘곤증을 앓고 있는 것이다. '산소결핍증후군'에 걸려 있는 경우가 많다. 그렇게 되면 만사가 귀찮고 의욕이 없어진다.

인체 세포는 신진대사를 하면서 분열·증식한다. 노화된 세포는 사멸하고 새로운 세포와 교체된다. 새로운 세포의 형성에 필요한 것이 각종 영양소와 충분한 산소이다.

산소가 부족하게 되면 세포가 피로해져 모든 신체 기능에 이상이 오게 된다. 산소 부족 상태가 지속되면 위장 작용이 둔하게 되고, 소화 흡수 능력이 약화되어 소화불량에 걸리고 다량의 유해물이 포함된 배설물이 만들어지고 이로 인해 독소가 장에 흡수되고 모세혈관을 통해 혈액에 섞인다.

혈액이 더러워지고 산소를 구석구석까지 운반하는 능력이 저하되므로 이것이 더욱 더 산소 결핍을 초래하여 세포의 자체 회복력이 약화된다. 그러면 자연 치유력이 없어지며 여러 가지 질병에 걸리기 쉬워진다. 뿐만 아니라 충분한 수면을 취하지 못하고 두뇌 개발에 지장을 가져오게 된다.

• **충분한 영양소와 산소는 두뇌 개발에 필수**

다른 기관이나 마찬가지로 뇌도 그 기본이 되는 것은 세포이다. 에코노모와 코스키나스 두 병리학자의 추산에 의하면 사람 뇌는 탄생한 때부터 140억 개나 되는 뇌세포를 갖는다고 한다. 성인이 되면 160억 개 정도가 되는데 이렇게 많은 수의 세포가 항상 모두 가동하는 것이 아니며 성인이 되어도 ¼, 즉 25% 가량의 뇌세포만 활발히 가동한다고 한다.

가장 중요한 것은 75% 이상이나 잠자고 있는 뇌세포를 어떻게 눈뜨게 할 것인가 하는 점이다. 그와 동시에 활동하고 있는 한 개 한 개의 뇌세포의 작용을 되도록 높이도록 해야 하는 것이다.

두뇌 개발에 필요한 판단력과 추리력에 필요한 것은 영양소와 충분한 산소이다. 사람의 뇌는 굴곡이 심한 호두처럼 생겨 모세혈관이 구석구석까지 뻗어 있다. 즉 충분한 산소를 함유하는 혈액이 꼭 필요하다는 것을 말해 주고 있는 것이다.

• **베개 높이는 낮을수록 혈액 순환 잘돼**

동방삭이 백지 한 장을 베고 잤다는 것은 건강 유지나 두뇌 개발을 위해 뛰어난 생리 작용을 활용하고 있었다고 볼 수 있다. 우리 나라에서는 안심하고 푹 잔다는 뜻으로 "베개를 높이 베다"라는 말을 써 왔다. 평소보다 베개를 높이면 일시적으로는 편안한 것처럼 느껴지기 때문이다.

사람은 서 있거나 누워 있을 때 머리와 다리가 일직선으로 되어 있는 것이 정상적인 것이다. 그래야 심장에서 공급하는 혈액이 모세혈관의 끝까지 자연스럽게 순환된다.

베개를 높이면 일시적으로 기분 전환이 되고 편안한 것 같지만, 목 부분의 굴절로 혈액 순환의 효율이 떨어지게 된다. 따라서 평상시에 잠을 잘 때 베개 높이가 낮으면 낮을수록 혈액 순환이 좋아지며 산소 공급량이 증가하게 되는 것은 당연하다.

산소 공급량이 많아지면 앞에서 설명한 것과 같이 뇌세포의 신진대사가 활발해져 두뇌 회전이 빨라지는 것이다. 대뇌 중에서도 상피(上皮) 세포가 지성과 정서 작용을 조절하는 중요한 곳인데, 사람의 모든 조직 중에서 산소 사용이 가장 많은 곳이다. 수면 중에 뇌의 산소 탱크를 채워 두지 않으면 두뇌 회전이 무디어질 것임은 당연한 것이다.

수면이 부족하면 하품이 자꾸 나오는 것을 누구나 경험하고 있다. 뇌의 활동은 수면과 불가분의 관계가 있으므로 산소가 많은 환경에서 수면을 해야 하는 것이다.

3당 4락이니 4당 5락이라는 말은, 3시간 자면 합격이고 4시간 자면 떨어진다는 말로 치열한 입시 경쟁을 말해 준다. 나폴레옹은 3시간, 에디슨은 4시간밖에 자지 않았다고 한다. 노력을 많이 하고 머리를 많이 썼다는 결과이다. 그러기 위해선 산소 공급을 잘 하는 동박삭이의 낮은 베개를 베지 않았나 하는 생각이 든다.

두뇌 개발·지구력의 싸움이다

머리는 선천직으로 유선뇌기 때문에 형제간에도 IQ의 차이가 심하다. IQ가 높아 머리가 좋은 아이가 있는가 하면 머리가 나쁜 아이가 있게 마련이다.

그런데 머리 좋은 아이가 꼭 성공한다는 보장은 없다. 좋은 보기가 있다. 세 살밖에 안 된 신동이 나타났다고 세상이 떠들썩한 일이 있었다. 천자문을 암기하고 중학교 수준의 산수를 척척 푼다는 것이다. 참으로 놀라운 일이 아닐 수 없었다.

분명히 노벨상 감이라고 떠들썩할 만도 했다. 그런데 그 아이들이 자라서 과연 기대했던 성과를 거두었을까? 답은 유감스럽게도 그렇지가 못하다.

그 이유는 두 가지를 생각할 수 있을 것이다.

첫째는 꾸준히 두뇌 개발이 이루어지지 않은 것이고, 둘째는 훈련으로 셈과 문자 등 논리적인 사고를 하는 좌뇌는 개발이 어느 정도 이루어졌으나 그것을 응용하고 새로운 것을 창조하는 우뇌가 개발되지 못했기 때문이다.

꾸준히 지구력을 가지고 두뇌 개발을 한다면 IQ가 낮아도 성공을 거두게 되어 있다. 토끼와 거북이의 경주와 똑같다고 할 수 있다.

지구력을 갖도록 엄마들이 아이를 뒷바라지해 주는 것이 어린이를 성공시키는 첫 번째 비결이라고 할 수 있을 것이다. 지구력은 후천적으로 좌우되는 것이기 때문이다.

지구력은 음식과 관계가 매우 깊다. 강한 지구력을 갖기 위해서는 체력이 좋아야 하는 것은 두말할 나위가 없다. 따라서 5대 영양소를 골고루 먹는 균형식이 되어야 한다.

그 중에서도 단백질과 비타민의 중요성이 크다. 무기질 중에서는 칼슘이 특히 중요하다.

칼슘이 지구력과 관련이 크다는 것을 엄마들은 다 체험하고 있다. 생리일이 되면 평소 원만한 성격을 가진 사람이라도 신경이 날카로워지고 불안하게 바뀌는 것을 경험했을 것이다. 몸밖으로 빠져나가는 혈액 속에는 칼슘도 많아 칼슘 결핍 상태에 빠지게 된다.
칼슘은 인체 내에 가장 많이 있는 미네랄이다. 혈액 응고, 신경 조직의 정상 발달, 심장 박동의 조정, 철분 대사, 뼈와 치아 형성을 위한 재료 등에 필수적인 영양소이다.
혈액 100ml에 10mg 정도 함유되는데 이 양은 놀라울 만큼 정확히 유지·조정된다. 세포 내의 칼슘도 마찬가지이다. 칼슘은 소장에서 흡수되는데 이 과정에는 비타민 D가 필요하다. 우유 중에 존재하는 유당과 비타민 D는 모두 칼슘의 흡수를 크게 도와준다. 그래서 우유와 요구르트 등 유제품이 우수한 칼슘 공급원이 되는 것이다.
그러나 체질적으로 유제품을 먹지 못하는 알레르기를 갖는 사람은 먹을 수가 없다. 그런 경우에 흔히 좋은 것으로 알려져 있는 것이 뼈째 먹는 생선인 멸치이다.
익히 알려진 대로 멸치가 가지고 있는 칼슘은 대단히 많다. 100g 중에 1700mg이나 되니 타의 추종을 불허할 정도로 수치가 높다. 그러나 이것은 외견상의 것이지 체내에서 흡수 이용되는 것은 극히 일부에 지나지 않는다. 멸치의 뼈는 칼슘과 인산이 주성분인데 전체적으로 보면 칼슘보다 인산의 함량이 더 높다.
알레르기의 영향도 적고 비교적 소화 흡수도 잘되는 식품으로는 녹색 채소와 미역·다시마·톳 등의 해조류를 추천할 수 있다. 이들 식품에는 칼슘 함량이 높고 인산의 함량이 적어 이용률이 매우 높다. 마른 미역 100g 중에는 분유와 맞먹을 정도로 800mg이나 들어 있다.
그런데 이런 말을 들으면 생각나는 것이 "미역국 먹는다"는 말이다. 입학 시험을 보고 낙방을 하면 으레 쓰는 말이다. 그런 말이 왜 생겼을까? 누가 지어낸 것인지 참으로 터무니없는 유언비어인 것이다. 외국에선 미끈미끈한 것의 비유로 바나나 껍질이 쓰여 왔는데, 우리 나라에서 흔히 볼 수 있는 미역으로 대체한 것이다. 미역에는 알긴산이라는 점질물이 매우 많아 미끄러운 것이다.

평소 미역을 많이 먹게 되면 틀림없이 어려운 시험에 합격하게 될 것이다. 미역은 보기 드물게 칼슘을 많이 가지고 있는 알칼리성 식품이다. 미역을 애용하면 칼슘의 공급이 자연스럽게 이루어져 지구력이 생기기 때문에 성적이 올라가는 것이 보지 않아도 뻔한 일이다.

소화관의 상태가 산성이면 칼슘의 흡수가 잘되나 지방이 지나치게 많거나 옥살산(수산이라고도 하는데 시금치, 꽈리, 대황, 초콜릿 등에 많다), 피친산(곡류에 많은데 백미보다 현미에 더 많다) 등이 있으면 칼슘의 흡수는 방해된다.

일반적으로 육류와 생선류에는 칼슘 함량보다 15~20배의 인(燐, 피친산에도 인이 많다)을 가지고 있다. 달걀·곡류·견과류·콩류에는 인이 두 배 정도 더 많다. 식품을 가공하는 과정에서 인을 많이 첨가하는 경우가 있는데 그러한 대표적인 가공 식품은 콜라·어묵·라면·소시지 등이다. 그러한 것을 많이 먹는 어린이는 칼슘의 소요량을 더 늘려야 한다.

인을 과잉 섭취하거나 칼슘에 비해 인의 비율이 높으면 뼈에서 미네랄이 상실되어 연부 조직에 칼슘의 침착이 생긴다.

인 이외에 단백질의 함량도 칼슘 요구량에 영향을 준다. 단백질이 증가하면 칼슘의 체내 함량이 줄어드는데, 오줌에 배설되는 칼슘이 증가된다.

미국 텍사스 대학의 아라스테 박사는 칼슘이 뇌의 신경과 정서에 끼치는 효과는 양면적이라고 설명하고 있다. 즉 소량이면 신경을 자극해서 기분을 들뜨게 하지만, 많아지면 차분하게 한다는 것이다.

칼슘의 필요 섭취량은 유아와 어린이가 360~1200mg이고 성인이 600~1200mg이다. 그러나 이것은 앞에서 설명한 대로 인, 단백질 등과의 상관성이 크기 때문에 일률적으로 말하기는 어려운 것이다. 임산부의 경우 더 필요한 것은 당연한 일이다.

미국에서의 조사에 따르면 미국 여성은 하루에 450~550mg의 칼슘을 섭취하고 있는데 이 양은 뼈에서 상실되고 있는 양의 절반에 지나지 않는다는 것이다.

그렇다고 무작정 많아도 부작용이 생기게 되어 있다. 과잉 섭취로 생기는 증상은 신장(腎臟) 장애, 장의 기능 저하 또는 신경증 등이 있다.

자연의 섭리는 참으로 오묘하다. 평소 새콤한 음식을 싫어하는 부인이 임신 중에 신김치나 신맛이 나는 음식을 찾는 일이 있다. 이것은 태아에게 필요한 칼슘의 흡수율을 높이려는 생리적인 기능인 것이다.

우뇌 발달과 건뇌식 모유

갓난아기의 두뇌에도 놀라운 능력이 숨겨져 있다는 사실을 실증한 학자는 빠뽀제크라는 체코의 여성 심리학자이다. 그녀는 아기를 상대로 실험을 실시했다.

종소리를 아기의 오른쪽에서 들려주면 아기는 소리가 나는 쪽으로 향한다. 다시 왼쪽에서 다른 소리를 울리고 아기가 그 곳을 향하면 달콤한 시럽을 먹여 준다. 그러면 그 뒤로 아기는 소리를 따라 움직이는 조건반사 행동을 계속하게 된다.

그런데 재미있는 것은 그 조건이 길들여지자마자 아기는 아무 반응을 나타내지 않는다는 것이다. 즉 익숙해지기까지는 열심히 반응하지만 완전히 익숙해지면 이렇게 단순한 게임을 더 할 필요가 없다고 마치 어른처럼 무시하게 된다.

개를 대상으로 하여 똑같은 실험을 했더니 개는 소리에 맞추어 계속 반응을 보였다.

바로 이 점이 사람과 동물의 차이점이다. 말은 못해도 이미지로 생각할 수 있기 때문인데, 신생아라도 사고력을 가지고 있다는 사실이 증명된 것이다. 갓난아기에게 소리를 들려주면 반응이 나타난다.

눈앞에서 물건을 움직이면 몸 전체를 움직여서 뒤쫓으려고 한다. 갓난아기는 눈도 안 보이고 귀도 들을 수 없다고 생각하는 것은 큰 잘못이다. 아기 이름만 부를 때는 반응을 나타내지는 않는다. 소리를 내면서 소리를 내는 쪽에서도 손이나 몸을 움직이는 복합 자극을 주어야 비로소 반응을 보이게 되어 있다.

아기는 어머니의 태내에 있을 때부터 이미 기억력을 가지고 있는 것으로 연구되고 있다.

임신부에게 스피커를 통해서 시를 들려주고 출산 후 신생아에게 똑같은 시를 들려주었더니 심장 박동 수가 적게 나타났다. 심장의 박동 수가 적어진다는 것은 마음이 편안해졌다는 것을 뜻한다.

다른 시를 들려주었더니 아무런 반응을 보이지 않았다. 말은 이해하지 못하지만 들려준 시의 억양이나 이미지를 기억하고 있다는 것을 입증하는 것이다.
 수정 후 세포 분열을 되풀이해서 사람이 형성되는데 눈이나 귀가 형성될 때에는 이미 외부의 소리에 반응을 보이며 인격 형성이 시작되고 있다고 보아야 할 것이다. 갓난아기는 백지 상태로 태어난다는 말은 잘못된 것임을 알 수 있다.
 태교의 중요성이 과학적으로 입증되고 있는 셈이다. 어머니들이 되도록 빨리 뇌의 성장을 촉진하는 훈련을 하게 되면 우수한 사람으로 키우는 데 큰 도움이 될 것이다.
 신생아는 아무 것도 모른다고 생각하고 아무렇게 대하게 되면 뇌의 성장이 멎고 훌륭하게 가지고 태어난 능력이 빛을 보지 못하게 될 수도 있다는 것을 알아야 한다.
 철학자 데카르트가 마음은 하나인데 뇌는 왜 두 개일까 고민한 뒤로, 뇌의 연구는 세계적으로 진행되었다. 그래서 우뇌는 좌반신의 신경계통과 연결되어 그 운동이나 지각을 관장하며, 좌뇌는 반대로 우반신의 신경계통과 연결되어 운동과 지각을 관장한다는 사실을 알게 되었다. 오른쪽 눈과 귀로 보고 들은 것은 좌뇌에, 왼쪽 눈과 귀로 보고 들은 것은 우뇌에 신호가 보내진다. 이러한 두 개의 뇌를 연결하는 것이 뇌량이라는 파이프이고 이것을 통해서 서로 연결되어 뇌의 정상적인 작용이 유지되는 것이다.
 뇌 활동의 분업 체제를 실증한 것이 미국의 노벨 수상자 스페리 박사이다. 좌뇌의 작용을 집약한 것이 컴퓨터로 볼 수 있다. 이 컴퓨터가 처리하지 못하는 분야에서 활약하는 것이 인간의 우뇌이다.
 남성의 좌·우뇌를 성격상으로 분류하면 다음과 같다.
 좌뇌는 정해진 일을 꼼꼼히 틀림없이 하는데 딱딱하고 재미가 없는 남성의 타입이다. 우뇌는 의외성이 있으며 자유 분방한 유형의 남성으로 비유할 수 있을 것이다.

그러나 그렇다고 하더라도, 엄밀하게 말하면 좌우 두 뇌의 기능이 칼로 자르듯이 분명하게 나뉘어질 수는 없다. 문자의 경우를 보기로 들어보면 다음과 같다. 한글은 좌뇌의 영역이다. 그런데 한자는 문자로 받아들일 때면 좌뇌가 입력해서 이해하게 되지만, 형상적 그림으로 암기를 한다면 우뇌의 영역에 속하는 것이다.

음악은 우뇌의 분야에 속하는데 한국인과 서양인이 알아듣는 뇌가 다르다는 데이터가 있다. 서양인은 음악뿐만 아니라 개 짖는 소리, 벌레 소리, 기계에서 나는 소리까지도 모두 우뇌로 듣는다고 한다.

그런데 우리는 그들과 달라서, 양악이나 기계음 등은 우뇌에서 듣지만, 같은 음악이라도 우리의 민요나 가야금 소리, 개나 벌레 소리는 목소리로, 즉 언어적 감각은 좌뇌가 잡는다고 한다. 우리의 민요를 곡조보다는 가사를 즐기고 듣는 경향이라는 것이다. 가사가 없는 유행가나 민요를 들어보면 맛이 반감하고 말 것이다.

흔히 접하는 이러한 음악은 좌뇌의 영역으로 우뇌를 자극하는 효과를 기대하기는 어려운 것이다. 우뇌를 훈련시키려면 어른이 즐기는 민요나 대중 유행가는 효과가 없다는 것을 알아야 한다.

우뇌로 즐기는 데 알맞은 음악은 클래식이다. 클래식 중에서도 중요한 요소는 음이 고운 것, 조용한 것, 밝은 것의 세 가지라고 한다.

좌·우뇌의 기능은 처음부터 결정지어져 있는 것이 아니며, 두 살까지는 언어 중추도 형성되어 있지 않다. 두 살이 지나 차츰 발달이 시작되므로 그 때까지는 이미지의 세계, 즉 우뇌적 세계에 잠겨 있는 것이 보통이다. 그 뒤 6세경이 되어 비로소 좌뇌가 굳어질 때까지는 언어 중추는 미숙해서 대부분의 일을 우뇌 중심으로 생각하는 것이다.

그렇기 때문에 유아의 우뇌를 하루 빨리 자극시키는 일이 중요하다. 아무 것도 하지 않고 유아기를 허송하게 되면 뇌의 발달은 형편없이 늦어지고 만다.

우뇌를 자극하기 위해 왼손을 움직이는 운동과 클래식 음악을 들려주는 것도 중요하다. 무엇보다도 뇌세포 형성에 필요한 영양 공급이 앞서야 한다.

그래서 표현되는 말이 건뇌식(健腦食)이다. 유아가 출생하여 가장 먼저 먹는 건뇌식이 모유이다. 그런데 모유 먹이기를 기피하는 엄마가 많아지고 있으니 한심한 일이다. 우유나 조제분유를 모유와 비교한다는 것은 하늘에 대한 모욕이다. 우유는 모유보다 훨씬 많은 단백질을 가지고 있지만 성분이 다르며, 모유에는 특별한 불포화 지방산이 풍부하다. 인간의 뇌의 상대적인 크기는

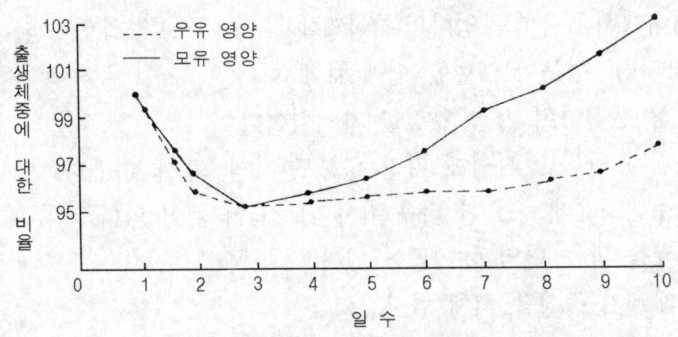

모유 영양군과 우유 영양군의 출생 체중에 대한 체중 증가율

소의 50배나 된다.

사실 우유는 단백질의 생산을 위주로 하고 있지만 모유는 특수한 지방 생산을 전문으로 하고 있다는 표현도 가능한 것이다.

우유나 조제분유를 제아무리 개량하고 영양소를 보강한다고 해도 완전히 모유에 대신할 수 있는 것은 만들 수 없는 것이다. 모유에는 사람만이 필요로 하는 항체가 있으며 호르몬과 효소가 들어 있는 것이다. 이렇게 훌륭한 건뇌식을 먹이지 않는다는 것은 어리석은 일이다. 건강한 육체와 온화한 마음을 지니고, 거기에다 머리까지 총명한 아이, 즉 삼위일체의 훌륭한 아이로 키우기 위해서는 역시 모유를 빼놓고는 달리 찾아볼 수 없다는 것을 알아야 한다.

과학적으로 입증된 모유의 특성(WHO 조사)

- 출산 직후 2~3일 안에 먹는 노르스름한 초유는 완전한 자연식으로서 아기의 건강을 일생 동안 좌우할 면역체와 영양소가 들어 있다.
- 태내에서 익숙했던 엄마의 것이기에 정서에 좋고 소화도 잘 된다.
- '하리성' 성분이 태변을 쉽게 보게 한다.
- 항상 신선하며 가장 완전한 자연식이다.
- 아기가 자라는 과정에 따라 성분도 자연스럽게 바뀐다.
- 중추신경계에 중요한 타우린(아미노산)이 들어 있다.
- 병균을 막는 면역체가 들어 있다.
- 알레르기 증상을 적게 한다.
- 구토나 설사, 변비를 일으키지 않는다.

· 아기의 치열 교정이 된다.
· 엄마의 유방암을 예방한다.

복지부·유니세프 '엄마젖 먹이기의 달' 지정

유니세프가 최근 발표한 '99국가발전백서'에 따르면, 우리 나라 모유 수유율은 14%로서 유럽 75%, 미국 52%, 일본 45% 등에 비해 훨씬 낮다.

한국보건사회연구원이 실시한 조사에서도 국내 모유 수유율은 85년 59.1%에서 97년 14.1%로 급격히 감소했다. 특히 조제분유와 모유를 같이 먹이는 경우가 25.3%에서 52.5%로, 조제분유만 먹이는 비율은 15.6%에서 33.4%로 각각 높아졌다.

엄마의 교육 수준별 젖 먹이는 비율은 중졸 이하 26.8%, 고졸 16.1%, 대졸 이상 7.7%로, 교육 수준이 높을수록 모유 수유 기피 현상이 뚜렷했다.

또 산모의 54%가 분만 전에는 엄마 젖을 먹일 계획이었으나 실제 분만 후에는 27~28%만이 먹이는 것으로 조사됐다. 이는 우리 나라의 거의 모든 병원에 모자동실이 설치되지 않아 산모가 모유를 먹이고 싶어도 출산 뒤에 신생아를 격리해야 하는 구조적인 문제 때문인 것으로 지적됐다.

엄마 젖 먹이는 비율이 낮은 이유는 '젖이 부족한 경우'(51%)가 가장 많았고, '엄마의 직장 복귀'(12%), '아기가 젖을 빨지 않는다'(5%) 등의 순으로 나타났다.

소아과 전문의들은, "엄마 젖을 먹이면 신생아의 태변 배출이 잘되고 영아의 경우 각종 질환 감염을 줄일 뿐만 아니라 산모의 회복도 빨라지는 여러 가지 장점이 있다"고 설명했다.

유니세프 한국 위원회는 모든 병원의 모유 수유 정책을 수립, '태어난 지 30분이면 엄마 젖 물리기', '임산부에게 엄마 젖 먹이는 방법 자세히 가르치기' 등 '성공적인 엄마 젖 먹이기 10단계'를 마련하고 '아기에게 친근한 병원 만들기' 사업을 지속적으로 전개하고 있다.

젖 먹는 아기 IQ·EQ 더 높다

엄마 젖이 좋다는 건 젖먹이 아이도 안다. 우리 할머니들은 아기를 등에 업고 있다가 보챌 때마다 앞으로 내리고 와 젖을 먹였다. 모유의 장점과 젖 떼는 시기 등을 알아본다.

• 모유의 장점

최상의 식품인 모유는 소화가 잘되고 우유 알레르기가 없다. 미국에서는 모유를 '화이트 블러드(흰피)'라고도 한다. 모유를 먹이는 것은 엄마의 피를 아이에게 수혈하는 것과 같다는 의미이다.

모유를 먹이게 되면 자궁 수축이 빠르고 다이어트 효과도 있어서 엄마한테도 좋다. 또 아기는 강한 면역성을 갖게 될 뿐만 아니라 EQ와 IQ가 모두 좋아진다는 연구 결과도 나와 있다. 특히 초유는 뇌의 발달을 촉진하고 병에 감염되는 것을 막아 주는 면역 성분이 들어 있어 꼭 먹이는 것이 좋다.

• 젖 먹이는 시간

젖을 빨리는 시간은 1회에 20분이면 충분하다. 아기들은 젖꼭지를 문 뒤 5분 이내에 전체 수유량의 80~90%를 먹는다. 젖이 부족하지 않도록 충분한 영양과 수분을 섭취하고 마사지를 해 준다.

• 젖 떼는 시기

소아과학회에서는 최소한 4~6개월까지는 모유를 먹일 것을 권하고 있다. 아기 몸의 면역 체계가 6개월이 지나야 확립되므로 이전까지는 면역 기능이 높은 모유가 좋기 때문이다. 생후 5~6개월이 되면 모유만으로 영양이 충분치 않으므로 자연스럽게 이유식을 시작하거나 분유로 바꾸는 것이 좋다.

• 젖 떼는 방법

강제적으로 젖을 떼는 것은 심리적으로 좋지 않다. 이유식을 점차 늘려 가면서 수유 시간을 줄이거나 모유를 서서히 분유로 바꾸어 준다.

모유 관리법

잘 안 나와도 걱정, 잘 마르지 않아도 걱정. 산모의 '모유 고민'은 다양하다. 일반적으로 산후 3~6개월에 수유 횟수를 점차 줄이면 젖이 마른다. 그러나 직장 여성의 경우에는 한 달 정도 뒤엔 억지로 젖을 말릴 수밖에 없다.

• 젖을 말릴 때

젖가슴을 탄력 붕대로 감은 채 수유 횟수를 줄이면서 얼음 팩으로 찜질한다. 이와 함께 젖을 억제하는 약을 일주일 정도 먹는 것이 효과적이다.

젖을 짜지 않아 '젖몸살'이 심할 때 진통제를 먹는다. 여름에는 한쪽 유방이 벌겋게 부으면서 춥고 떨리는 유선염이 생길 위험이 크다. 이 때는 항생제로 치료해야 한다. 유즙 분비 억제제나 항생제를 사용할 경우 아기에게 젖을 물리지 말아야 한다.

한방에서는 인삼을 달여 마시면 젖이 잘 마른다고 한다. 또, 맥아 또는 칡 20g을 물 1리터에 넣고 달여 마시는 것도 도움이 된다. 쌀과 율무를 절반씩 섞어 밥을 지어먹는 것도 한 가지 방법이다.

• 젖이 잘 나오지 않을 때

출산 뒤 10~15일까지 아이에게 가급적 젖을 많이(하루 10~12회 이상) 물리고 수시로 마사지를 한다. 또 4시간 이상 모유 수유를 중단해서는 안 되며 아이가 먹고 남은 모유가 있다면 반드시 손으로 짜서 젖을 비워야 한다.

모유의 주원료는 단백질인 만큼 산모는 생선이나 우유, 닭고기, 계란 등 동물성 단백질이 풍부한 음식을 많이 먹는 것이 좋다. 비타민이 많은 채소나 과일, 미역국, 대구도 모유 분비를 촉진시킨다. 한방에서는 쇠고기를 숙지황에 넣어 끓인 것, 찹쌀죽, 메기, 잉어, 계란 흰자, 꿀, 붉은팥 등을 젖이 잘 나오게 하는 음식으로 본다. 참깨나 민들레 뿌리, 별꽃나물, 호박씨가루, 완두콩도 좋다.

모유 먹이기

엄마 젖 먹이기에 관해 여성들도 잘 모르거나 잘못 알고 있는 것들이 많다.

함몰 유두 : 임신 7~8개월부터 함몰 유두 교정기를 착용한다.

모유량이 적다 : 수유를 자주 하면 모유량이 많아진다. 탈수가 원인일 때는 미역국이나 주스, 물 등으로 수분을 충분히 섭취토록 한다.

제왕절개 : 산모에게 투여하는 항생제는 대체로 아기에게 안전하다. 수술 후 통증은 베개나 쿠션을 이용해 편안한 수유 자세를 취함으로써 극복한다.

작은 유방 : 오히려 젖이 더 잘 나온다. 모유는 호르몬에 의해 생성된다. 작은 유방은 자극에 더 민감해 젖이 더 잘 분비된다.

몸매 걱정 : 유방과 복부 변화는 호르몬에 의한 것이지 수유와는 상관이 없다. 출산 뒤 유방의 모양을 유지하려면 유방 크기에 맞는 브래지어를 착용하고, 충분한 칼로리를 섭취하며 운동과 일광욕, 칼슘제 복용 등을 노력을 한다.

미숙아나 쌍둥이를 낳았을 경우 : 미숙아는 정상아보다 모유 수유 필요성이 더 크다. 전문가의 도움을 받으면 100% 모유 수유가 가능하다. 쌍둥이를 낳았을 경우에도 필요한 만큼의 모유가 나오므로 충분히 젖을 먹일 수 있다.

모유 수유에 의한 황달이 왔을 경우 : 2~3일간 젖을 먹이지 않다가 황달이 없어지면 다시 먹이면 된다.

유치가 나올 때 : 아기가 5~6개월이 되면 유치로 엄마 젖을 깨

문다. 이럴 때는 젖을 물리기 전에 물수건으로 아기 잇몸을 닦아 주거나 유치용 장난감을 냉동고에 얼려 두었다가 수유 전에 깨물게 한다.

직장 여성 수유법

출산 휴가가 끝나고 직장에 복귀하면 모유 수유가 대부분 중단된다. 그러나 직장에서 모유를 짜 보관해 두었다가 집에 가서 먹이면 모유를 계속 먹일 수 있다. 그러면 직장 여성의 모유 수유법을 알아보자.

유축기를 구입해 1~2주 전부터 모유를 짜는 연습을 한다. 규칙적으로 모유를 짜고 시간과 양을 기록한다. 하루 3회 정도 모유를 짜며 걸리는 시간은 15분 정도이다.

상사에게 모유 수유에 대한 이해를 구하고 모유를 짤 수 있는 장소를 마련한다. 짜낸 모유는 모유 보관용 팩에 담아 보관한다. 실온에서 6~10시간, 냉장고에서 72시간 보관이 가능하다. 냉동고에선 6개월까지 보관할 수 있다.

냉동 모유를 먹이려면 수유 전날 밤 얼어 있는 모유를 냉장실로 옮긴다. 열탕이나 전자레인지에 해동시키는 것은 금물. 따뜻한 물에 담가서 녹이는 것이 영양 파괴를 줄이는 방법이다. 녹인 모유는 잘 저어서 먹이고 얼렸다 녹인 모유는 절대 다시 얼려서는 안 된다.

그러나 모유를 너무 오래 먹이지는 말자

젖이 아기에게 가장 좋은 영양소이고 면역학적, 정신적인 면에서도 모유를 권장하지만, 6개월 후반기부터는 모유에만 전적으로 의존해서는 안 된다. 양도 줄어들고, 영양 성분도 약해지기 때문이다.

모유로 키울 때 주의해야 할 점은, 아기가 울 때마다 젖꼭지를 물리거나 자꾸 먹여서, 아기가 한 번에 많이 먹고 푹 자는 습관이 들지 않음으로써 까다롭고 신경질적인 아이가 된다는 점이다. 꼭 안겨서만 자고, 낮과 밤을 바꿔서 자는 아기가 되어 온 식구가 고달픈 경우가 많다.

젖을 오래 먹이면 먹일수록 젖을 떼기가 힘들다. 따라서 모유를 먹이는 경우라도 5~6월부터는 과일, 쌀가루, 죽, 미음, 우유 등 혼합 영양식을 먹여야 한다. 특히 젖만 먹으려고 하는 아이일수록 빨리 서둘러야 할 것이다. 대개 아기가 3~4개월쯤 되면 식성이 어떤지, 살이 찔 체형인지 마를 형인지 대개 알 수 있다.

아기의 상태와 엄마의 젖의 양에 따라서 모유를 주는 기간을 잘 조정하는 현명한 엄마가 되어야 한다.

제 5 장
취학 전 어린이를 교육하는 엄마의 역할

취학 전 어린이를 교육하는 엄마의 역할

3세에 가능성의 틀이 잡힌다

　대가족 제도에서 핵가족 제도로 바뀌고, 핵가족 중에서도 자녀들의 수가 한 명 또는 두 명으로 줄어드는 요즘, 어린이 교육에 대한 부모들의 관심은 대단히 높아졌다. 도대체 어떻게 하면 어린 자녀의 교육을 바람직하게 할 수 있을까?
　요즘 부모들은 일부 사람들의 말이나 매스컴의 영향을 지나치게 받은 나머지 어린이 교육의 방향을 잃어버린 듯한 인상이 깊다. 늘 듣는 말로 어린 아기의 지능은 0세부터 3세 사이에 이루어지고 6세 이후에는 거의 변하지 않는다든지, 어린이 두뇌의 능력 80%는 만 4세에 결정이 되기 때문에 어린 시절에 지능 발달을 잘 도와야 한다는 말 등이다. 물론 이러한 연구 결과들이 틀렸다는 것은 아니다. 단지 연구 결과의 한쪽만 듣고, 지나치게 한 면만을 강조하게 되면 바람직한 어린이 교육을 할 수 있기는커녕, 절름발이 교육을 할 수밖에 없을 것이다.
　바람직한 어린이 교육이란 전인교육적인 측면에서 이루어져야 한다. 책상다리 네 개가 고르게 놓여서 흔들리지 않고 안정되게 해주는 것과 같이, 어린이의 지적·정서적·사회적·신체적 발달이 골고루 이루어지도록 해주어야 한다는 뜻이다. 지능 발달만을 지나치게 강조하면 머리는 똑똑하더라도 자기의 감정적 문제를 처리 못하는 어린이로 되기 쉽기 때문이다. 그렇다고 어린아이들이 원하는 대로 행동하게 내버려두면 지능 발달이 부족해져서 문제 해결을 못하는 어린이로 만드는 결과를 낳게 되니 어린이 교육이야말로 참으로 어렵고 까다로운 문제인 것이다.

최근 연구 발표된 논문들을 보면 어린이 중에서 신체적인 활동을 잘한 아이와 신체적 활동에 제한을 받은 아이를 비교한 결과 어린 아기 때부터 신체적 활동을 많이 한 아기가 지적인 능력 면에서도 월등히 뛰어나더라는 통계가 있다. 말하자면 자기의 신체를 움직여 활동을 할 때 어린아이들은 더 잘 배우며 똑똑해진다는 이야기이다.

1950년대까지만 해도 어린이의 바람직한 발달은 거의 90%가 6세까지 이루어진다고 했다. 그런데 오늘날 많은 학자들이 연구 발표한 것에 의하면 어린이의 나이가 만 3세가 되면 모든 가능성이 터 잡아진다고 할 정도이다. 지적인 명석함, 주의 집중력, 안정된 인품, 건전한 신체, 다른 사람과 잘 사귀는 인간관계 등이 모두 어린 시절에 터를 잡는다는 것이다.

어린이 능력의 가능성이 갓난아기 때 결정된다는 말 때문에 어머니들은 가끔 위험한 결론을 불러일으키는 경우가 많다. 즉 3세 이후에는 버린 자식과 같아서 바보처럼 된 아이는 똑똑해지기 힘들다고 단정하고 실망하는 경우이다. 3세 이전에 힘을 들이면 쉽게 형성된다는 이야기이지, 나이가 든 아이들이 다 버린 자식이라는 말은 절대로 아니다. 어머니의 양육방법·양육태도·교육방법 등이 더 좋으면 나이가 든 후에도 얼마든지 변화가 올 수 있다는 사실을 잊어서는 안 된다.

영아의 성격 형성

"이 애는 저의 아빠를 닮아서 고집이 세요."
"제 엄마를 닮아서 게을러요."
우리는 가끔 이런 말을 듣는데, 꼭 어린아이의 성격이 태어날 때부터 유전으로 받아 내려오는 것으로 생각하는 것 같다. 예전과는 달리 지금은 어린이들의 성품은 태어난 후의 환경에 의해서 결정된다고 생각하고 있다. 그것도 특별한 기술이나 방법을 정해 놓고 형성해 가는 것이 아니라 어린이가 태어나는 즉시 생활하는 속에서 이루어지는 것이다. 그러기에 1년 365일, 1일 24시간이 모두 어린이의 인격 형성에 이바지하는 것이라고 여기고 최선을 다해서 키우도록 노력해야 하겠다.

최선을 다해서 키우려면 무엇보다도 먼저 어린아이들의 성장 및 발달 과정에서 무엇이 꼭 필요한지를 알아야만 한다. 그러자면 어머니들은 계속해서 아동 심리 또는 발달 과정에 대한 이해를 깊게 할 필요가 있다. 어린아이들의 성격 형성 중 제일 먼저 결정되는 것은 자신을 사랑하는 마음이고, 이를 바탕으로 해서 어린이들은 다른 사람도 믿고 사랑하는 마음을 갖게 된다.

이렇게 자신을 사랑하게 되는 마음은 추상적인 것이지만 사실은 어린아이의 일상 생활인 젖먹음을 통해서 이루어진다. 특히 태어나서부터 2세 사이에 꼭 필요로 하는 것은 배고픔이 없어야 하는 것과 욕구를 만족시키는 일이다. 배는 부른 것 같은데도 자꾸 빨려고 하면 어머니들은 흔히 "이 애는 왜 이렇게 걸신이 들렸지?"하며 젖꼭지를 빼어 버리는데 어머니의 이러한 태도는 바람직한 일이 아니다. 어린이들이 갖게 되는 사랑의 감정은 매일 매일의 젖빨음을 통해서 가장 잘 이루어진다는 사실을 분명히 알아야 한다.

고아원의 아이들은 우유를 실컷 먹어 배를 불리고, 고무 젖꼭지를 빨면서 입놀림을 만족시켜도 성격 형성이 제대로 되지 않는데, 이는 어린 시절을 통해 꼭 받아야 하는 어머니 또는 다른 사람들의 사랑을 받지 못했기 때문이다. 신체적인 접촉을 통해 따뜻함을 느끼며 아기는 자신이 사랑을 받는다는 느낌을 갖게 된다. 그러므로 일상 생활을 통해 꼭 껴안아 주기도 하고 쓰다듬어 주고 만져 주는 등 신체적 접촉 경험을 많이 하도록 하는 것이 중요하다. 왜냐하면 어머니의 신체를 비비며 따뜻하게 자라는 것은 사랑이 구체적으로 표현되는 것이며, 인격 형성의 기초를 이루는 것이기 때문이다. 어린 아기가 울고 보챌 때 버릇을 기른다고 지나치게 울게 내버려두는 것보다는 꼭 안아 주고 업어 주는 태도를 가짐으로써 사랑을 피부로 느끼게 해줘야 성격이 바르게 형성된다.

0세부터 2세에 이루어지는 사랑의 기초는 고층 건물을 짓는데 기초 공사가 되는 것과 같다. 이 사랑의 기초공사를 잘 하는 것은 뒷날의 생활에 큰 재산이 된다. 어린아이들은 0~2세 사이에 자신감·신뢰감·안정감을 갖게 되면 앞으로 지적 성장은 물론, 사회성의 성장도 용이하게 이루어지기 때문이다. 성격 형성을 하는 데에는 젖먹는 일 이외에도 이유(離乳), 대소변 가리기, 잠들기 등 모든 활동이 다 포함된다.

지능은 생활에 적응하는 능력

어린이들의 성격 형성은 만 3세 이전에 틀이 잡힌다고 하였는데, 아동의 지적 능력 역시 어린 시절에 결정된다고 주장하는 학자들이 많다. 일반적으로 지능이라고 하면 어머니들은 시험지에 점수를 잘 받아 오는 것이라든지 유행가 가사를 잘 외는 것 등 기억력의 정도가 높은 것을 지능이라고 생각하기 쉽다.

그러나 새로운 개념에서의 지능이라면 어린아이들이 그들이 처한 환경에 잘 적응해서 순조롭게 생존해 가는 능력, 즉 전반적인 것을 의미한다. 아무리 기억력이 좋아도 우물 안 개구리식으로 자기 속으로만 알고 있을 뿐이지 자기의 문제를 해결하는 데 사용하지 못한다면 지능이 높다고 할 수 없는 것이다. 그래서 우리 나라에서는 흔히 학교의 우등생이 사회의 열등생이라는 말을 하고 있는데, 이는 지능을 기억력 좋은 점수 따기 정도로 생각하기 때문에 생기는 것이다. 어린아이들의 지적 능력 역시 부모로부터 어느 정도 가능성의 둘레는 타고나지만 환경에 의해서 많이 발전될 수 있다는 것이다.

여기에서 지능이 발달한다는 것은, 어린이가 갖고 태어난 유전적 요인을 전혀 다른 모양으로 바꾼다는 것을 의미하지 않고, 갖고 태어난 가능성을 최대한으로 일깨워 준다는 것을 의미한다. 어떤 어린아이는 처한 환경이 나쁘기 때문에 가능성을 다 발휘하지 못하는 한편, 어떤 아이는 좋은 환경을 만나서 능력이 잘 피어나기도 한다. 그런데 좋은 환경이란 좋은 장난감, 좋은 가구를 말하는 것이 아니라, 바람직한 어머니의 양육 태도와 교육 방법을

9개월 된 유아의 지능의 세계

말한다.

하버드 대학의 화이트 박사는 어린이들의 지적 능력이 언제 결정되는가에 흥미를 가지고 연구해 본 결과, 어린이의 지적 능력의 가능성은 생후 10개월이 될 때부터 나타나기 시작한다고 하였다.

생후 10개월이라 하면 어린아이들이 물건을 잡고 일어서기 시작해서 사물을 이것저것 열심히 만져 보고 입에 넣어 보는 등 자기 나름대로 경험을 많이 하는 때이다. 그러므로 이 때에는 어린아이들이 직접 자기 손으로 무엇을 만져 보는 기회를 많이 주고, 어린이 자신이 기꺼이 먼저 하도록 하는 습관을 길러 주는 것이 좋다. 어머니들의 말하는 태도도 명령적이거나 지시적이 아니라, 어린이에게 생각하는 과정을 격려해 주고 문제를 해결하는 힌트를 주는 말씨를 써야 한다.

"넌 왜 그렇게 바보니? 이렇게 하면 될걸."

이처럼 윽박지르는 식의 말투보다는 먼저 어린아이가 자기 나름대로 해보게 한다. 만약 문제를 제대로 해결하지 못하면,
"애야, 네 생각엔 어떠니? 저 쪽 것을 바꿔 놓아 보면?" 하면서 어려운 점을 귀띔해 주는 것이 좋다. 어린이의 지적 능력은 환경에 의해서 많이 개선될 수 있고, 어린이의 마음에서부터 자기 나름대로 하고자 하는 마음이 일어날 때 제일 잘 발달된다는 것을 알아두어야 한다.

놀이와 어린이

어린이라면 누구든지 힘껏 자유롭게 뛰어 놀고자 하는 성장의 욕구가 있고 이러한 성장의 욕구는 방해 없이 채워져야 한다. 이러한 놀이 욕구가 제대로 채워지고 현명하게 지도만 된다면 어린아이는 문제를 해결하는 능력이나 빛깔 개념, 모양에 관한 개념 등 지적인 면의 발달도 가져오게 되며, 속상하고 화난 일도 놀이를 통해서 해결할 수 있고 친구와 어울려 노는 방법도 배울 수 있다. 다시 말해서 6세 이전의 어린이에게 있어서 놀이는 지적·정서적·사회적·신체적 욕구 등을 채워 줄 수 있는 가장 좋고 빠른 방법이라는 뜻이다. 그러기에 '어린이의 놀이는 생활이다'라든지, '어린이의 놀이는 어른의 직장 및 사업과 똑같이 중요하다'는 말을 할 수 있는 것이다.
한 연구자가 자석 낚시를 할 수 있는 낚싯대와 낚싯줄을 마련하여, 어떻게 할 때 어린이들이 제일 잘 배우는가를 실험해 보았다고 한다. 먼저 낚싯대를 둘로 잘라 놓고 이 둘을 연결할 수 있는 집게를 주고 자석이 붙은 낚싯줄도 마련해 주었다. 그리고 자

석이 붙은 물고기들은 부러진 낚싯대를 집게로 연결하여야만 잡을 수 있는 곳에 놓아두고, 어떤 어린이가 제일 잘 빨리 잡아내는지를 보는 연구 과제였다.

우선 어린이들을 네 집단으로 나누었다.

첫 번째 집단은 어린이들에게 낚싯대, 집게, 물고기 등을 가지고 한동안 자기들끼리 놀게 함으로써 자기 나름대로 방법을 터득하게 하였다.

두 번째 집단은 선생님이 아이들을 앞에 앉혀 놓고 시범을 보여주었다. 저쪽의 자석 물고기를 잡으려면 막대기를 집게로 이렇게 집어서 잡는 거라고 설명해 주었다. 아이들은 선생님의 동작을 눈으로 보기는 했지만, 직접 해 볼 사이가 없었다.

세 번째 집단은 선생님이 말로만 가르쳐 주고 아무 것도 보여주지 않았다.

네 번째 집단은 아무 것도 해주지 않고 그 자리에서 고기를 잡도록 하였다.

이 실험 결과 직접 놀아 본 아이들이 자석 물고기를 제일 잘 잡더라고 한다. 그 다음에는 선생님이 하는 것을 본 아이들이 잘하고, 제일 못하는 아이들은 아무 것도 보지 못하고 방법도 듣지 못한 어린이들이었다는 것이다. 이 실험에서 우리가 배울 수 있는 것은, 어린이들은 놀이를 통해서 사물을 빨리 배울 수 있고, 자신이 직접 가지고 놀아 볼 때 더 빨리 배운다는 사실이다.

보통 어머니가 화가 나면 그 화가 어린이에게까지 미치는 경우가 많다. 그렇게 되면 어린이들의 마음에도 화가 쌓여서 고집이 세어지고, 외로움을 타거나 남과 잘 사귀지 못하는 어두운 성격을 갖게 되니, 꼭 야단을 칠 일이라도 깊이 생각한 끝에 실행해야 한다.

 어린이의 놀이를 잘 마련해 주고 바르게 지도한다면 어린이의 성장은 자연스럽게 바람직하게 되어 갈 것이다. 바르게 키우고자 하는 어머니일수록 놀이의 중요성을 터득해야 한다.

장난감 선택과 지도

 어린이들의 놀이는 중요한 사업이다. 중요한 사업을 수행하려면 반드시 무엇인가 필요하게 되는 것과 마찬가지로 아동들의 놀이에도 놀잇감, 즉 장난감이 필요하게 된다. 할머니들 세대에는 장난감의 필요성을 느끼지 못했었기 때문에 어린이를 위한 장난감이 별로 없었지만, 지금의 젊은 어머니들은 장난감이 중요하다고 생각한 나머지 지나치게 상업화된 장난감들만 사 모으다가 가장 귀중한 놀이 자료들을 지나쳐 버리는 경우가 많다.

 어린이들에게는 연령에 맞게 그들의 성장 단계에 알맞은 장난감을 주어야 한다. 생후 2개월이 되기 시작하면 어린이의 눈에서 약 40cm쯤 떨어진 높이에 풍경(mobile)을 달아 주거나, 깨어 있는 동안 음악을 5분 정도 들려주는 것이 좋다. 요람 주변에 어린이가 볼 수 있는 밝은 색의 그림을 붙여 놓는 것도 좋다.

 어린이가 성장해 감에 따라 장난감 역시 연령에 맞게 바뀌어져야 하고, 그림책 등도 마련해 줄 필요가 있다.

 대부분의 어머니들은 책이라면 유치원에 들어간 후에야 보는 것으로 여기지만, 3·4개월된 어린이에게도 가끔 밝은 색으로 그려진 큼지막한 그림을 보여주면서 사과, 자동차 등 한 마디로 또박또박 이야기를 해주면, 이러한 활동이 반복되는 동안에 어린아

놀이의 발달

이의 머리 속에 어휘가 늘어나게 된다. 어린아이들의 말로 씌어진 그림책, 동화책, 과학 이야기책, 위인에 관한 이야기 등은 어린이들에게 앎을 더하게 하는 데 크게 공헌한다.

　유치원 아동들 중 책을 많이 가진 어린이가 책을 적게 가진 어린이보다 지능이 높다는 보고가 있다. 직접 경험하는 것이 좋으나 직접 경험하지 못하는 것은 책을 통해 간접 경험을 하게 되기 때문이라는 것이다. 그러나 무엇보다도 중요한 것은, 장난감 선택을 할 때 지나치게 사는 것만을 중요하게 생각하지 말고, 주위에서 구할 수 있는 것은 모두 장난감이 될 수 있다고 여기는 것이다. 어린아이들에게는 장롱 서랍, 가구, 어머니의 화장품 그릇, 냄비, 수저 등 모든 것이 다 장난감이 될 수 있다.

상업화된 장난감들을 덮어놓고 사들이기만 할 것이 아니라, 어린이들의 연령에 맞게 해주어야 할 것은 물론, 어린이들이 장난감을 가지고 놀 때도 사사건건 간섭하지 않도록 하며, 어린이가 자발적으로 놀도록 해주되 장난감이 혹시 부서졌다거나 뾰족한 것이 있는지 미리 살펴보고, 자주 살펴봄으로써 위험을 방지해야 한다.

그림책의 경우는 어머니가 하루에 한 번 정도는 어린이를 무릎에 앉히고 읽어 주는 때가 있어야 할 것이다. 어린이들이 잠자기 전이나 낮잠을 자기 전에 함께 책 읽는 시간을 가지면 하루 종일 놀이에 몰두하여 피곤했던 것을 쉬게도 되어 일거양득이 된다.

모든 학습은 생활을 통해

어느 지방 고아원에서 있었던 일이다. 만 3세까지의 아기들을 돌보는 영아원이 있었는데, 이 아이들이 세 살이 되었는데도 하는 말이라고는 '마, 마' '가, 가' 두 말밖에 없었다고 한다. 이 어린이들이 어렸을 때에 일손이 모자라는 보모들이 우윳병을 줄 때는 "맘마" 했고, 다른 아이가 옆으로 오면 귀찮다고 "가" 라고 한 것을 제일 많이 들었기 때문이다.

어린아이들은 자신이 제일 많이 들은 말을 하게 되기 마련이다. 따라서 어린아이들의 어휘 능력이나 말하는 태도 또는 숫자 개념 등을 기르는 것은 역시 생활을 통해서 이루어져야 할 것이다. 생활을 통해서 그러한 개념을 파악하지 못했던 아동은 아무래도 기반이 약해서 학교에 들어간 후에도 기초가 부족하여 뒷전에 서게 되는 것이다.
 어린아이들은 본래 읽으려는 욕망, 알고 싶어하는 욕망 등이 강한 호기심으로 자리 잡고 있기 때문에 항상 "왜?", "이게 뭐야?"를 묻게 마련이고, 이러한 호기심이 일어나는 때를 놓치지 않고 지도하면 어린이의 지식, 어휘 능력, 숫자 개념, 읽기 능력 등이 자연히 발달된다.
 "엄마 내 이름 어떻게 써?"
 "엄마 이름은?"
 "아빠 이름은?"
 이렇게 물어 올 때 정확하게 가르쳐 주면 어린이에게 '가나다', '아야어여'를 소리치며 가르치지 않아도 한글을 깨우치게 된다.
 "엄마, 노란 사탕 열 개만 줘."
 이 때 덮어놓고 사탕을 열 개 집어 주는 것이 아니라,
 "한 개, 두 개, ···."
 하며 세어서 주면 어린아이는 생활을 통해서 문제 해결의 방법이나 숫자 개념을 익히게 된다.
 가끔 어머니들이,
 "우리 아인 도대체 산만해요. 집중력이 없어요. 도통 책을 보지 않아요."
 하고 말한다. 그러나 그것이 부모 자신의 태도라는 것을 인식하여야 한다. 어린아이는 배우는 것 중에 자신의 주위에 있는 사람들의 태도를 모방하고 관찰함으로써 가장 많이 배우기 때문이다.
 가끔 질문이 없는 아이가 있다. 이러한 아이를 위해서는 어머니 자신이,

"얘, 왜 나무는 물에 가라앉지 않을까? 이상하지?"
라고 호기심을 불러일으키도록 노력할 것이며, 주위에다 재미있는 그림도 바꾸어 붙여 주고, 그림책들도 늘 같은 것은 한 군데 몰아 쌓아 놓지만 말고 바꾸어 놓음으로써 호기심이 계속 일어나도록 환경을 조성해 주어야 할 것이다.

루소는 "어린이에게 가장 좋은 교사는 어머니이다" 라고 하였다. 어머니는 어린이의 생활 주변에서 가장 가까운 사람이며, 어린이의 일상생활을 통해 가장 쉽고 자연스럽게 자녀를 가르칠 수 있기 때문이다.

자기 존중성

이 세상에 태어나서 가장 행복한 사람은 자신이 하는 일을 즐겨 하고, 자신감을 가지고 세상을 대하는 사람이다. 얼마나 많은 사람들이 자기가 하는 일에 자신 없어 하고 부끄럽게 느끼는지 모른다. 그런데 이러한 마음가짐이 이미 어렸을 때부터 싹트기 시작한다는 것이다. 어머니의 품에 안겨 있을 때에 자신감·안정감·신뢰감을 갖기 시작하며, 이러한 마음이 따뜻하고 바람직한 어머니의 양육 태도에 의해서 결정된다는 뜻이다. 어려서부터 어머니나 주위 사람들로부터,

"너는 왜 형보다 못하니? 정신 좀 차려라" 하는 등의 부정적인 말을 많이 듣고 자란 어린이는 자연히 자신이 하는 일이 겁나고 두려워지게 되고 나중에는 자신을 싫어하게까지 된다고 한다.

어린아이에게 긍정적이고 적극적인 말을 많이 들려주고, 어린아이가 하는 행동이 바르고 슬기로웠을 때에는 거기에 알맞은 칭

찬을 해 주며, 인정과 기대를 함으로써 어린이가 무엇인가 하고자 하는 욕구를 일으키게 해주어야 한다. 또 자신이 행한 활동에 대해 만족감을 느낄 수 있는 기회를 주어야 할 것이다. 어린이의 성취감은 아주 작은 일에도 생겨날 수도 있고, 완전히 꺾일 수도 있다. 대개 어른들은 자신들의 어렸을 때 생각은 잊어버리고 어린이들의 능력에 맞지 않는 것을 기대하기 때문에 어린아이가 사람을 그린 그림을 보고도,
"애걔, 이게 뭐냐? 사람의 팔이 목에서부터 내려오면 쓰나?"
"얘, 왜 사람 머리가 파란색이냐? 까만색으로 칠해야지?"
하고 어른의 기준을 뒤집어씌우려는 경향이 생기게 되는 것이다.

어린아이는 있는 그대로 받아들이고 이해해야 한다. 어린이의 성장 단계는 유아기적 단계에 있는데, 초등학교 연령 아동이 할 수 있는 것을 기대해서 어린이를 어른에게 맞게 고치려 들지 말아야 한다는 것이다. 이러한 어른들의 욕심은 보통 어린아이들이 자기가 가지고 태어난 가능성을 다 발휘하지 못하고 좌절감을 갖게 할 가능성을 내포하게 되며, 좌절감이 쌓이게 되면 자기 자신을 싫어하는 불행한 어린이가 되고 만다.

자신을 이해하고 자기를 존중하고 자신을 깨달음으로써 원하는 일에 모든 노력을 경주할 수 있는 어린이가 되도록 하여야 한다.

자녀를 잘 기른다는 것은 신이 부모된 우리에게 부여해 주신 가장 성스러운 의무이자 책임이다. 물론 이 책임을 다하려 할 때의 고충과 어려움은 말할 수 없이 크다. 그러나 사랑과 이해로 바르게 길러 놓고 보면 그 자녀들로 인해 우리에게 돌아오는 기쁨 또한 큰 것이다.

사랑을 받아 본 사람만이 남을 사랑할 줄 알며, 자신감을 가진 사람만이 인생을 힘차게 살 수 있다는 것을 깨닫고 어린이를 착하고 슬기롭게 길러야 한다.

학습 부진의 개념

어린이의 학습 능력에 대한 관심은 특히 부모들에게 있어서는 어떤 다른 문제보다도 크게 비중을 두고 있는 것 중의 하나이다.
학교에서 받아 오는 어린이의 성적이 나쁘거나, 아니면 좋았던 성적이 점점 떨어지고 있다든지 할 때에는 부모들은 문제의 근본적인 원인을 찾으려고 노력하는 대신에 그 어린이의 학업 성적을 올리기 위해서 어린이에게 너무 강요를 하여서 여러 가지의 정신적인 증상을 유발시키고 어린이를 병적 상태까지 몰고 가기도 한다.
여기에서 말하는 학습 부진이란, 학습에 관계되는 말하기·읽기·쓰기, 산수 등 학습 영역에 장애를 줄 수 있는 요인이 없고 지능이 정상인데도 학습 능률이 오르지 않는 경우를 의미한다. 우리 나라에서는 이 학습 부진에 대한 통계가 나오지 않았지만, 외국의 경우 12~25% 정도의 발생률을 나타내고 있으며, 특히 남아가 여아보다 높은 비율을 나타내고 있다.

학습 부진의 원인

학교 성적이 좋지 않은 아이를 무조건 "저 녀석은 머리가 나쁘기 때문이다"라고 대부분의 부모들이 잘못 생각하는 경우가 있는

데, 먼저 이렇게 단정하기 전에 왜 성적이 오르지 않는가에 대해서 좀더 생각을 하여야 한다.

일본의 연구에 의하면 부모에 의하여 발견된 학습 부진아 430명에 대하여 조사해 본 결과 지능 저하로 오는 경우는 단지 3.2%인 14명에 불과하고, 심리적 원인이 44.7%인 192명에 달하며, 의학적 원인이 52.1%인 224명을 나타내고 있다. 이 연구 결과는 어린이의 학습 부진이 지능 저하로 인한 것보다도 심리적·의학적 원인이 대부분을 차지하고 있다는 것을 나타낸다. 다시 말해 의학적·심리적 문제를 해결한다면 학습 부진아를 예방할 수도 있고 치료를 할 수도 있다는 것이다. 머리는 좋은데 학교 성적이 오르지 않고 있는 이런 부진아를 우리 주위에서 많이 볼 수 있는데 그 원인에 대해서 좀더 자세하게 설명하기로 한다.

• **심리적 원인**

지능이 높으면서 또 의학적으로 아무런 이상이 없으면서 공부하기를 싫어하는 경우이다.

① 공부할 수 있는 분위기를 마련해 주지 않으면 아무리 머리가 좋더라도 학교 성적이 올라가지 않는다.
② 나쁜 친구와 사귀게 되면 공부하는 습관이 이루어지지 않게 된다.
③ 부적당한 교사에게 교육을 받게 되면 성적이 떨어지게 된다. 선생님에게서 타당한 이유 없이 꾸중을 듣게 되면 혐오감이 전 과목에 미치게 되어 드디어는 학습 그 자체가 싫어지게 되어서 지능은 높지만 학습 부진이 된다.
④ 부모와의 관계가 원만하지 못하면 확실히 부진하게 된다.

공부를 잘하려면 우선 호기심이 적당한 정도로 있어야 하고 또 이 호기심을 지능적으로 적절하게 이용할 수가 있어야 하며, 외부에서 오는 자극을 능동적으로 받아들이고 반응을 나타낼 수 있는 힘이 있어야 한다. 부모와의 관계가 원만하지 못하면 이러한 노력에 제한이 오고 학업을 잘 하지 못할 뿐 아니라, 선생님과의 관계가 원만하지 못하게 되어 선생님이 주는 자극과 권고를 받아들이지 못해서 더욱 학업은 부진하게 된다. 부모와의 접촉에서 만족을 얻지 못하는 어린이는 학교에서 혹은 자기 주위의 친구에게서 자신과 동일한 관심을 찾기 때문에 나쁜 친구를 사귀게 되어 바람직하지 못한 가능성이 더 높게 된다. 또 이러한 부진아들은, 선생님이 부모와 마찬가지로 압력을 가하는 경우에는, 선생님이나 부모님들을 동일한 권위 부족으로 생각하고 선생님의 교육을 싫어하게 된다. 또 학교는 이러한 만성적인 아이들을 다룰 때 아주 엄격하고 억압적인 방법으로 다루기 때문에 어린이들로 하여금 학교에 대해서 적대감을 품게 한다.

⑤ 야구, 만화, 텔레비전 등의 오락에 지나치게 몰두하여 공부를 소홀히 하게 되어 학습 부진의 원인이 된다.

• **만성적 영양 부족**

만성적으로 계속되는 영양 부족은 어린이가 쉽게 피로하게 되어 공부를 지속할 수 없을 만큼 많은 피로감을 가져온다. 이런 만성적인 영양 부족은 유유아기(乳幼兒期) 때의 잘못된 양육 방법에 의해 오기도 하고 체질적으로 올 수도 있다.

- **불규칙한 일상 생활**

하루의 일과 시간이 너무 불규칙한 생활이 되면 자율신경이 불안정하게 되어 학습 부진이 초래되는데, 이러한 현상은 맞벌이 부부의 어린이에게서 많이 볼 수 있다.

- **기립성 조절 장애증**

이 병은 의사가 문진(問診)·혈압 측정·심전도 검사 등으로 비교적 쉽게 진단해낼 수 있다.

병의 원인으로는 체질설·비타민 결핍설·자율신경 실조설 등이 있지만 확실한 원인은 모르고 있다.

이런 병을 가진 어린이는 신경질적이고, 피로하기 쉬우며, 안색이 창백하고 모든 일에 의욕을 잃기가 쉬워서 잘못 보면 게으른 어린이로 취급되기도 하고, 또는 꾀병을 하는 것이 아닌가 하는 생각이 들 정도이다. 부모들이 이러한 증상을 꾀병이라고 생각하고 억압한다면 더 심한 정서적·정신적 장애가 생기게 된다. 그러므로 즉시 소아과 의사나 정신과 의사와 상의를 해야 한다.

- **만성질환이 있는 아이**

만성질환이 있으면 아무래도 학교 결석이 잦아져서 학교 수업에 참석할 수 없게 된다. 2일 내지 3일 정도의 결석은 문제가 되지 않지만, 결석을 오래, 그리고 자주 하게 되면 이해력이 필요한 산수나 이과(理科) 과목에서 학습 부진이 된다. 일반 어린이에게서 보는 만성질환으로는 반복되는 기관지 천식·류머티스·심장병·당뇨병·폐결핵 등이 있고, 장기 결석은 하지 않더라도 쾌적한 수업을 받을 수 없는 주기성 구토증, 만성 축농증 및 아데노이드 비후증 등을 들 수 있다. 이런 병이 있다고 해서 반드시 학업 부진아가 되는 것은 아니다. 부모가 특별히 신경을 써서 피로하지 않을 정도로 가정 학습을 규칙적으로 시킨다면 충분히 따라갈 수도 있게 된다. 반대로 너무 공부를 안 해도 괜찮으니 몸만 건강하라고 과잉 보호를 하게 되면 어린이는 공부에 대한 의욕을 잃어 버리게 되어서 학업 부진으로 빠지게 된다.

학습 부진아를 찾아내는 방법

신체의 어느 부위에 결함이 있는가? 지금까지 학업 부진을 일으키는 여러 가지 원인에 대해서 설명하였다. 그러나 실제로, 그 형태가 독립된 원인에 의하여 나타나는 경우도 있겠지만, 대부분이 비슷비슷한 증상이 서로 중복되어 나타나는 경우가 많다. 더구나 학업 부진에 대한 의학적 연구가 활발하게 되어 있지 못한 관계로 소아과 의사나 일반 개업 의사들로부터 크게 관심을 받지 못하고 있는 실정이다. 그러므로 이런 학습 부진 어린이들은 항상 접촉하고 있는 학교 교사나 부모들에 의하여 발견되는 경우가 대부분이다. 그래서 부모들이나 학교 교사들이 좀더 쉽게 이런 학습 부진아를 일찍 발견해 낼 수 있는 방법을 소개하고자 한다.

다음 페이지에 있는 <표 1>에 열거한 것은 시험하는 방법으로, 항목 A는 이른바 허약아에게서 보이는 증상들이다. 얌전한 어린이나 내성적인 어린이에게서도 비슷한 증상을 나타낼 수가 있다. 그러나 허약아는 키가 큰 것에 비하여 가슴 폭이 좁고 얇으며, 보기에도 운동 부족으로 보이며, 또 영양 상태도 나쁘고 피부는 창백하게 보여서 걸핏하면 빈혈을 의심케 한다.
 항목 B는 과민성 체질에서 보는 증상을 나타내었다. 이런 체질의 어린이는 유아기(乳兒期)에 습진에 잘 걸리고, 유아기(幼兒期)에는 감기나 기관지염에 걸리기 쉽고, 또 학동기에는 신경계통에 불안정 상태가 잘 오고 심한 경우에는 기관지 천식, 야뇨증 등이 되기 쉽다. 또 이런 여러 가지 증상은 허약아와 만성질환을 갖고 있는 어린이에게서 볼 수가 있다. 즉 몸에 어떤 의학적 문제가 있는가 없는가를 조사하는 항목이다.
 항목 C는 기립성 조절장애증의 의심스러운 증상을 열거하였다.
 항목 D는 이른바 미세 뇌 손상의 증상들이다. 그런데 여기에 나타나는 증상들은 심리적 면에서의 문제, 또는 신경질적 어린이, 정서적 장애아에서도 볼 수 있다. 그렇지만 이 항목에서 득점이 높은 경우에는 일단 미세한 뇌 손상을 의심하여 상세하게 검토할 필요가 있다.
 항목 E는 시력과 청력의 장애를 조사하는 것이다. 득점이 높은 경우에는 곧 전문의에게 상세한 진찰을 받아서 청력이나 시력의 장애를 찾아내어 치료를 해주어야 한다. 이 표에서 얻은 결과를 판독하는 방법은 <표 2>에 구체적으로 표시하였다.

학습 부진아의 대책

 일단 학교 성적이 좋지 않은 경우에는 첫째로 지능 검사를 실시하여 지능의 정도를 알아야 한다.
 정밀한 신경학적 검사를 실시하여 학습에 장애를 줄 수 있는 여러 가지 사정에 대해서 조사하여야 한다. 즉 중추신경 계통의

이상 유무를 조사하고 그 다음으로 운동, 시지각·청지각, 구두어·
읽기·쓰기 및 산수에 대한 장애 유무를 조사하여 만약 학습에 대
한 장애가 있으면 그 분야에 대한 특수 교육을 받게끔 해야 한다.
그리고 의학적 검사를 정밀히 하여 학습하는 데 지장을 줄 수 있
는 여러 가지의 질병을 찾아내야 한다. 즉 만성질환·만성 영양실
조·미세 뇌 손상·기립성 조절장애증·과민성 체질 등을 찾아내어
치료해 주어야 한다. 이와 같은 방법으로 학습 부진의 원인을 찾
아내지 못하면 다음의 심리적 및 환경적 요인의 작용 유무를 찾
아 주어야 한다.

<표1> 학업부진아의 원인 분류 체크 리스트

	항 목	판 정
허약아의 증후	A) 1. 밖에서 놀기보다 집안에 있기를 좋아한다. 2. 식욕은 있으나 정작 먹으려고 하면 식사가 느리다. 3. 사람이나 물건에 금방 의지하려고 한다. 4. 시간이 있으면 금방 누워 쉬는 버릇이 있다. 5. 무엇인가 시키려 하면 금방 움직이지 않는다. 6. 조금만 운동하면 금방 피로해진다. 7. 음식은 산뜻한 것을 좋아한다. 8. 일기에 따라 몸의 상태나 기분이 변하기 쉽다. 9. 오전보다 오후에 기운이 난다. 10. 커피나 홍차를 마시고 싶어한다.	예 ± 아니오 예 ± 아니오 예 ± 아니오 예 ± 아니오 예 ± 아니오 예 ± 아니오 예 ± 아니오 예 ± 아니오 예 ± 아니오 예 ± 아니오
	A 득 점 합 계	

과민성 체질아의 증후	B) 11. 자주 머리를 아파한다. 12. 자주 배를 아파한다. 13. 환절기에 자주 감기가 걸린다. 14. 아침, 저녁 코가 막히거나 재채기를 자주 한다. 15. 책이나 TV를 보면 눈이 피로하기 쉽다. 16. 자주 팔, 다리를 아파한다. 17. 자주 어깨나 등을 아파한다. 18. 소변을 자주 본다. 19. 아침, 저녁 기침을 자주 한다. 20. 밤에 오줌을 싼다.	예 ± 아니오 예 ± 아니오 예 ± 아니오 예 ± 아니오 예 ± 아니오 예 ± 아니오 예 ± 아니오 예 ± 아니오 예 ± 아니오 예 ± 아니오
	B 득점합계	
기립성 조절장애의 증상	C) 21. 조금만 운동을 해도 숨이 가쁘다. 22. 한 번에 계단을 오르내릴 수 없다. 23. 오랫동안 서 있으면 안색이 나빠진다. 24. 높은 곳에 올라가는 것을 싫어한다. 25. 차멀미를 잘 한다. 26. 자주 한숨을 쉰다. 27. 목욕 후 축 늘어진다. 28. 보통 안색이 나쁘다. 29. 냄새가 강한 것이나 싫은 것을 먹으면 토하려 한다. 30. 아침에 좀처럼 일어나지 않는다.	예 ± 아니오 예 ± 아니오 예 ± 아니오 예 ± 아니오 예 ± 아니오 예 ± 아니오 예 ± 아니오 예 ± 아니오 예 ± 아니오 예 ± 아니오
	C 득점합계	
미세	D) 31. 잠버릇이 나쁘고 잠꼬대를 하며 자주 움직인다. 32. 차 안에서 가만히 있지 못한다. 33. 식사 중, 학업 중에 이야기가 많다. 34. 그림이나 공작이 서투르다.	예 ± 아니오 예 ± 아니오 예 ± 아니오 예 ± 아니오

뇌 손 상 의 증 후	D) 35. 가만히 있어야 할 때에 끊임없이 움직인다. 36. 무엇을 해도 집중을 못하고 자꾸만 흥미가 바뀐다. 37. 사람이 모였을 때나 수업 중 주위의 주의를 끄는 행동을 한다. 38. 노트에 쓰는 숫자나 글이 문란하다. 39. 책을 읽을 때 건너뛰거나 적당히 읽는다. 40. 밤중에 일어나거나 잠꼬대를 할 때가 있다.	예 ± 아니오 예 ± 아니오 예 ± 아니오 예 ± 아니오 예 ± 아니오 예 ± 아니오
	D 득 점 합 계	
시 력 · 청 력 의 장 애	E) 41. 책을 눈 가까이 하여 본다. 42. TV를 눈 가까이 하여 본다. 43. 물건을 볼 때 몸을 굽히고 보는 습관이 있다. 44. 문밖에 나왔을 때 눈을 가늘게 뜨거나 한 눈을 감는 버릇이 있다. 45. 암산이 빠른 반면에 필산이 극단적으로 느리다. 46. 언제나 입을 벌리고 호흡한다. 47. TV의 소리를 극단적으로 크게 한다. 48. 뒤에서 부르는 소리에 반응이 느리다. 49. 사람과 이야기할 때에 눈을 긴장하고 눈으로 판단하려 한다.] 50. 받아쓰기를 시키면 잘못 쓰는 것이 많다.	예 ± 아니오 예 ± 아니오 예 ± 아니오 예 ± 아니오 예 ± 아니오 예 ± 아니오 예 ± 아니오 예 ± 아니오 예 ± 아니오 예 ± 아니오
	E 득 점 합 계	

허약아의 대책

학습 부진의 원인으로 심리적 문제와 의학적 문제가 대부분을 차지하고 있는데, 그 중에서 이 허약아로 인해서 학습 부진이 되는 경우가 많은 비중을 차지하고 있다. 허약아는 소아과 의사나 소아정신과 의사와 의논하여 양친이 노력하면 고칠 수가 있다.

뚜렷한 의학적 원인이 없는데 보통 아이에 비하여 병에 잘 걸리고, 일단 병에 걸리면 중증에 빠지게 되며, 두통·복통 기타의 증세를 가끔 호소하기도 하며, 피로하기 쉽고, 또 회복이 늦으며, 신경질적이고, 무기력하며, 발육 부진 및 영양 장애가 뒤따라 온다. 그 중에서도 운동 기능이 현저하게 떨어져 있다. 이런 어린이들은 허약아로 취급되어 부모나 학교 교사로부터 너무 특별 취급을 받아서 오히려 학업 부진이 더 심하게 될 수 있다. 이런 허약아의 교육은 교사 개개인의 인생관이나 교육관에 의하여 좌우되는 경우가 많다. 어떤 교사는 이런 어린이를 특수 집단에 넣어 신체나 정신을 단련시키게 하고, 어떤 교사는 체념한 기분으로 이런 어린이와 접촉하기도 한다.

<표2> 판독 방법

득점\항목	정상범위	요주의	이 상
A항목	3점 이내	4점~5점	6점 이상
B항목	3점 이내	4점~5점	6점 이상
C항목	3점 이내	4점~5점	6점 이상
D항목	3점 이내	4점~5점	6점 이상
E항목	2점 이내	3점~4점	5점 이상

또 허약아의 부모는 부모 자신도 과민 체질로서 신경질적인 사람이 많아서 어린이를 과잉 보호 아래에 두고 있는 경우가 많다.

허약아의 신장은 거의 표준에 가깝지만 체중과 흉위가 표준 이하라서 마르고 약하게 보인다. 그래서 대부분의 부모가 육아에 대한 불안을 느껴 극단적인 과보호 양육을 하게 된다. 그 때문에 발달 단계에 적합한 놀이나 운동의 기본 체험을 얻지 못하고 성격적으로는 다른 사람에게 의뢰심이 강하게 되고 신경질적이며 정서적으로도 불안정 상태가 되어 버린다. 이런 어린이를 의학적으로 정밀 검사를 해보면 아무 이상이 없고 지적(知的)으로도 아무 이상 없이 잘 발달되어 있다.

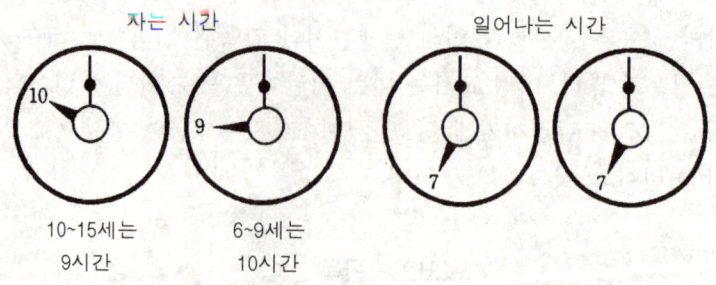

어린이에게 필요한 수면 시간

이와 같은 경우에는 영양 섭취와 생활 리듬이 규칙적으로 이루어지도록 하는 것이 절대적이다. 이 때는 어린이에게 필요한 열량, 단백질 및 하루에 필요한 수면 시간에 각각 개인차가 있으므로 어린이의 건강 관리상 그 평균적 기준치를 알고 있어야 한다. 그래서 수면 시간과 열량 소요량의 평균치를 그림과 <표3>에 종합하였다.

허약아는 일반적으로 식사 시간이 짧고 따라서 열량 및 단백질의 필요량이 결핍되어 있다. 식사를 시키는 방법에 대해서 특히 어머니가 관심을 가져야 되는데, 어린이가 식사를 할 때 "많이 먹어라", "저거 먹지 말고 이거 먹어라", "더 먹어라" 등의 잔소리는 절대 하지 말고 식사에 대해서 욕구 불만을 갖도록 해 보면 좋은 결과를 가져올 것이다. 다시 말하면 "저 음식이 먹고 싶다", "좀 더 먹고 싶다" 하도록 어린이의 욕구를 불러일으켜야만 한다. 그래서 음식을 줄 때에는 가능한 한 간식은 줄여 가면서 식탁에는 한 가지 음식만 준다.

<표3> 어린이의 영양 소요량

구 분	남 자		여 자	
연 령	열량(cal)	단백(g)	열량(cal)	단백(g)
6~9	1,800	60	1,700	55
9~12	2,100	70	2,000	70
12~15	2,500	85	2,400	80

또 양을 적게 하여 더 먹도록 유도를 하고 한 가지 음식을 완전히 먹어야만 다른 음식 한 가지를 주는 방법을 선택하여야 한다.

다음으로 중요한 것은 불규칙적인 생활 습관을 규칙적인 생활로 바꾸어 주는 것이 중요하며 수면 시간, 식사 시간, 노는 시간, TV 시청 시간 및 가정 학습 시간을 매일매일 규칙적으로 실시하여야 한다. 너무 잠을 많이 자게 해서도 안 되며 어린이의 경우에는 적어도 하루의 수면 시간이 9시간 내지 10시간 정도의 수면을 취하게 하여야 하며, 될 수 있는 대로 TV 보는 시간을 1시간 내지

2시간으로 줄이고 다른 놀이나 운동을 할 수 있도록 한다. 매일매일 예습과 복습을 할 수 있도록 하고 가능한 한 규칙적인 하루 일과를 보내도록 유도해야 한다.

A군은 초등학교 4학년으로 식욕이 없고 안색이 나쁘며, 무엇을 하든지 의욕이 없으며, 쉽게 피로를 느끼고, 주의력이 부족하고 특히 지능지수는 괜찮은 편인데 학교 성적이 나쁘다는 것이다. 이 때까지 발육, 영양 및 부모의 양육 태도에 대하여 지도를 받은 적도 없었다. 이 어린이의 과거의 성장 발육을 조사하여 보니 A군은 외아들이고, 더욱이 부모가 비교적 많은 연령에 얻은 어린이였다. 어머니는 약간 신경질적인 자율신경 실조증을 가지고 있었으며, 출생시부터 젖을 빠는 힘이 약하여 체중 증가 속도가 느렸다.

또 생후 1년경부터는 자주 토하고 심한 편식 증세를 가지고 있었으며, 세 살이 지나도록 낯가림을 하면서 친구들과 놀지 않았다고 한다. 그러나 지능 검사를 받는 태도나 검사의 결과는 너무나 뜻밖에도 양호한 결과를 보였으며, 유아 아동 성격 검사를 해 본 결과 신경질적이고, 가정에서의 의존적 태도와 퇴행적 행동 등을 보였다. 그래서 혈액의 일반 검사, 혈청의 생화학적 검사, 소변 검사, X-레이 검사, 뇌파 검사, 심전도 검사 등의 의학적 정밀 검사를 실시한 결과, 어디에도 이상이 없었다. 심리적 검사를 해보았으나 지능지수도 125이었고, 언어성·동작성 어느 쪽이든 균형이 잡힌 발달 상태였다.

A군은 의학적이나 심리적으로 모친이나 담임 선생님이 걱정한 만큼의 문제점은 보이지 않았지만, 계속해서 어머니가 과잉 보호하여 양육을 시킬 경우에는 더욱 더 악화시킬 가능성을 가지고

있었다. 그래서 A군의 일상 생활을 조사해 본 결과 수면 시간도 모자라고 영양 섭취 상태도 불량하며, 하루의 일과가 매우 불규칙적인 점이 나타났다. 하루에 텔레비전을 보는 시간이 아주 많았고 식사는 항상 텔레비전을 보면서 먹는 경우가 많았으며, 방과 후에는 방 안에서 만화를 보든지, 아니면 누워서 뒹구는 일이 많으며, 잠도 늦게 자고, 예습과 복습은 거의 하지 않는 생활 태도였다. 또한 밖에서 친구들과 노는 일이 전혀 없었다.

튼튼한 어린이라도 이런 생활을 계속하고 있다면 몸과 마음이 모두 약해질 것은 명백하다. 그래서 영양 상태를 좋게 하기 위하여 식사하는 방법을 바꾸어 적절한 식사 요법과 하루 일과를 규칙적으로 실시하고부터는 현저하게 A군의 성격이 활발하게 되고, 건강 상태도 눈에 띄게 좋아졌다. 또한 공부에 대한 흥미도 되살아나면서 원래 이해력이 좋은 아이였기 때문에 지금까지 부족했었던 기초 학력도 생각보다 빨리 만회하였다.

그런데 A군과 같은 어린이를 가진 부모는 대부분 이런 방식 대신에 체조, 수영, 태권도, 유도, 보이스카웃 등에 눈을 돌린다. 물론 이것도 중요하지만 이것보다 먼저 중요한 것은 기상, 학습, 놀이, 식사, 독서, 목욕, 취침 등의 일상의 가정 생활을 규칙적으로 하는 것이다. 이렇게 하는 것이 얼마나 중요한 것인가를 부모와 어린이가 함께 서로 이야기하여 납득하여야 한다.

결론적으로, 자녀가 공부를 잘 하지 못한다면, 머리가 나빠서 그렇다고 단정짓기 전에 왜 우리 아이가 공부를 잘하지 못하는가에 대해 근본적인 원인을 찾아내어서 학습 부진이 되지 않도록 예방해 주고 또 치료해 주어야 한다.

공부를 해도 성적이 올라가지 않는 어린이

이런 어린이는 성격이 어두운 것은 아니지만 침착한 어린이에게 많다. 또 때로는 소극적이거나 꼼꼼하고 동작이 느린 아이인 경우도 있다.

① 먼저 적극성을 기른다

운동부에 들어서 친구들과 어울려 팀을 짜서 하는 스포츠, 즉 몸을 자발적으로 움직여서 남과 부딪쳐야 하는 장면을 많이 갖게 한다. 이렇게 함으로써 앞으로 진출하는 습관, 몸을 민첩하게 움직이는 경향을 갖게 하는 것이 좋다. 공부는 이와 병행해서 추진하면 된다.

② 스피드 연습

그 다음에 권하고 싶은 것은 스피드 연습이다. 예를 들면 아침에 일어나서 아침 식사를 할 때까지 몇 분이 걸리는가, 또 아주 단순한 계산, 식의 변형 등 기계적으로 할 수 있는 것을 일단 일정한 시간을 정하여 빠르게 하는 따위의 훈련이다. 이것은 의외로 느린 행동을 고치는 데 큰 효과가 있다.

③ 학습 순서의 자세한 검토

'공부를 해도 성적이 올라가지 않는 어린이'의 특징은 학습 작업이 느리다는 것과, 학습 순서와 학습의 내용 파악이 서투르다는 점이다. 이 밖에 이런 어린이에게 흔히 볼 수 있는 성격 성향으로 보아 폭 넓은 응용력이 없는 경우가 많다. 그래서 이런 어린이에게는 학습법의 연구, 공부하는 요령을 가르칠 필요가 생긴다.

·무엇과 무엇을 사용하는가 — 교과서, 참고서, 문제집, 노트,

사전, 필기 용구 등
 ·어떤 순서로 해야 할까 — 예를 들어 수학이라면 ㉠ 교과서의 예제를 푼다. ㉡ 자기가 푼 것과 교과서에 있는 것을 비교해 본다. ㉢ 예제에 대한 해설을 읽고 요점을 파악한다. ㉣ 공식, 정리 등을 암기한다. ㉤ 교과서의 문제를 푼다. ㉥ 문제집 중에서 유사한 문제를 풀어 본다.
 ·오늘 공부한 중심은 무엇인가 — 그 날 공부한 중심을 정리한다. 인수 분해인지, 1차 방정식인지 따위.
 어느 교과서의 공부이든지 간에 아마 이 세 가지는 꼭 싶고 넘어가야 할 것으로 생각된다. 즉 '도구, 순서, 그리고 정리'이다.
 공부를 해도 성적이 올라가지 않는 어린이는 노력을 하는 만큼 지식이 어느 정도 정리가 되어 있다. 그래서 성적이 올라갔다 내려갔다 변동이 심한 어린이에게서 찾아볼 수 없는 성적의 안전성과 확실성이 있다. 이것은 80점이면 80점 나름대로, 30점이라면 30점 나름으로 말할 수 있는 일이다.
 이 좋은 점을 인정해 주어야 한다.
 "너는 열심히 노력을 하는 만큼, 지금 하고 있는 일은 결코 헛되지 않을 것이다. 그러니까 연습 문제를 많이 풀어 더 실력을 길러 보자" 라는 등의 말로 격려해 주는 것이 좋을 것이다.

제 6 장
문제아의 올바른 육아법

문제아의 올바른 육아법

밥을 잘 먹지 않는 어린이

어린이가 '밥을 먹지 않는다', '식욕이 없다'고 할 때 걱정하지 않는 부모는 없을 것이다. 대부분의 부모들은, 이런 상태가 며칠 지나면 어린이에게 병이 생겨서 심각하게 되는 것이 아닌가 하고 불안에 쌓이게 된다.

많은 부모들은 어린이가 야윈 것보다는 뚱뚱한 것이 좋은 것으로 알고 있고, 어린이들은 일정한 양의 식사를 해야 건강하다고 생각한다. 그러므로 어린이들이 밥을 조금밖에 먹지 않으면 걱정이 되어 밥을 먹으라고 야단을 친다. 그러나 야단을 치면 칠수록 어린이는 밥을 먹지 않을뿐더러 때로는 전적으로 식사를 거부하는 경우까지 생기게 된다. 그렇게 되면 밥상을 받고 즐거워야 할 식사시간이 어머니와 어린이의 싸움터로 변하는 것이다. 어머니가 싸우다시피 밥을 먹임으로써 어린이는 식사에 대한 흥미를 잃고 거부감이 생긴다. 특히 어린이 나이가 3, 4세를 지나 반항기에 들어가면 이러한 경향은 더욱 심각하게 나타나게 된다. 이러한 식욕 부진은 특별한 환경 변화가 있기 전에는 유아기, 학동기까

지 계속된다.
 일반적으로 어린이들의 완고한 식욕 부진은 앞에서 말한 것과 같이 일시적인 식욕 부진의 원인을 무시하여 일방적으로 식사를 강요함으로써 일어나는 것이 보통이다.
 우선 부모들은 어린이들이 일시적으로 식욕이 없어지는 시기가 있다는 것을 알아야 된다. 병이 있을 때는 물론 피로하다든지, 정신적인 자극으로 흥분되었다든지 할 때는 식욕이 떨어지며, 계절적으로도 무더운 여름철에는 어른의 경우와 마찬가지로 식욕이 없는 법이다.
 또 연령에 따라서도 먹는 양에 차이가 생기게 된다. 이럴 때는 어린이가 원하는 음식을 주어야 한다. 그것은 대부분의 경우 그 어린이 체내에서 필요로 하는 것이기 때문이다.

또 체질에 따라서 식욕 부진이 잘 나타나는 어린이가 있다. 섬세하고 약하게 보이고 운동은 활발하지만 몸이 마른 형, 반대로 몸은 뚱뚱하나 운동이 활발하지 못하고 조용한 어린이들은 대개 식사량이 적다. 이렇게 어린이 체격에 따라서도 식사량에 차이가 있다는 것도 알아야 한다.

식욕 부진을 치료하는 방법은 부모나 어린이가 다같이 느긋하게 즐거운 기분으로 식사를 즐기는 것이다. 어린이에게 '밥 먹는 것이 싫다'는 느낌을 주지 않도록 하는 것이 중요하다. 어린이가 싫어하는 음식을 강요하지 말고, 어린이 자신이 그것을 느끼지 않고 먹을 수 있도록 힘써야 되겠다. 야채를 좋아하지 않으면 과즙을 주거나, 고기를 싫어하면 계란을 주는 것이 좋겠다. 먹는 양이 적다든지 편식을 한다든지 하는 점을 어린이 자신에게 자각시키는 것은 옳지 않다. 더욱이 부모 마음대로 우리 아기는 비타민이 부족할 것이라고 자가 판단하여 종합 비타민을 강요하는 행위 등은 오히려 식욕 부진을 더하는 원인이 된다.

식욕 부진이 심할 때는 어린이를 병원에 입원시키거나 소년 캠프와 같은 집단 생활의 경험을 주는 것이 좋다. 이렇게 함으로써 식욕이 좋아지거나 편식 습관이 교정되는 경우가 많다. 어떠한 방법이든지 간에 기본은 규칙 있는 생활을 시키고 무리하게 식사를 강요하지 말고 좋아하는 음식을 주어서 식욕에 따라서 식사량을 늘려 가는 등 부모들이 자신을 갖고 차분하게 고쳐 나가는 마음가짐이 중요하다.

말더듬이

어린이를 키우는 어머니들의 언어 장애에 관한 상담 중에서 가장 많은 것이 말더듬이에 관한 것이다. 이 버릇은 약간의 주의만으로 비교적 짧은 시일 안에 교정할 수 있는 버릇이다. 연령적으로 2~4세 어린이에게 많으며, 학동기, 특히 저학년이 되어 시작되는 경우도 적지 않다. 이상하게도 말더듬이는 남자 어린이가 압도적으로 많다.

'흉내를 내면 말을 더듬는다'고도 하나, 이것은 유인은 될 수 있으나 원인은 되지 못한다. 어린이의 소질이나 환경이 그 원인과 크게 관련되는 것이다. 그 구체적인 예로 말더듬이의 어머니들은 대부분 자신의 주장을 내세우고, 완벽을 추구하며, 매사에 간섭이 심하고 마음이 불안하다. 특히 어린이의 식사나 건강에 관해서는 걱정이 끊이지 않는다. 이러한 어머니들은 어린이의 언어에 필요 이상으로 신경을 쓰고 주의를 하는 일이 많다. 어린이가 말을 더듬으면 "천천히 말해라, 다시 말해 보아라, 가갸 거겨를 발음하여 보아라" 등 어린이에게 열등감을 심어 주는 행동을 하게 된다. 그럼으로써 어린이가 더욱 말하기를 싫어하며, 친구들과 어울리는 것을 두려워하여 말을 더듬는 정도가 더욱 심하게 되는 것이다.

치료 방법은, 어머니와 집안 식구들이 말에 대해서 절대로 주의를 주지 않는 것이다. 특별한 경우에는 신경과에서 유희 치료(遊戱治療)를 해야 할 때도 있으나 어머니와의 상담만으로 손쉽게 어린이의 말더듬이를 치유할 수 있다.

잠자리에 오줌을 누는 어린이

잠자리에 든 다음 자기도 모르는 사이에 잠자리에서 오줌을 누는 것을 야뇨증이라고 한다. 어린이가 만 3세가 되면 소변이 마려워도 참았다가 화장실에 가서 보게 되거나 또는 오줌이 마려우면 깨어나 오줌을 누게 되지만, 그렇지 못하고 오줌이 마려운 것을 참을 수 있는 힘이 없거나 밤중에 깨어나지 못하게 되면 야뇨증이 생긴다. 그러나 특별히 신경이나 방광에 이상이 없는 한 개인차는 있으나 어린이가 성장함에 따라서 자연히 치유가 된다.

야뇨증의 대부분이 신경적인 흥분이나 부담으로 인해서 앞서 말한 것과 같은 방광 조절 기능에 차질이 생겨서 일어나는 것이다. 또 어떤 의사는 그것은 어린이가 자주 소변을 본다고 어린이

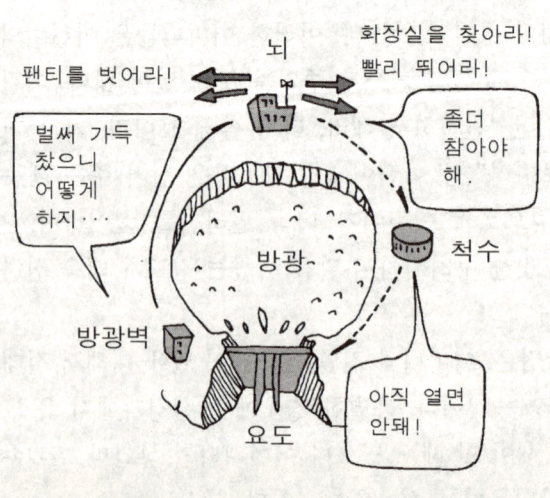

배뇨의 구조

를 어머니의 신경쇠약증 때문이라고 말한 예도 있다. 밤에 몇 번씩 어린이를 깨우거나, 세탁을 자주 하거나 이불을 말리거나 하는 것들을 좋아하는 어머니는 없을 것이다. 그러나 어린이로서도 일부러 잠자리에 오줌을 누려고 했던 것은 아니고, 자다 보니 자기도 모르게 오줌을 누었다는 사실을 이해시켜 주어야 될 것이다. 어머니가 나무라는 방법에 따라서는 '내일도 또 나도 모르게 저지른 죄로 야단을 맞을 거야' 라는 불안감 때문에 도리어 소변을 자주 보게 되어 야뇨증이 되어 버리는 것이다.

정신적 흥분이나 부담이 무엇 때문이며, 또 누가 그것을 조장하는지가 문제가 된다.

보통 야뇨증 어린이를 고치기 위해 잠자리에 들기 전에 물을 마시지 못 하게 하는 방법을 쓴다. 그러나 이것은 어떤 때는 반대로 어린이에게 고통을 주는 결과가 되기도 한다. "자기 전에는 물을 먹지 말라"고 하는 말은 곧 "너는 오줌싸개다" 라는 뜻으로 받아들여지기 때문이다.

또한 어린이가 싫어하는 침을 맞히거나 뜸을 뜨거나 오줌싸개라고 놀려 주는 따위의 치료법은 다시 생각해야 할 일이다. 오히려 오줌을 싼 이불이나 잠옷을 다른 사람의 눈에 띄지 않게 동정심을 갖고 숨겨 준다거나, 다른 형제 자매들의 놀림을 받지 않도록 신경을 쓰고 열등감이 생기지 않도록 감싸주어야 한다.

새로 동생이 생겨서 어머니의 사랑을 빼앗겼다고 어린이가 느끼고 있을 때는 잠자리에서 따뜻하게 손을 잡아 주거나, 또는 어머니 옆자리에서 잠을 재우는 사랑의 표현이 좋은 치료법이 된다.

열등감을 갖지 않도록 하기가 어려운 환경에서는 어린이를 입원시켜서 가정에서 떼어놓는 것도 한 방법이 된다. 어떠한 방법

이든 어린이에게 자신을 갖도록 어머니가 용기를 불어넣어 주어야 되겠다.

야뇨증을 치료할 수 있는 약물은 여러 가지 있으나 어디까지나 보조 역할에 불과하다. 약이 듣지 않는다고 비관할 필요는 없다. 야뇨증에는 무엇보다도 어머니의 끈기 있는 사랑이 절대적으로 필요하다.

손 빠는 버릇

누구든지 어린이가 손 빠는 것을 보면 불안을 느끼게 된다. 무엇인가 어리광스럽게 보이고 불결하게 느껴지기도 한다. 그래서 어머니들이 무슨 방법을 써서라도 손을 빨지 못하게끔 애쓰는 것을 볼 수 있다.

그런데 여기에서 어머니들이 꼭 알아두어야 할 것은, 아기들에게는 손을 빨지 않고는 견딜 수 없는 이유가 있다는 점이다. 또 손을 빨음으로써 만족감을 얻고 기분이 좋아지므로 무의식중에 손이 입으로 간다는 것이다. 어떤 사람들은 아기에게 충분히 젖을 먹이지 않기 때문이라고도 한다. 확실히 엄마의 젖을 충분히 빨고 먹는 어린이들에게는 이런 버릇이 적은 경향이 있다.

손 빠는 버릇을 예방하는 방법으로는, 손을 빨려는 기색이 보이면 어린이가 내켜 하는 대로 젖을 충분히 빨리는 것이다. 이러한 버릇은 생후 2~3개월 뒤부터 생기므로, 어린이에게 젖이나 우유를 먹일 때는 다 먹고 난 후에도 빈 젖병을 빨리고 어린이가 스스로 젖병을 놓을 때까지 놔두도록 한다. 또 우유를 빨리 먹었을 때는 우유의 양이 적지나 않았나 알아보고 양을 늘린다든지, 그렇지 않을 때는 젖꼭지 구멍을 작게 뚫어 준다든지 하는 방법 등을 고려해 본다.

현재 손을 빨고 있는 어린이의 경우는, 젖을 먹일 때 젖꼭지를 자기가 싫다고 할 때까지 빨도록 놔두며, 손 빠는 버릇을 억지로 제한해서는 안 된다. 때가 되면 자연히 이 버릇은 없어지게 마련이다. 대부분 늦어도 6세 정도가 되면 손 빠는 버릇은 없어진다.

1세 이상인 어린이가 손 빠는 버릇이 있을 때는 무슨 이유 때문인지 생각해 봐야 한다. 대부분의 경우 무엇인가 자기 마음대로 되지 않았을 때 자기 위안의 방법으로, 피곤하거나 심심해서, 또는 잠이 올 때 이러한 버릇이 나타난다. 이럴 때 어린이가 기분이 좋고 잘 놀고 있으면 그냥 놔두어도 좋다. 그러나 놀지도 않고 손만을 빨고 있을 때는 왜 그런지 그 이유를 반드시 찾아보아야 한다. 친구가 없거나 가지고 놀 만한 장난감이 없어서 쓸쓸해하고 있지나 않은지, 또는 몸 어딘가가 아프거나 혹은 피로한 것이 아니지 살펴보아야 한다. 많은 경우 혼자 심심하게 지내는 시간이 길때, 또는 적당한 장난감을 주지 않으면서 이것도 저것도 해서는 안 된다고 간섭이 심할 때 그 불만의 발산 방법으로 손을 빨게 되는 것이다. 손을 빠는 버릇 외에 틈만 있으면 담요의 끝이나 옷깃을 빠는 버릇도 역시 이와 같은 이치에서 오는 것이다.

이처럼, 손 빠는 버릇에는 나름대로의 이유가 있다. 그러므로 치료 원칙은 그 버릇을 하지 못하게 욕하거나 벌을 줄 것이 아니라, 어린이의 환경을 고쳐 주는 것이다. 피로하기 쉬운 아기에게는 낮잠을 충분히 자게 해주고, 혼자서 쓸쓸해 하는 어린이에게는 장난감을 주거나 상대가 되어서 놀아 주는 것이 좋다. 어떠한 경우라도 어머니가 서둘지 말고 침착한 태도를 보여야 한다.

소극적인 어린이

지금까지 말한 여러 좋지 못한 버릇과는 달리 소극적인 어린이는 상담의 대상이 되는 경우가 비교적 적다. 그러나 이러한 성격의 어린이는 빨리 알아내서 치료하는 것이 바람직하다.

이러한 어린이가 유아기에서 문제아로서 발견되지 않는 것은 얌전한 아기, 말 잘 듣는 아기로서 어머니 스스로를 만족시키기 때문이다. 그러나 이러한 어린이를 그대로 방치해 두면 유치원, 학교에 진학함에 따라서 적극성이 없는 어린이, 침착성이 없는 어린이로서 자기 능력을 충분히 발휘하지 못하는 어린이로 되어버린다.

이러한 어린이는 낯선 사람을 만나기 싫어하고, 그 앞에서는 자기의 능력도 충분히 나타내지 못할 뿐 아니라 도리어 실패하기 쉽다. 더 심할 때는 얼굴색이 파랗게 또는 빨갛게 되거나, 땀을 흘리거나 또는 손발을 떨기도 한다.

어떤 학자들은, 이런 성격은 자기 자신에 대한 가치관의 부족에서 오는 경우, 어른에 대한 과대 평가로 인해 초래되는 경우가 있다고 한다. 말을 바꿔서 자주성이 없고 열등감에 싸여 있는 어린이라고도 할 수 있다.

이것은 어느 정도 체질적인 문제도 관계되지만 지금까지 자라난 환경과 크게 관계되는 것이 사실이다.

예를 들어, 한 집안 내에 여러 어른들이 계실 때 어린이의 성격이나 마음을 무시하고 "부모가 말하는 것은 무엇이든 들어야 한다"고 강조하여 어른의 말에 따르지 않았을 때 몹시 꾸짖거나 벌을 주게 되면 어린이는 소극적인 성격이 되고 만다.

가정 형편이 좋지 않을 때, 특히 부모들이 자신들의 가난을 한탄하거나 다른 사람을 선망하거나 할 때 아이들은 열등감을 강하게 느낀다.

또 몸이 약한 아이들도 열등감을 갖기 쉽고 옥외 활동이 소극적으로 된다. 몸이 약한 어린이가 밖에 나가 놀려고 하면 "감기에 걸린다", "옷을 입어라"는 등으로 병에 걸린다는 예고를 듣게 되고 간섭을 받게 된다. 만일 그 일을 듣지 않고 밖에 나갔다가 감기라도 걸리면 "그것 봐. 엄마가 조심하라고 했잖니. 왜 말을 안 들어?" 하는 식의 꾸지람을 듣는 것이다. 그렇게 되면 더욱 자신을 잃고 열등감이 강해져서 사회 생활, 다시 말해서 이웃 친구들과의 어린이다운 놀이나, 유치원, 학교에서의 활동을 주저하는 소극적 성격의 소유자로 변하여 버린다.

신체 운동이 성장에 주는 영향

성장과 발달을 연구한 많은 학자들의 연구 결과에 의하면, 신체 운동이 어린이의 성장과 발달에 미치는 영향이 매우 크다고 한다. 특기할 만한 사실로, 말을 더듬는 어린이의 교정 방법으로 간단한 신체 활동을 계속 반복 연습시킴으로써 큰 성과를 거두었다는 것이다.

어린 시절 말을 더듬는 어린이들은, 또래들에 비해 신체 운동이 활발하지 못할 뿐만 아니라, 동작의 정확도도 뒤떨어진다는 것이다. 그 이유는 대체로 신체 활동이 부족하였기 때문이라는 것이다. 따라서 부족한 신체 활동을 충분히 보충, 연습시켜 줌으로써 말더듬이를 고칠 수 있다는 것이다.

원래 어린이들은 놀고 싶어한다. 잠시도 가만히 있지 않고 계속 움직이려고 하는 것은 자연적이며 생득적인 인간의 생리 작용이요, 기본 욕구이다. 또 놀이와 움직임을 통하여 자연스러운 표현력과 무한한 상상력을 기르며 정상적인 신체의 발육을 꾀하게 된다. 필요한 신체 활동을 경험하지 못하게 되면, 자연히 다른 아이들에 비해 그 기능이 저하되어 열등감을 갖게 되고 매사에 자신감을 갖지 못하게 된다.

사람의 마음속에 자리잡은 가장 큰 것이 경쟁의 욕구와 자기 과시의 욕구이다. 어린 시절, 놀이 속에서 수많은 자기 표현과 경쟁을 경험시키면 자신감을 갖게 되고 정서적으로 안정된 자녀를 기를 수 있다는 말이 된다.

청소년기의 터질 듯한 혈기를 건전한 스포츠의 장에서 해소하는 것보다 더 현명하고 합리적인 방법이 있을까? 체육은 가장 이윤이 높은 투자요, 생산적이고 건설적인, 투자 가치가 가장 높은 사업이라는 사실을 알고 실천에 옮겨야 할 때이다.

제 7 장
유아기의 발육과 이유식

유아기의 발육과 이유식

유아의 발육

 태어나서 1개월이 지나서 만 1세까지를 유아기라고 말한다. 신생아기, 즉 인생의 첫 출발을 잘 지내 온 갓난아기는 일단 생활 능력이 있어서 인생의 둘째 단계인 유아기로 들어가게 된다.
 유아는 어머니 젖 또는 우유를 먹으며, 3, 4개월 때부터는 젖 이외의 음식물을 먹기 시작하고, 5개월이 되면 반고체형의 이유식을 먹게 된다.
 아기는 머지않아 기어다니고, 만 1세가 넘으면 혼자 일어서고, 또 걷게도 된다. 유아기는 갓난아기가 젖 이외의 음식을 먹으며 두 다리로 걸어다니면서 어른들과 같은 생활 세계로 들어가는 준비기라고 할 수 있겠다.

유아의 성장 발육

 갓난아기가 태어났을 때 몸무게는 약 3kg이지만 태어난 지 4개월이 되면 출생시의 2배인 6kg이 되고, 만 1세가 되면 출생시의 3배인 9kg 정도가 된다. 키는 태어났을 때 약 50cm이나 만 1세 때는 72~73cm가 된다. 남아는 여아보다 몸무게가 약간 더 무겁다. 머리 둘레와 가슴둘레는 태어났을 때 각각 34, 33cm로서 머리도 남아가 큰 편이다. 그러나 만 1세가 되었을 때는 머리와 가슴둘레가 같은 45cm가 된다.

갓난아기의 몸집이 크거나 작고, 비만형이거나 여위고 마른형이 되는 것은 부모로부터 받은 유전자가 저마다 다르기 때문이다. 물론 후천적인 인자에 따라서도 영향을 받게 된다. 이 후천적 인자에는 어머니의 영양 상태, 질병과 아기의 태내 환경, 출생할 때의 분만 장애 유무, 출산 후의 환경·영양·질병 등이 있고, 이들 조건이 유전으로 정해진 아기의 성장 발육을 변하게 만든다.

예를 들어서 부모가 다 크고 훌륭한 체격일지라도 만일 아기에게 충분한 영양을 주지 못했거나 갑상선이나 뇌하수체에 병이 걸

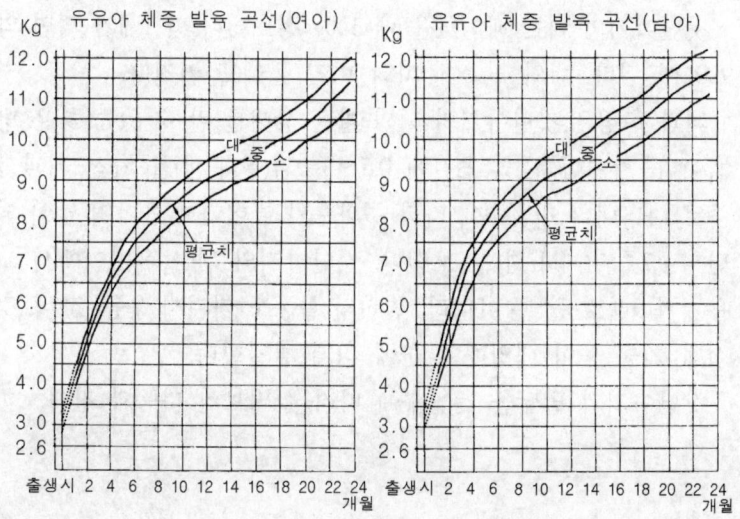

렸을 때 아기가 작은 체격을 가진 왜소증이 되는 것과 같은 경우이다.

갓난아기의 체내 장기 발육

아기의 키와 몸무게가 늘어나고 머리와 가슴둘레가 크게 될 뿐만 아니라 몸 안에 있는 심장·간장·신장·위장·뇌 등도 같이 커지고 그 기능도 성숙된다. 각 장기가 성숙하는 속도나 양식은 각각 다르며 저마다 특유한 양상을 보인다. 다시 말해서 몸 안의 많은 기관이 각각 자기 나름대로의 독특한 발육을 함으로써 젖 먹던 아기가 크며 완성된 사람이 되는 것이다.

갓난아기의 정신적 발육과 뇌파

갓난아기의 뇌는 태어났을 때 320g 정도이나 만 1세가 되면 약 930g이 된다. 뇌의 발육에 따라 머리 둘레도 커진다.

뇌파 측정은 갓난아기의 뇌의 발육 상태를 알 수 있는 좋은 방법이다. 갓난아기는 1초간에 0.5~3주파(델타 파)를 가진 뇌파를 주로 나타내나 개월수에 따라 주파수가 늘어나서 유아기 말이 되면 4~7주파(세타 파)를 보인다. 갓난아기의 뇌는 유아기에서 그 무게가 3배로 될 뿐 아니라, 전기적 활동도 커져서 운동, 감각, 정신적 기능 등이 매일매일 눈에 띄게 발달한다.

갓난아기의 발달을 개월수에 따라 살펴보면 다음과 같다.

• 0～1개월

젖꼭지를 물리면 힘차게 빨고, 입술 주위에 손이나 젖꼭지를 대면 얼굴을 그 쪽으로 돌리고 입을 열고 빨려고 한다.

• 3개월

소리가 나는 쪽으로 머리를 돌리고, 눈앞에 물건을 보이면 그 물건이 움직이는 쪽으로 눈을 돌리고 머리를 가누며 손가락을 빨고, 어르면 소리내어 웃기도 한다.

• 6개월

표정이 풍부하게 되고 슬프게 울거나 사람을 눈으로 쫓거나 장난감을 주면 손을 내밀어서 잡고 입으로 가져간다. 눈앞에서 손을 움직이면 반사적으로 눈을 깜박거리고, 안아 주면 발을 쳐들고 좋아하며, 낯선 사람을 보면 울고 어머니를 알아보며 낯을 가리게 된다. 이 때부터 귀엽고 사랑스럽게 느껴진다.

• 9개월

이 때가 되면 혼자 앉게 되고 몸도 자유롭게 뒤집고 기어다니며, 발육이 빠른 아기는 물건이나 손을 붙들고 일어서기도 한다. 사람 흉내를 내며 웃기도 하고 가족과 남을 가리고 이름을 부르면 소리나는 쪽으로 몸을 돌리기도 한다.

• 돌 무렵

'엄마', '뽀뽀' 등 뜻 있는 소리를 둘 또는 셋을 말하게 되며 숨겨 놓은 장난감을 찾아다니고, 섰다가 넘어지고, 넘어졌다가 일어서면서 즐겁게 논다. 발육이 빠른 아기는 도움 없이도 몇 발을 옮겨 놓고 걸을 수도 있다. 소리를 내서 사람을 부르고, 혼자 놓아두면 그것이 싫어서 울기도 한다.

아기의 이러한 발달 과정을 분석해 보면 뇌의 발달이 빠른 것을 알 수가 있다. 예를 들어서 5개월 된 아기에게 '소리 나는 장난감'을 흔들면 아기가 손을 내밀어서 장난감을 잡는다. 이것은 귀로 소리를 듣고 눈으로 보아 손을 자기 마음대로 움직여서 물건을 손으로 잡는 일련의 운동을 할 수 있다는 것을 뜻한다. 이러한 기능 중 어느 것이든 잘 발달되어 있지 않을 때는 이러한 운동이 잘 이루어지지 않는다.

돌이 된 아기가 어머니의 얼굴을 보고 "엄마, 엄마" 하고 즐거워하는 것은 어머니의 얼굴을 기억하고 있는 것이며, "엄마" 라고 우리말로 표현할 수 있다는 그 자체는 그 사람이 자기에게 매우 호의를 갖고 있는 사람이라는 것을 아는 것이 된다. 그리고 즐거워한다는 것은 정서가 발달된 것을 말하는 것이다. 지능 장애가 있는 아기는, 가령 눈으로 볼 수 있고 귀로 들을 수 있어도 주위에 대한 관심이 없고 표정이 적어 귀여운 면이 없다.

갓난아기의 질병

신생아 기간 동안을 별일 없이 지냈으면 우선 인생에 합격된 것으로 생각해도 된다. 그러나 태어날 때부터 병을 갖고 있는 아기들도 있다. 얼굴색이 푸르스름하게 보이는 선천성 심질환을 갖고 있는 아기, 얼굴색이 누런 황달을 보이는 선천성 담도폐쇄증의 아기, 젖을 먹은 후에 분수와 같이 토해 내는 유문협착증을 갖고 있는 아기 등 병약한 아기가 적지 않다.

이 외에 갓난아기 때 생후 5개월까지는 사실상 여러 가지 병에 잘 걸린다. 그 중 많은 것은 바이러스 또는 세균성으로 일어나는 병들이다.

어머니로부터 태반을 통해서 얻은 면역항체(감마 글로불린G)는 생후 곧 적어져 6개월이 되면 거의 없어진다. 그 대신 자기 몸에서 면역항체를 만들게 되지만, 그 속도가 느려서 4~6개월 때에 가장 감염에 약하게 된다. 그러므로 갓난아기는 여러 번 감염증을 되풀이하면서 성장하는 셈이다.

이유와 이유식

젖(어머니 젖이나 우유)만을 먹고 자란 아기가 점차 반고체형 또는 고체형의 음식물을 먹게 되는 것을 이유(離乳)라고 한다.

이유는 바로 젖을 먹는 것밖에 알지 못했던 아기가 고체형 음식을 혼자서 입에 넣고 씹어서 삼키는 것으로 발달하는 과정이다. 고체형 음식을 씹거나 삼키거나 하는 능력은 연습에 의해 얻어진다. 따라서 생리적으로 적당한 시기에 도달해도 연습을 하지 않으면 언제까지나 씹지 않는 어린이가 된다. 그렇다고 해서 이유가 어렵고 복잡한 것은 아니다. 아기의 자연적인 욕구를 따라 일정한 순서를 밟아 나가면 대개 잘 진행된다.

이유가 얼마나 잘 진행되었는가에 따라서 그 후의 식생활이 영향을 받는다. 특히 식사 기호의 기초는 이유기에서 유아기에 형성된다고 알려져 있으므로 폭넓은 미각을 키우기 위해서는 나름대로의 노력이 필요하다.

자라나는 아기에게는 모유나 우유만으로는 영양이 충분하지 못하므로 비타민 C나 D, 철분이 많은 음식물을 필요로 하며 또한 성장에 필요한 열량(칼로리)을 충분히 얻기 위해서도 곡류를 먹여야 한다.

과거 우리 나라에서는 젖먹이들의 이유기 사망률이 높았고 '이유가 얼마나 힘든 일인가'하는 것이 문제화되었었다. 그러나 요즘에는 분식(빵이나 국수)이 많이 개발되고 전기 냉장고와 같은 가전제품의 사용이 보급되어 아기용 식품을 세균의 오염을 받지 않고 저장하기 쉽게 되었다. 또 일반적으로 어머니들의 위생 관념이 높아져 아기들이 감염을 받는 일이 적어져서 설사병을 앓는 일이 현저히 적어진 탓으로 이유가 이전에 비해서 훨씬 손쉽게 되었다. 요즘에는 아기 이유 식품을 시중에서 손쉽게 구할 수가 있어서 과거 가정에서 일일이 만들던 어머니들의 번거로움도 없어졌고 더욱 이유가 손쉽게 되었다.

• 이유 식품 선택법

가능한 많은 종류로 신선하고, 깨끗하며 소화 흡수가 잘되고 조리하기에 쉬운 것을 선택한다. 가공한 음식물(생선물·튀김 등)은 가급적이면 피하고 빨간색 혹은 노란 색깔이 많이 들어 있는 식품이나 장아찌류는 피하는 것이 좋다.

또한 이유식 초기에 알레르기를 일으키기 쉬운 생선, 쇠고기, 달걀 등은 충분히 끓이거나 굽도록 한다. 더욱이 달걀 흰자는 7개월 이후에 먹이는 것이 좋다.

식기를 선택할 때는 되도록 밝은 색을 택하여 더러움이 쉽게 눈에 띄도록 하고 항상 깨끗하게 닦아 놓는다.

- **순조로운 이유식의 진행 방법**
- ·이유의 진정한 의미를 깨닫는다.
- ·아기의 발육 상태와 욕구에 따라서 자연스럽게 진행시킨다.
- ·아기의 성장에 따라 음식의 양을 조절한다.
- ·싫어할 경우에는 무리하게 먹이지 않는다.
- ·담백하게 조리한다.
- ·항상 신선한 재료로 위생적으로 조리한다.

- **이유식의 종류와 먹이는 방법**

 탄수화물류, 단백질, 야채류의 세 식품이 적당한 비율로 1회 식품 중에 포함되도록 조리를 한다.

① 탄수화물(전분류) 식품으로 밥물, 묽은 미음, 감자 미음, 암죽, 죽, 죽밥, 국수죽 등이 좋다.
② 단백질 식품으로서는 계란, 두부, 쇠고기, 생선, 닭고기, 돼지고기 등이 있지만 이유 초에는 보통 돼지고기나 쇠고기는 주지 않는다. 그러나 문제는 조리법에 있으며, 소화 흡수가 잘되도록 요리를 하면 문제는 없을 것이다.
③ 야채류로서는 시금치, 당근, 호박, 오이, 무, 토마토, 배추 등이 좋고 이외에 귤, 사과, 포도, 바나나와 같은 과일도 좋다. 그러나 연근, 고사리, 도라지와 같은 섬유소가 많은 야채나 파인애플, 복숭아와 같은 과일은 피하는 것이 좋다.
④ 단백질, 지방, 탄수화물의 비율은 15 : 35 : 50 정도가 바람직하

고, 먹기에도 좋다. 아침은 빵만, 점심때는 계란만, 저녁에는 야채류만 주는 등의 극단적인 방법은 아닐지라도 이와 비슷하게 한쪽으로 치우치는 것은 서투른 방법이라고 할 수 있다.
⑤ 세균이 음식물에 들어가지 않도록 하여야 한다. 생과일이나 야채, 육류 등은 세균이 있으므로 날 것으로 주면 매우 위험하다. 생선회, 육회 등은 주어서는 안 되고 생두부도 한 번 끓인 다음 먹이도록 하는 것이 좋다. 딸기를 한 번만 물로 씻고 주는 것도 안심할 수 없다. 한 번 끓여서 요리한 것은 세균이 죽었기 때문에 안전하지만 여름철에 방 안에 반나절 이상 놓아두었던 음식은 공기 가운데 있는 세균에 오염되어서 썩기 쉬우므로 아기에게 먹일 수 없다. 가령 냉장고 안에 두었을 때도 하루 이상 지난 것은 아기에게 주지 않도록 한다. 냉장고 안에 식품을 두었다고 해도 음식물 썩는 속도가 늦는다는 것뿐이지 절대 안전하다고는 할 수 없다. 곰팡이가 잘 생긴다. 세균이 들어가지 않도록 잘 조리한 것일지라도 체로 거르게 되면 그 과정에서 세균이 들어가게 되므로 체를 사용하지 말아야 되겠다. 체로 거르는 것보다는 깨끗한 수저로 으깨어서 묽게 개어 먹이는 것이 좋겠고, 수저로 으깨어서 갤 수 없는 음식물은 아기에게 먹이기에는 딱딱한 것으로 알아야 한다.
⑥ 어머니는 언제나 손을 깨끗하게 씻어야 한다. 어머니는 기저귀도 갈아 주고, 빨래도 하고 집안 청소나 화장실 청소도 하며 아기에게 이유식도 준다. 그러므로 아기 음식을 만들거나 또는 식기를 만질 때는 꼭 손을 깨끗이 씻어야 한다. 손을 씻을 때는 받아 놓은 물이 아니고 반드시 비누칠을 하고 흐르는 수돗물로 씻어야 한다.

⑦ 이유식은 연한 것부터 시작해서 점차 고형인 것을 주도록 한다. 처음에는 찻숟갈 하나 정도부터 시작해서 점점 그 먹이는 양을 3~4일에 걸쳐 늘려 가며, 먹이는 시간은 될 수 있는 한 규칙적으로 주도록 한다. 2~3일간은 이유식을 주고 며칠은 주지 않는 식의 불규칙한 방법은 좋지 않다. 그렇게 되면 아기가 설사를 하기 쉽고 아기에게 순조로운 발육을 바랄 수가 없게 된다.

⑧ 아기가 식욕이 나도록 좋아하는 것을 골라서 미음을 쑤어 주도록 한다. 아무리 영양가가 높은 음식물이라 하여도 아기가 먹지 않으면 소용이 없다. 아무리 어린 아기라도 저마다 단 것, 짠 것, 혹은 무른 음식이나 된 음식을 좋아하는 등 개인차가 있을 수 있다.

머리를 좋게 하는 생선

얼마 전에 식품에 관한 새로운 해석으로 세상을 떠들썩하게 한 어느 분이 생선 중에서 '치'자 돌림은 몸에 좋지 않으니 먹지 말라고 해서 화제가 된 일이 있다. 그 분의 설명으로는 '치'자 생선류는 대개 얕은 곳에 사는 것들이어서 좋지 않은데, 그 이유는 수면은 오염이 되어 나쁘다는 것이다.

그런데 멸치, 꽁치, 준치, 참치, 갈치, 가물치, 넙치, 한치 등 한국인이 좋아하는 생선에는 치자가 붙은 것이 많다.

제7일 안식교나 유태교에선 비늘 없는 생선을 먹지 말라고 일러 오고 있다. 그러나 멸치에도 비늘이 있으며, 갈치의 흰 가루 같이 생긴 것도 비늘이다.

　참치나 꽁치와 같은 생선류는 회유성 어종이어서 먼 거리를 헤엄치고 다니며, 참치는 태평양이나 인도양에서 잡아 오고 있다. 알래스카의 오오츠크 해에서 잡아오는 등 푸른 생선이 지저분한 물에서 살기 때문에 나쁘다는 말이 설득력이 없다.
　등 푸른 생선을 가장 많이 먹는 사람들이 에스키모인이다. 일반적으로 에스키모인들은 고래와 물개를 잡아먹고 산다고 알려져 있지만 사실은 그렇지가 않다. 어업이 발달되지 않았기 때문에 작살로 생선을 잡아먹는데 그들은 특히 등 푸른 생선을 많이 먹는다.
　등 푸른 생선 속에는 콜레스테롤이 굉장히 많이 들어 있음에도 불구하고, 조사한 바에 의하면, 에스키모인은 심장병 환자가 없고 혈압도 정상이며 콜레스테롤의 체내 함량도 정상이라고 한다.
　이들은 채소나 과일을 거의 먹지 않는 매우 심한 편식을 하는

데도 당뇨병 환자가 없으며, 비록 평균 수명을 짧지만, 사는 동안 만은 무척 건강하게 산다.

이러한 사실에 근거하여 조사를 해 보니 등 푸른 생선 속에는 지금까지 알려지지 않았던 EPA와 DHA라는 불포화 지방산이 들어 있었다. 이들 성분은 흰살 생선에는 거의 들어 있지 않은 것들이다.

생선에서 EPA와 DHA를 채취해서 동물 실험을 해 보니 혈관에 눌어붙은 콜레스테롤을 씻어 내려가는 생리적인 특성이 있음을 알게 되었다. 그래서 에스키모인들이 콜레스테롤 덩어리를 먹는데도 건강했던 것이다.

그러한 조사 결과가 알려지고 난 뒤부터 등 푸른 생선이 건강에 좋은 것으로 알려져 크게 인기를 얻게 되었다.

현대인들에게 특히 많이 발병하는 심장병, 고혈압 등의 성인병은 심각한 사망 질병이다. 등 푸른 생선에는 이들 성인병을 예방할 수 있는 성분이 매우 많다.

먼저 철분을 들 수 있다. 등 푸른 생선의 살이 붉은 것은 근육이나 혈액 속에 헤모글로빈이나 미오글로빈이 있기 때문이다. 그 성분에 철분이 대단히 많다.

눈다랑어 100g 중에는 철분이 4mg이나 들어 있는데, 그것은 쇠고기(2.2mg)의 2배, 돼지나 닭고기의 4배나 함유하고 있는 것이다.

등 푸른 생선의 철분은 헤므철이라는 흡수되기 쉬운 형태로 살코기에 존재한다. 흡수 효율은 채소 중에 많이 함유되는 철분(헤므철이 아님)의 7배나 된다. 즉 꽁치나 참치 100mg을 먹으면 돼지고기 400mg을 먹는 것과 같으며, 채소로 같은 양의 철분을 흡수하려면 7배나 되는 분량을 먹어야 한다. 4mg이라면 성인 여성이 하루에 필요로 하는 철분의 1/3에 해당하는 것이니 빈혈 방지를 위해 안성맞춤의 식품인 것이다. 빈혈 상태가 되면 헤모글로빈이 부족하여 호흡을 통해서 흡입되는 산소를 운반하는 능력이 떨어져 신진대사가 무디게 된다는 사실은 익히 알려져 있다.

참치는 횟감으로 인기가 높은데 흰살 부분에는 지방 함량이 많으나 붉은 살코기에는 지방이 적고 칼로리도 낮으며 단백질의 양이 많다.

참치의 붉은 살에 함유된 지방 중에는 생리적으로 매우 중요한 작용을 하는 성분이 들어 있다는 사실이 밝혀졌다. 그 중 하나가 고도 불포화 지방산의 하나인 EPA(에이코 사펜타엔산)으로서, 악성 콜레스테롤(LDL)을 감소시키고, 사람에게 유익한 콜레스테롤(HDL)의 양을 증가하는 작용을 한다. 뿐만 아니라 혈액에서의 콜레스테롤이나 지방의 축적을 예방하는 효과가 있다. 쉽게 말하면, 혈액의 흐름을 좋게 하고 피를 맑게 하는 것이다. 생선을 많이 먹는 어촌에 장수자가 많고, 에스키모인이 심장병과 뇌경색에 거의 걸리지 않는 이유가 EPA의 영향 때문이라는 것이다.

EPA와 함께 DHA라는 또 다른 불포화지방산이 알려져 화제가 되고 있다. DHA는 도코사 핵사엔산(Docosa Hexanoic Acid)으로, 탄소 수가 26개나 되는 고도 불포화지방산이다. 이 DHA는 사람을 비롯한 동물의 뇌를 구성하는 주요 구성 물질이다. 그래서 DHA를 먹으면 머리가 좋아진다는 말이 생긴 것이다.

옛날부터 중국에는 물고기를 먹으면 머리가 총명해진다는 뜻의 말 '乞魚可使 頭腦聰明'이 전해지고 있다. 영국에도 'Fish is brain foods'라는 말이 있는 것은 매우 흥미 있는 일이다.

그 당시에는 과학적으로 성분 조사를 할 수 없었을 터인데도 생선은 머리에 좋은 것으로 생각되어 온 것이다. DHA는 동물의 뇌를 제외하고는 수산물에만 함유되는 성분이다.

동물 실험 결과, DHA를 많이 먹인 쥐와 DHA를 먹이지 않은 쥐의 집단에는 차이점이 나타났다. DHA를 먹인 쪽이 물 속에서 안전 지대로 헤엄쳐 나오는 비율이 훨씬 컸다. 그 밖의 다른 여러 가지 실험에서도 마찬가지 결과가 나온 것이다.

DHA는 뇌세포 자체를 구성하는 성분이므로 식품에서 공급된 DHA는 뇌를 충실하게 만드는 역할을 수행하게 된다. 흡수 속도가 매우 빨라 섭취한 지 일수일 뒤면 뇌의 구성분으로 바뀐다.

한 가지 주지해야 할 사실은, DHA를 무작정 먹기만 한다고 해서 두뇌가 계속 강화되지는 않는다는 것이다. 뇌는 되도록이면 변화를 적게 하려는 성질을 가지고 있다. 뇌 구성 지방산 중 DHA가 차지하는 비율은 약 11%이다. 등 푸른 생선을 많이 먹었을 때에도 12~13% 정도가 될 뿐이다.

그런데 반대로 DHA를 전혀 먹지 않으면 8% 정도까지 내려간다(이 경우에도 그 아래로는 더 떨어지지 않는다). 그러나 다시 DHA를 먹으면 11%로 되돌아간다.

이러한 사실로 보아 우리가 먹는 식품 중의 DHA는 뇌의 균형을 유지하기 위해 필수적이라는 것을 알 수 있다. 즉 머리를 좋게 하는 것이 아니고 두뇌가 갖는 본래의 기능을 정상화시키는 것이다.

DHA를 아무리 많이 먹어도 지금보다 머리가 더 이상 좋아지지는 않는다는 것은 매우 유감스러운 일이다. 그런데 이것은 뇌의 발달이 끝난 성인의 경우이다. 뇌의 조직을 한창 만들어 가고 있는 유아나 어린이의 경우에는 DHA의 효과가 성인에 비해서 매우 크다. 뿐만 아니라 뇌의 퇴화가 진행 중에 있는 노인들에게도 큰 효과를 준다.

알츠하이머형 노인성 치매에 대한 DHA의 효과도 연구 중이다. 참고로 DHA의 함량을 보면 다음과 같다.

참치(29.9mg), 삼치(15.6mg), 전갱이(14.5mg), 방어(14.3mg), 고등어(13.2mg), 도미(11.0mg), 정어리(10.7mg), 꽁치(10.6mg).

성인의 건강은 유아기에 만들어진다

'엄마' 등 몇 마디를 옹알거리며 걸음마를 할 수 있는 1세 때부터 학령기까지의 유아기는 인간의 일생 가운데서도 가장 변화가 심한 시기이다.

- 1세

생후 1년까지의 유아가는 자궁외태아(子宮外胎兒)의 시기로서, 이 때는 인간 사회에 참여하는 시기이다. 다리로 서서 걷고, 인간의 문화를 지탱하고 있는 말을 익히며 인간의 생활에 관련을 갖기 시작한다.

- 2세

"멍멍 있다" 등 두 단어의 말을 할 수 있고, 뭐든 어른의 흉내를 내고 싶어하고 자아의식이 싹트고 소유욕이 강해진다.

- 3세

사회성이 신장되어 아이들끼리 놀 수 있게 된다. 제 또래와 놀면서 말이나 지능, 운동 기능도 발달한다.

- 4세

말이 많아지고, 형제들에 대한 생각이나 애정의 표현도 할 수 있으며, 집단 속에서도 충분히 적응할 수 있는 능력이 생긴다.

- 5세

신변의 일을 스스로 할 수 있게 되고, 약속이나 규칙도 지킬 수 있게 된다. 똑똑한 발음으로 얘기할 수 있고, 생각한 것을 그림으로 표현하거나 발표력도 붙게 된다.

이와 같이 심한 변화를 겪게 되는 유아기 때는 건강이 그 기반이 된다. 건강한 유아만이 순조로운 변화를 거쳐 건강한 어른이 된다.

유아기의 식생활

- 성장을 좌우하는 단백질

근육이나 혈액의 주요 성분인 단백질은 어느 연령층에나 필수적인 영양소이지만, 성장이 빠른 유아기에는 특히 필요하다. 예를 들어 유아기에는 죽처럼 했던 것을 낱알 크기로 하며 맛은 싱겁게 하는 등 나이나 아이의 식성에 맞춰 조리법 및 간에 변화를 주어서 충분히 섭취하도록 해야 한다.

- 당분과 염분이 적은 간식을

발육이 왕성한 유아기에는 몸집에 비해 많은 영양을 필요로 하는데, 위가 작고 소화 기능도 충분하지 않기 때문에 한꺼번에 많이 먹을 수가 없다. 그래서 간식이 필요하다. 간식은 세 끼 식사로는 부족하기 쉬운 영양을 보충하는 일인데, 동시에 이것은 식사와는 다른 즐거움을 주는 일이기도 하다.

어머니들 가운데 단 것은 좋지 않지만 소금기가 있는 것은 괜찮다고 생각하는 사람이 있으나 염분의 과다한 섭취는 설탕 이상으로 해롭다. 집에서 만든 젤리나 요구르트 과일 등이 간식으로 적당하다.

• 유아기에는 비타민과 칼슘

칼슘은 뼈와 치아를 만드는 외에도 혈액을 응고시키는 데도 중요하고, 심장의 활동이나 근육의 수축, 정신 안정에도 빼놓을 수 없는 성분이다. 비타민 B_1은 녹말이나 당의 소화 흡수에 필요한 효소를 돕고, B_2는 세포의 호흡 작용에 중요한 역할을 하며, 비타민 C는 혈관이나 연골을 만드는 데에도 관여한다.

• 육식과 채식을 골고루

동양인의 소화 기관은 생리적으로 고기를 충분하게 분해하고 처리하지 못한다. 육식 체질이 아닌 셈이다.

미처 소화되지 못한 고기는 노폐물이나 산이 되어서, 장 속 박테리아의 상태를 혼란시킨다. 유산균의 발육을 억제하고 유해균의 번식을 돕는다. 즉 혈액을 오염시켜 병에 걸리기 쉬운 체질로 만드는 것이다. 따라서 육식을 할 때에는 적당량의 채소를 곁들여야 한다.

아기의 영양 부족은 일생 동안 회복되지 않는다

자녀를 활력에 넘치게 하고 훌륭하게 키우기 위해서는 영양이 중요하다는 것을 모르는 어머니들은 없다. 영양에 대한 올바른 지식이 중요한데 그렇지 못한 경우가 많다. 싫어하는 자녀에게 억지로 먹이려고 하면 오히려 일종의 공포심 때문에 식욕 부진에 빠뜨리게 된다.

상품의 경쟁이 심한 오늘날, 광고를 보면 이것이야말로 건강에 좋은 식품이라는 것이 많다. 그런 광고문을 충분한 지식을 갖고 있지 못한 사람들이 보았을 때, 그것을 사 먹지 않으면 건강을 유지하기 어려운 것처럼 생각하기 쉽다. 그러한 고가의 식품을 사 먹고 있는 사람들이 매일 하는 세 끼의 식사에는 소홀해서 영양의 불균형을 초래하는 경우가 많다.

비타민을 사 먹으면 영양이 해결되는 것으로 알고 있는 사람들은 광고의 낚시밥에 걸린 사람이라고 볼 수 있다. 영양학의 지식을 바탕으로 균형 있는 식사를 하게 되면 비싼 영양제는 필요 없게 되는 것이다.

우리 나라 사람들은 비타민제를 보약으로 알고 있는 사람이 많다. 그러나 이것은 잘못된 생각이다. 식품은 살아가기 위한 에너지와 기타 영양소를 보급하는 것이고 식품 중에 함유되는 영양소가 중요하다. 여러 가지 식품을 어떻게 슬기롭게 조합해서 먹느냐 하는 것이 기본이 되는 것이다. 식탁의 영양 관리가 얼마나 중요한가를 알아야 한다.

영양 섭취에 있어서 질과 양이 특히 문제가 되는 때가 유아기이다. 유아기의 전반은 젖먹이 시절의 계속이며 후반은 흔히 미운 일곱 살로 불리는 때이다. 만 5세 미만 어린이의 영양상의 특징은 성인보다도 신진대사가 왕성하며 이를 유지하기 위해 몸집은 작은데 양적으로 많은 영양소를 필요로 한다.

유아기 어린이는 에너지나 단백질이 성인의 2배 이상 필요하다. 에너지가 부족하게 되면 자녀는 곧 발육이 정지된다. 자녀는 어른과 달리 에너지나 다른 영양소를 저장해 둘 여유가 없으므로 부족되면 그 영향이 곧 신체에 나타난다.

5~6세 자녀들의 대뇌는 성인의 약 90%에 이르고 있다. 유아기의 영양 불량은 뇌의 기능에 영구적인 장애를 일으키기 쉬우며 일생 동안 회복되지 않는다고 한다. 이 말은 매우 중요하다.

유아기에 가장 문제되는 것은 편식이다. 채소나 콩, 또는 고기를 먹지 않겠다는 자녀도 있다. 단백질은 성장이나 지능 발달에서 가장 중요한 것이므로 식탁에 올리는 식품으로는 한두 가지 단백질 식품에 국한시키지 말고 여러 가지(생선, 조개류, 콩류, 육류, 우유와 유제품, 달걀 등)를 변화 있게 올리는 일이 중요하다.

식물성 식품은 섬유질, 비타민 C와 A의 부족을 막거나 대장암이나 콜레스테롤의 혈중 농도를 낮추는 데도 중요하다.

제 8 장
아이들의 머리가 좋아지도록 도와주고 있나?

아이들의 머리가 좋아지도록
도와주고 있나?

　부모가 굳이 머리를 좋게 하려는 노력을 기울이지 않아도 머리가 좋은 아이들이 많다. 유전자, 즉 머리를 좋게 하는 유전적인 요소 덕분이다. 그러나 똑똑한 어린이들을 만드는 데는 좋은 영양의 공급이 가장 중요하다. 그런데도 거의 무시되고 있는 경우가 많다.
　인생의 처음 몇 년 동안의 영양은 나중에 머리가 발달할 수 있는 가장 중요한 초석이 된다. 처음 5년 동안 어린이에게 올바른 음식을 먹인다면 미래에 그 아이가 성취하고 성공할 수 있는 귀중한 기초를 닦아 놓게 되는 것이다.
　영양실조—임신 중의 어머니와 어린이의 처음 몇 년간—는 두뇌의 발달을 저해한다. 어린이 영양 전문가인 콜롬비아 대학의 인간영양연구소 마이론 위닉 박사와 죠 앤 브래이즐 박사는 어린 시절의 영양실조는 다음과 같은 결과를 불러올 수 있다고 했다:

・두뇌 발달이 늦어진다.
・두뇌 세포가 분열하는 속도가 늦어진다.

· 두뇌 세포를 보호하는 덮개인 마일린의 형성 속도가 늦어진다.
· 각각의 두뇌 세포에서 자라 나오는 가지(dendritic arborizations)의 숫자를 감소시킨다. 그 가지는 사고 과정의 주요 요소인 것으로 알려져 있다.
· 특정한 신경 호르몬의 발달 과정을 변화시킨다.

 그러한 조건들은 아이에게 영양가 있는 음식을 먹이기 시작하면 회복시킬 수 있는 경우도 있다. 그러나 그렇지 못한 경우도 있다. 미국 상원의 영양분과 위원회 청문회에서는 처음 5년 동안은 '어린이들이 영양 결핍으로 영구적인 두뇌 손상을 입을 수 있는 시기'라고 했다.
 의학적인 증거를 보면 어린이들이 매일 섭취해야 하는 음식은 대부분의 어른들에게 추천하는 음식과는 거의 반대된다고 할 수 있는 것들이다.
 어른들은 지방의 양을 줄이라는 말을 듣지만 어린이들, 특히 3세까지의 어린이는 지방이 필요하다. 자연이 엄마 젖에 배려한 것이 50% 이상의 지방분이라는 점에서 알 수 있듯이, 자라나는 두뇌는 많은 지방을 필요로 한다. 반면에 어른들은 하루의 섭취 열량 중 지방은 30% 이하여야 한다는 조언을 듣게 된다.
 어린이들의 자라나는 두뇌는 어른이나 큰 어린이들이 먹는 음식과는 다른 음식을 달라고 요구한다.
 위가 작은 어린이들은 어른보다 자주 먹어야 한다. 그러므로 어린이에게는 하루에 세 번이 아니라 다섯 번씩 먹이라고 추천하고 싶다. 그런데 그 중요한 다섯 번의 식사를 '영양가 없는 음식'인 칼로리로만 차 있는 식품으로 대체해서는 안 된다. 그렇게 하면 어린이의 머리는 제대로 발달하지 못할 것이다.
 머리가 발달하는 속도는 아이마다 다르다. 그러므로 어떤 어린이가 세 살 때 점수가 낮았다고 해도 네 살 때는 평균 이상이 될 수 있다. 유전적인 요소에 따라 머리가 특정한 속도로 팽창하기 때문이다. 그러므로 부모들은 아이가 다섯 살이 될 때까지 세 단계에 주의를 기울여야 한다. 그 세 단계는 다음과 같다.

· **임신**

 살이 찌는 것을 싫어하는 우리 사회의 현실을 볼 때, 임산부들은 영양 상태가 아이의 두뇌에 영향을 미친다는 사실을 이해할 필요가 있다. 태아의 두뇌가 제대로 발달하려면 특정한 영양분이 필요하므로 임신부는 임신 중 식생활에 신경을 써야 한다. 임신 전에 식생활을 계획하는 것도 중요하다. 체중 조절을 하는 중이었다거나 의사가 체중 미달이라고 말한다면 제대로 먹어 이상적인 체중에 도달한 다음에 임신하는 것이 좋다.

· **출생시부터 3세까지**

 이 때가 어린이의 두뇌 성장에 있어서 가장 중요한 시기이다. '성장 폭발'이 일어나 어린이 두뇌의 크기가 어른 두뇌 크기의 80%가 되는 시기이다. 이 시기에는 전통적으로 엄마 젖이 최선의 식품이었다. 나중에 다시 언급하겠지만 역사상 여러 사회에서 아이가 만 세 살이 될 때까지 젖을 먹는 것은 이상한 일이 아니었다.
 오늘날은 그렇게 오래 젖을 먹이는 것이 항상 가능하지 않겠지만, 나는 최소한 처음 6개월은 꼭 엄마 젖을 먹이라고 추천한다.

그러므로 내가 만든 식단은 어린이 성장의 모든 면을 촉진시키면서, 되도록이면 엄마 젖의 성분과 비슷하게 만든 것이다. 그것은 이미 말했듯이 이 시기의 어린이는 전형적인 어른 식단보다 탄수화물과 단백질이 낮고 지방이 높은 식단을 취해야 한다.

- 3세부터 5세까지

신체 근육의 조정에 아주 중요한 역할을 하는 두뇌 세포 덮개를 비롯한 어린이 두뇌 발달이 일어나는 시기이다. 5세까지의 어린이를 위해서는 처음 3년의 식단과 비슷한 식사를 하면서 커 가는 데 필요한 열량을 조정했다.

그런데 여기서 짚고 넘어갈 것은, 학령 전 어린이들도 어른처럼 텔레비전 광고의 영향을 받는다는 것이다. 그러므로 부모는 건전한 두뇌 식품 식단의 좁고 곧은 길로 어린이를 인도하기 위해서 쓸데없는 식품을 제한하거나 제거할 책임을 가지고 있다.

이미 말했듯이, 어린이에게 하루 다섯 끼 주는 것을 기본으로 생각하기 바란다. 그 중 최소한 두 번의 식사는 어린이의 간식 시간에 주도록 한다. 우유나 다른 두뇌 식품을 식사 중간에 주면 감자칩 등의 과자를 주는 것보다 훨씬 두뇌 발달에 기여할 수 있을 것이다.

카페인과 두뇌 작용

커피를 마시면 정신이 들고 졸음이 없어지기 때문에 즐겨 마시는 사람이 많다. 커피에 함유되어 있는 카페인은 중추신경계에 작용하는 강력한 자극제이며 정신에 영향을 주는 물질 중에서 가장 많이 이용되고 있는 것이다.
 카페인의 효과는 아데노신이라는 진정 작용이 있는 신경 전달 물질의 작용을 억제하기 때문에 나타나는 것으로 생각된다.
 카페인은 뇌의 신경 전달 물질에 작용을 끼치므로, 적은 분량이라도 공포나 병적인 낭패를 일으키는 방아쇠가 되기도 한다. 이러한 증세 때문에 고생하는 사람이 미국의 경우 200~600만 명이나 된다고 한다.
 미국 정신위생연구소의 토마스 우데 박사는 병적인 공포증(Panic)에 대한 연구로 다음과 같은 실험을 해 보았다.
 병적 공포증을 가진 사람에게 커피 4잔분의 카페인을 먹이고 혈액 검사를 했다. 공포증을 일으키는 사람의 혈액에는 뇌 호르몬, 코티졸과 유산(공포증 발작을 일으키는 것으로 알려진 물질들)의 함량이 갑자기 올라갔다.
 비교 연구를 위해 참가한 건강한 정상인은 같은 분량의 카페인을 먹여도 이들 물질의 증가는 나타나지 않았다. 카페인과 공포증 발작의 상관 관계가 밝혀지자 평소 커피를 즐기던 사람 가운데 60% 가량이 커피를 끊어 버렸다.
 뇌에 끼치는 카페인의 영향은 매일 얼마만큼의 카페인을 섭취하고 있는가에 따라 크게 달라진다. 커피를 마시지 않는 사람은 커피 한 잔으로도 큰 자극을 받은 것으로 나타난다.
 혈압이 조금 올라가고 신장에선 오줌의 생산량이 증가하며 근육의 평활근(平滑筋)이 느슨해진다. 가장 큰 변화는, 머리가 산뜻해지고 잠이 오지 않는 일이다. 그러나 커피나 홍차를 늘 마시고 있는 사람에겐 이 효과가 크지 않아서, 매일 400~500mg(4~5잔)의 카페인을 섭취해도 별다른 영향이 없다고 한다. 신체가 카페인에 익숙해져 내성이 생겼기 때문이다.

카페인의 작용은 사람에 따라 크게 다르므로, 졸음을 쫓는 효과도 같지 않다. 카페인이 혈중에서 빠져나가는 속도를 조사해 보았더니 카페인 감수성이 큰 사람은 커피를 적게 마시고 있었다.

혈액에서 빠져나가는 속도가 유전적으로 결정되어 있는지, 대사생성물의 차이에서 일어나는 것인지 아직은 밝혀지지 않고 있다.

테네시 반다빌드 대학에서 실시한 연구에 따르면, 취침 30~60분 전에 카페인을 섭취하면, 사람에 따라서는 잠드는 시간이 늦어지고 수면 시간도 짧아지며 깊이 자지 못한다고 한다.

그러나 카페인의 이러한 작용도 내성이 있다. 잠드는 시간이 늦어졌다고 하는 사람이나 깊이 잘 수 없었다는 사람은 평소에 커피를 별로 마시지 않는 사람인 경우가 많다. 그러므로 카페인의 영향을 받기 쉬운 사람이라면 취침하기 5시간 전에는 카페인이 들어 있는 식품을 삼가야 할 것이다.

카페인 함량을 참고로 소개하면 다음과 같다.

커피 한 잔 75~125mg, 카페인 제거 커피 한 잔 3~5mg, 홍차 30~65mg, 코코아 5mg, 초콜릿(30g) 35mg, 콜라(350ml) 중 최고 70mg, 처방 없이 살 수 있는 수면제 최고 200mg.

만약 독자 중에서 카페인을 많이 섭취하고 있다고 판단된다고 해도, 갑자기 제한해서는 안 된다. 활기를 잃고 두통이 심해질 수 있기 때문이다. 한 예로, 커피를 평소에 많이 마시던 사람이 종교상의 이유로 단식을 했더니 12시간이 지나 두통이 심하게 나타났다는 보고가 있다. 이러한 사실로 미루어 보아 카페인 상습자가 카페인을 줄이려면 1~2주일에 걸쳐 조금씩 줄여야 하는 것이다.

요즘 아이들은 콜라를 가장 좋아한다. 불고기를 먹으면서도 물

대신 콜라를 마시는 아이들이 많다.

콜라는 사회주의국가까지 파고들 정도로 매력적인 음료로 알려져 있는데, 그 매력의 하나가 카페인이 갖는 습관성이다. 콜라 중의 카페인 성분은 어린이의 뇌에 어떠한 영향을 주는 것일까?

초등학교 어린이 800명 중 카페인 대량 소비 아동을 대상으로 조사한 연구가 있다. 이들은 30명 중 9명이 임상적으로 '지나치게 활동적'이라는 판정을 받았다.

카페인 대량 소비 아동 19명과 일반 아동 19명에게 실험을 해 보았다. 이 실험도 가짜 카페인을 사용해서 누가 카페인을 먹고 있는지 모르게 실시하였다.

이들 모두에게 2주일간 매일 10mg의 카페인이나 가짜 카페인을 먹인 것이다. 보통 카페인을 먹으면 아이들이 흥분하고 침착성이 없어지는 것으로 판단해 왔었다. 그러나 카페인을 많이 섭취하고 있는 아이들은 큰 변화가 나타나지 않았다.

이 실험에서 볼 수 있었던 큰 차이는 카페인에 대한 내성이나 금단 증상 또는 편중된 실험 등으로는 설명이 불가능했다. 어린이가 카페인을 좋아하는 것을 생리학적으로 해명하는 하나의 계기가 될 수 있을지도 모를 일이다.

당초의 데이터는 카페인이 과격한 행동을 유발한다는 것이었다. 그런데 실험에 의해 과격한 어린이가 카페인을 즐기는 경향이 있다는 반대의 사실이 밝혀지기도 하였다.

그런가 하면, 과격한 어린이가 카페인을 섭취하면 얌전해진다는 역설적인 보고도 있다. 학습 능력에 문제가 있는 아동을 담당하고 있는 도리스 페루츠와 리리안 파트남은 영양이 좋은 아침 식사를 먹는 것이 오전 수업의 집중력을 높인다는 사실을 알아내었다.

어렸을 때 영양분이 부족하면 활동도가 떨어진다. 친구와 잘 놀지도 않으며 이야기도 잘 하지 않게 되고 감각의 자극도 적어진다.

그래서 이러한 어린이는 학습에 대한 준비가 미처 이루어지지 않은 상태로 학교에 가게 된다. 취학 전에 감각적인 자극을 덜 받으면 성장해서 지능 개발에 영향을 받기가 쉽다.

학교에 다니면서 집중력이 떨어지면 지능 정도가 낮게 나타나는 것은 당연한 일이다. 영양이 부족하게 되면 결석이나 결근이 많아지는데 질병이나 감염에 대한 저항력이 떨어져 감기 몸살 같은 잔병에 잘 걸리기 때문이다.

철분 부족에 의한 빈혈도 학습 능력에 큰 영향을 준다. 어린이의 뇌에선 혈액 전체가 운반하는 산소의 절반이 소비된다. 철분이 부족하면 혈색소인 헤모글로빈의 생성이 제대로 되지 않아 산소의 운반은 어렵게 되는 것이다. 뇌의 수많은 세포가 신진대사를 원활히 진행하기 위해서는 무엇보다 산소의 충분한 공급이 이루어져야 한다. 영양소를 분해시켜 칼로리를 얻는 데도 산소는 필수 성분이고, 대사 산물인 찌꺼기 폐기물 처리에도 필요한 물질이다. 따라서 산소가 부족하면 피로가 오기 쉽고 두통도 오게 마련이다.

음식에 의해서 나쁜 영향, 알레르기 등의 영향을 받는 아이는 수업에 집중하기가 어려운 것이다.

페루츠와 파트남 두 사람은 교사와 부모가 합심해서 캔디, 소프트 드링크, 카페인 함유 음료를 자동 판매기에서 추방해야 한다고 강력히 주장하고 있다. 그런 것 대신 과일이나 우유, 아니면 과즙으로 대체하는 것이 좋을 것이다.

두뇌 속설의 허실

지나가는 사람을 붙잡고 어떻게 하면 지능을 높일 수 있느냐는 질문을 하면 나름대로 대답할 것이다. 그 대답은 현재 인기 있는 대중적인 심리학 이론을 다른 말로 표현한 것일 수도 있고, 고조할머니가 말씀하시던 속설과 비슷한 것일 수도 있다.

두뇌를 발달시키려면 '골'을 먹어야 한다고 생각하는 사람도 있다. 원시적인 식인 사회에서는 인간의 골을 가장 맛있는 식품으로 치긴 했지만, 여기서는 인간의 골을 뜻하는 것은 아니다. 원시적인 네안데르탈인은 식인종이었으며, 다른 네안데르탈인의 골을 먹어 지능이 높아져 진화에 있어서 한 단계 높아졌다는 주장까지 하는 사람들이 있다.

끔찍한 개념이긴 하지만 얼마간의 진실이 들어 있을 수도 있다. 예를 들어 플라나리아(planaria)라는 미세한 미생물에 대한 연구를 보면 특정한 운동을 할 수 있게 된 다른 플라나리아를 먹은 '식인' 플라나리아는 먹힌 플라나리아가 할 수 있던 능력을 습득하는 경우가 많다고 한다.

물론 플라나리아와 같이 단순한 생물이 지능이 높은 동물과 같은 두뇌를 가지고 있는 것이 아니므로, 그 예를 그대로 인간에게 적용시킬 수는 없다. 그러나 과학적인 연구를 보면, 신체 중에서 강화시키거나 개선시키고 싶은 부분에 적합한 영양원인 식품을 먹으면 효과가 있다는 생각에는 근거가 있다.

지능을 높일 수 있는 방법에 대해 과거에는 해괴한 생각들이 많았다. 머리를 좋게 하기 위해서 다른 인간의 골을 포함해서 다른 동물의 골을 먹는다는 생각은 빙산의 일각일 뿐이다.

• 유모의 머리 색깔이 젖먹이의 지능에 영향을 미친다

자신이 낳은 아기에게 젖을 직접 먹이지 않는 것이 유행이던 19세기에 젊은 엄마들은 유모를 고용했다. 그러다 보니 자연히 유모를 선택하는 데 대한 지침이 생겨났다. 갈색 머리를 한 유모가 금발이나 빨간 머리의 유모보다 낫다는 생각이 자리잡게 되었다.

그러한 편견에 이유가 있었을까? 그렇다. 그 당시 많은 사람들은 머리색이 성격을 나타낸다고 믿었다. 갈색 머리의 사람들은 신체적, 감정적으로 강한 바탕이 되는 안정된 성격을 가지고 있어서 결국 가장 좋은 젖을 낸다고 믿은 것이다.

• 어린이에게 생선을 먹이면 머리가 좋아진다

생선이 '머리가 좋아지는 식품'이라는 생각에서 비롯된 것이다. 어떤 의미에서, 또 어떤 경우에는 맞는 말이다. 요오드가 첨가된 소금이 생산되기 전에는 바다에서 멀리 떨어진 곳에 사는 사람들은 요오드 결핍증으로 고생했었다. 요오드 결핍증은 갑상선을 비대하게 하고, 갑상선 호르몬을 감소시키며, 정신 기능을 떨어뜨린다.

요오드 결핍증에 걸린 사람이 생선 — 특히 바다 생선 — 을 먹으면 그 문제는 해결된다. 건강 상태가 좋아지고 민첩하게 된다. 그러나 계속 참치 한 종류만을 먹이면서 그 어린이가 똑똑해지리라는 기대를 해서는 안 된다. 어린이의 식단에 좀 더 종합적인 주의를 적절한 시기에 기울여야 영구적으로 머리가 좋아질 수 있게 된다.

- **계란은 머리가 좋아지는 식품이다**

어린이에게 계란을 먹이면 '똑똑해질 것'이라는 생각을 하는 문화가 많다. 현대의 연구에 의하면 그 생각은 맞는 것 같다. 계란은 내가 학령 전 어린이의 두뇌 식품으로 추천하는 음식이다. 특히 그 안에 들어 있는 지방 때문에 그렇다.

계란, 고기, 생선은 '두뇌를 자극하거나 최소한 그 메시지를 몸에 전달해 주는 것을 돕는다.' 린즐러는 그러한 음식들은 콜린의 근원인 레시틴이라는 지방산을 가지고 있어 아세틸콜린을 생성한다고 말했다.

"아세틸콜린은 몸 안에서 두뇌의 자극을 전달해 주는 여러 물질 중의 하나이다. 과학자들은 신체에 아세틸콜린이 부족하면 기억력의 손실이 생길 수 있다는 추측을 하고 있다."

- **뱃속에 있는 아기에게 말을 하면 아이의 단어 실력이 늘어난다**

이 믿음에 대해서는 확정적인 증거가 없다.

- **아기의 방을 노란색으로 칠하면 아기의 지능이 높아진다**

수백 년 동안 사람들은 색깔이 인간의 행동에 강한 영향을 미친다고 생각해 왔다. 그럴듯한 생각이다.

노란색은 정신 기능을 일깨우고 부정적인 것과 떨리는 마음을 극복하게 해준다고 한다. 그런데 활기 있고 창의적인 태도를 가꾸기 위한 장소나 서재에는 꼭 맞는 색일지 모르지만 어린이의 침실에 쓰기는 너무 자극적이라고 말하는 권위자들이 있다.

위의 예들은 어째서 어떤 어린이들이 다른 어린이들보다 더 똑똑한가를 설명해 보려는 믿음과 속설이다.

• 손의 반응이 빠른 아이가 머리도 좋다
신체 반응이 느린 학생과 신체 반응이 빠른 학생들 사이에 성적 차이가 없었다.

• 남보다 일찍 걷고 말하는 어린이들이 더 똑똑하다
일찍 걷고 말하는 조숙한 어린이들은 예로부터 부모들의 자랑거리였으나 우수한 지능을 나타내는 것은 아니다.

• 학령 전의 높은 적성 검사 점수는 인생의 성공과 성취를 뜻한다
아이큐나 다른 지능 검사 점수는 나이가 들면 바뀔 수 있다는 것을 깨달아야 한다. 가정 생활, 교육, 영양이 어린이의 지능지수를 10점에서 20점 정도 올리거나 낮출 수 있다.

• 똑똑한 어린이는 머리가 크고 이마가 넓다
몸의 크기에 비해 약간 큰 머리를 가지고 있다면 그 아이는 대체적으로 지능이 높을 것이다. 그것은 어린이가 높은 성취자가 되기 위한 기본적인 정신적 도구를 갖추었다는 뜻이다. 그러나 동기 유발, 자신감, 내적인 성취욕, 그 밖에 지능과 관계 없는 심리적 요소들이 없다면 아무리 머리가 좋아도 별 성공을 거두지 못할 것이다.

• 어린이의 눈을 보면 얼마나 똑똑한지 알 수 있다
어른들의 눈에 비해 어린이의 눈은 감추어지지 않은 근심, 걱

정, 기쁨, 호기심 등을 나타내 준다.

• **집중하는 시간이 길면 두뇌가 좋다는 표시이다**

어린이가 집중하는 시간이 두뇌가 좋다는 표준이 된다고 생각한다. 과학적인 증거는 최근 몇 년 동안 영양이 인간 지능의 초기 발달에 있어서 가장 중요한 요소라는 것을 밝혀 내고 있다. 이제는 어떻게 하면 적당한 종류의 음식이 그 기적 — 당신 어린이의 두뇌 — 을 만들어 내는지 더욱 관찰해야 한다.

어린이 두뇌의 기적

임신 중의 영양 부족은 어린이의 두뇌 발달에 위험한 영향을 끼친다. 물론 두뇌 세포에 가해진 해악은 출생 후 영양 공급을 잘 하면 도로 좋아질 수 있다. 그러나 왜 위험한 일을 하는가? 아기 두뇌는 1/6이 뱃속에서 발달된다. 모든 두뇌 세포는 뱃속에서 형성되고 임신 6, 7개월 후에는 영구적인 해를 입을 수 있다. 그러므로 어린이에게 유리한 상태를 제공해 주는 것이 좋지 않겠는가? 아직도 엄마 뱃속에서 발길질을 할 때 정말로 당신의 아기로 대해 주어 엄마가 제대로 잘 먹음으로써 아기의 머리에 적합한 음식을 공급해 주어야 한다.

어린 나이에 미국에 입양된 한국 고아들에 대한 연구를 생각해 보자.

고아들의 한 그룹은 처음 1년 동안 영양실조로 고생했다. 두 번째 그룹은 어느 정도 영양 공급이 되었다. 세 번째 그룹은 영양 공급이 아주 좋았다. 모든 그룹은 미국인 가족에 의해 3세가 되기 전에 입양되었고 비교적 비슷하고 영양적으로 건강한 식단을 따랐다.

나중에 조사해 보니 영양실조에 걸린 그룹은 미국 아동의 평균보다 낮은 지능지수와 성취 검사 점수를 냈다.

임신 후반기부터 5세가 될 때까지는 두뇌에 가장 큰 성장이 일어나는 때이다. 또한 이 시기에 영양이 좋지 않아 이런 저런 영구적인 장애가 일어나는 때이기도 하다.

임신되는 순간 임신이 되어 처음 몇 주일 동안 아이는 뇌가 없다. 구분되지 않은 세포 덩어리일 뿐이다. 그러나 그 이이가 성인이 되면 모든 창조물의 가장 놀랍고 정교한 기관인 두뇌의 자랑스런 소유자가 되어 있을 것이다.

성인 두뇌는 주로 DNA(생물의 유전자)와 RNA(생체 내 DNA와 단백질의 합성을 돕는 단쇄상(單鎖狀))의 복합 분자로 되어 있고, 여러 단백질로 되어 있는데 대부분의 단백질은 지방 함량이 많다. 완전히 성장한 두뇌는 2,000㎤ 정도이다.

그 크기에 도달하기 위해서 아이의 두뇌는 세 단계의 주요 성장 과정을 거친다.

① 두뇌 세포 형성 : 임신 직후 나타나는 일반적이고 규정되지 않은 세포가 두뇌 세포로 변할 때
② 두뇌 세포 분열 : 두뇌 세포가 두 개가 되고 두 개가 네 개로 되는 등등
③ 두뇌 세포 발달 : 임신 말기 3개월부터 5세가 될 때까지 일어난다. 세 번째 단계에서 두뇌 세포는 분열하기를 중단하고 두뇌에 화학적이고 구조적인 변화가 일어나기 시작한다. 이 마지막 단계는 아주 중요한 '성장 폭발'시기를 포함하는데 임신

7개월부터 생후 3년이 될 때까지 일어나는 것이 보통이다.

엄마 뱃속에서 3개월 동안 아이의 두뇌 : 세포 형성

어떤 아이든지 간에 두뇌 성장의 첫 단계인 두뇌 세포 형성 과정은 임신되는 순간에 시작되어서 임신 3개월에 끝난다. 그 시기에 먹는 음식이 태아가 섭취하는 것을 결정짓는다.

신경계(통)(두뇌, 척수, 신경)는 '신경판(neural plate)'이라고 불리는 납작한 일반적인 세포판으로 시작된다. 음식이 들어오는 데 따라 발달이 계속되는데, 이 판은 접혀져서 '신경흠(neural groove)'이라고 불리는 것이 된다. 마지막으로 그것은 완전히 막혀져서 '신경관(neural tube)'이 된다. 이 관에서 척추끈과 세 개의 두뇌엽(중뇌, 후뇌, 전뇌)이 모두 나타난다. 마치 큰 나뭇가지와 잔 나뭇가지가 나무의 몸통에서 나오는 것과 마찬가지이다.

뱃속에서 처음 3개월 동안 아이의 두뇌는 과학자들이 '세포의 분화'라고 일컫는 단계를 거치게 된다. 그것은 태아의 자그만 몸 전체에서 일반적인 세포가 전문화된 두뇌 세포, 눈 세포, 피부 세포 등으로 변한다는 뜻이다. 즉 일반적인 세포가 더욱 전문화된 목적을 가진 세포로 '분화'된다. 그러므로 아이의 인생 출발을 제대로 시키려면 임신 초기부터 잘 먹는 것이 중요하다.

- 임신 제 2단계의 두뇌 : 세포 분화

모든 건강한 두뇌는 수백만 개의 뇌세포로 구성이 되어 있는데, 이 뇌세포란 실제는 신경 단위라고 불리는 신경세포이다. 신경세포는 세 개의 주요 부분으로 되어 있다. ① 축색(axon 軸索) ② 세포체(cell body) ③ 축색돌기(axon terminal).

임신 3~6개월 사이에 두뇌가 성장하며 급격한 세포 분열을 통해 대부분의 신경세포가 생겨난다. 즉 세포 한 개가 재빨리 두 개가 되고 그 두 개가 네 개가 되는 등등이다. 이 세포 분열이 일어나는 데는 아주 많은 양의 좋은 음식이 필요하므로 3개월에서 6개월까지의 임신부의 식생활이 중요하다.

임신 6개월말이 되면 세포 분열은 대부분 끝난다. 즉 임신 6개월 말이 되면 일생 동안 가지고 있을 뇌세포를 지니게 된다.

어른들은 술이나 다른 수단으로 뇌세포를 파괴시킬 수 있으며 그러한 세포는 다시는 생기지 않는다. 어른의 손상된 뇌세포는 회복될 수 없다는 것은 널리 알려져 있다. 엄마 뱃속에서 6개월 이후부터 손상된 세포도 회복되지 않는다.

3~6개월부터는 임신 중의 식단에 특히 주의를 기울여야 하는데 그 때는 태아의 뇌세포가 분열을 끝맺는 시기이다.

• **임신 말기부터 5세까지의 두뇌 : 세포 발달**

이 재미있는 두뇌 성장은 임신 7개월 경(32주일)에 시작해서 3년에서 5년 사이에 끝난다. 이 단계의 중요 부분은 이른바 두뇌 성장 폭발이라는 것으로, 두뇌의 신체적인 구조가 3세가 될 때까지 급격히 팽창하는 것이다. 임신 말기에 임신부가 먹는 음식과 출생 후 처음 5년 동안 아이에게 먹이는 음식은 아이의 훗날 정신적인 잠재력을 결정짓는 데 극히 중요한 역할을 한다.

이 빠른 성장은 아기의 머리 크기를 백분율로 생각하면 쉽게 이해할 수 있다. 태어났을 때 아기의 머리는 성인 무게의 25% 정도이다. 한 살이 되면 70%가 된다. 세 살이 되면 두뇌는 어른 머리 크기의 80%에 달하게 된다.

이 시기에 머리에 있는 '창문'을 연 후에 두뇌를 여러 배로 확대할 수 있다고 한다면 일어나고 있는 세 가지의 '중요한 사건'을 관찰할 수 있다. 마치 무대가 세 개 있는 서커스에서 각 무대에서 일어나는 쇼를 보는 것과 마찬가지일 것이다.

그러므로 요약을 하면 두뇌 성장의 세 번째이자 마지막 단계에 일어나는 일은 두뇌의 세포가 커지고 팽창을 하며, 동시에 지지 세포와 보호 수초가 커지고 팽창한다는 것이다. 게다가 이러한 신체적이고 생화학적인 발달은 어쩌면 잠재적인 지능과 직접 관계가 있을 것이다. 그것이야말로 훗날 목표를 달성하기 위해 새로운 정보를 흡수하고, 처리하고, 적용할 수 있는 신체적인 바탕을 만들어 준다.

출생시 두뇌 세포는 약 1/6만이 완성되어 있다. 그러므로 두뇌 팽창의 대부분은 출생 후 처음 몇 년 동안 일어난다. 그 시기 동안 부모는 자녀를 제대로 잘 먹여야 할 책임이 있다. 임신 7개월부터 3세까지 '두뇌의 성장 폭발' 동안 두뇌가 자라고 있을 때 부적절한 영양을 수정할 시간이 있다. 두뇌 세포, 지지 세포, 보호 수초는 여전히 배수로 증가하고, 팽창하고, 연결을 하고 있다. 자녀의 이러한 성장 시기에 좋은 두뇌 식품을 주면 일생 동안 머리를 좋게 해주는 신체적인 바탕을 마련하는 데 도움이 될 것이다. 그러나 두뇌의 성장 폭발이 지나고 난 후인 4세에서 5세 이후부터는 처음 몇 년 동안에 좋지 않은 영양으로 두뇌에 손상이 생기면, 그 손상은 두뇌 장치에 하자를 남겨 일생 동안 따라다닐 것이다.

태아의 두뇌 영양 섭취

임신부는 임신 기간 중 태아의 적절한 두뇌 발달을 돕기 위해 어떻게 해야 할까?
나는 일반적으로 세 가지를 추천한다.
1) 임신 전에 이상적인 몸무게를 유지하라.
2) 임신 동안에는 충분한 음식을 먹으라.
3) 높은 에너지 음식을 먹으라.

• 엄마 젖 원칙

역사를 보면 어린이에게 인공 수유를 시작한 것은 17세기 이후였다. 현대의 조제분유의 선조격인 액체 분유가 나타났을 때는 엄마 젖의 성분과는 겨룰 수가 없었다. 오늘날조차 아기의 일반적인 식사 욕구나 아기의 자라나는 두뇌에 필요한 특정한 필요에 관한 한, 엄마 젖과 겨룰 수 있는 조제분유는 없다. 사실 세 살이 될 때까지 어린이들에게 영양학적으로 엄마 젖과 겨룰 수 있는 단 하나의 다른 음식을 찾기란 불가능하다.

최소한 처음 3년간은 — 그리고 5년까지는 조금 수정된 형태로 — 어린이의 탄수화물, 지방, 단백질의 비율은 가능한 한 엄마 젖의 비율과 비슷해야 한다. 어린이가 매일 섭취하는 칼로리 중 지방은 50%여야 하고 복합 탄수화물은 35~45%, 단백질은 8~15%를 차지해야 한다.

보통은 5~6개월까지만 젖을 먹인다. 그러므로 분유의 사용과 적당한 비율의 이유식은 필요하다. 특히 어린이의 두뇌 발달에 관한 한 그러하다.
 인간의 젖을 연구한 바에 의하면 55%가 지방, 37%가 탄수화물, 8%가 단백질로 되어 있다.
 태어났을 때 아기의 두뇌는 두뇌 성장의 1/6만이 완성되어 있다. 즉 두뇌의 급성장은 대부분 출생 뒤 3년간 일어나게 된다.
 두뇌의 급성장은 두뇌의 지지세포를 형성하고, 각각의 세포 주위에 보호를 만들고, 각각의 뇌세포가 가지를 뻗는 것을 뜻한다. 그리고 3세에서 5세까지는 두뇌가 비교적 천천히 성장하는데 뇌세포를 수초로 감싸는 매우 중요한 과정이 완성되는 것이다.
 엄마 젖에는 두뇌의 적절한 신체적 발달을 조성하는 적절한 재료가 적절한 비율로 들어 있다.
 "출생 체중이 아주 작은 아기 가운데, 태어나서 처음 몇 주일간 엄마 젖을 먹인 아기들은 칼로리가 높은 분유를 먹은 아기들보다 몸무게에 비해 머리 둘레의 성장이 빨랐다."
 물론 지능이 높다는 것이 머리 둘레의 크기와 상관 있다는 결정적인 증거는 없다. 그러나 건강한 머리 크기는 최소한 두뇌 부분이 잘 성장하고 있다는 표시이다.
 구성요소 1 : 물. 엄마 젖의 약 88%는 물이다.
 구성요소 2 : 지방. 일반적으로 엄마 젖은 약 3.8%가 지방이다. 젖을 먹이는 엄마 젖의 지방은 2.0%에서 6.0%까지 변화가 많다. 어느 연구에서는 가장 높은 지방 11%까지도 있었다.
 젖을 처음 먹이기 시작할 때의 엄마 젖(foremilk, 前乳)에는 지방이 1%뿐이다. 반면 젖을 다 먹여 갈 때의 후유(hindmilk, 後乳)는 지방이 7~8%가 된다.
 조제분유는 한 번 빨릴 때 지방 성분을 변화시킬 능력도 없고 변화시키지도 않기 때문에 조제분유를 먹는 아기는 자연스럽게 먹는 것을 중지하는 법을 배우지 못한다는 주장까지 나왔다. 그래서 너무 지방분이 많은 칼로리를 섭취하게 되고 훗날 비만아가 된다는 주장이다.

두뇌 발달에 직접적으로 관계 있는 두 가지 지방(arachidonic and decosahexaenoic acids)은 우유와 비교해 볼 때 엄마 젖에 10배나 더 많이 들어 있다.

엄마 젖에는 콜레스테롤도 많이 들어 있다. 이것은 어린이 두뇌의 생화학적 발달과 효소 체계의 제조를 위해서는 절대적으로 필요하다.

구성요소 3 : 단백질. 엄마 젖의 세번째 구성 요소인 단백질은 젖의 1.0%에서 1.4% 정도를 차지하고 있다. 이 백분율은 소의 젖(단백질이 3.3% 들어 있음)이나 오늘날의 조제분유와 비교해 보면 낮은 감이 있는데 그만한 이유가 있다.

신생아에게 고단백 조제분유를 주면 비정상의 상태(transient neonatal tyronenimia)를 초래할 수도 있는데, 뇌의 손상을 가져 올 수도 있다. 마찬가지로 고단백 조제분유 중, 가장 중요한 두 가지 아미노산(트립토판과 시스틴)이 없을 때 두뇌 발달에 부정적인 영향을 미칠 수도 있다.

반면에, 엄마 젖은 두뇌 성장에 필요한 모든 알맞은 단백질을 적당한 비율로 가지고 있다. 엄마 젖에는 감염을 막는 라이서자임(lysizyme : 박테리아 용해 효소의 일종)과 락토페린(lactoferrin : 포유류의 모유에 있는 단백질의 하나)이라는 단백질이 있어 젖 먹는 아기를 질병에서 보호해 준다. 그것은 두뇌 발달에 중요한 요소이다.

구성요소 4 : 탄수화물. 락토오즈(lactose : 乳糖)는 엄마 젖에 녹아 있는데 엄마 젖에 있는 주된 탄수화물이다. 전체의 6.6%에서 8.0% 정도를 차지하고 있다. 다른 영양소와는 달리 락토오즈는 잘 먹고 있는 엄마나 잘 먹지 않고 있는 엄마 사이에 큰 차이가 없다.

구성요소 5 : 비타민과 무기질. 두뇌 성장 면에서 볼 때 지능을 높일 수 있는 '기적의 비타민 (wonder vitamin)'이나 '수퍼 광물질 (super mineral)'은 없다. 그러나 제대로 잘 먹고 있는 엄마의 젖에는 두뇌를 포함한 몸 전체를 건강하게 성장시킬 수 있는 비타민과 광물질이 알맞은 비율로 들어 있다.

극소량의 영양분도 아기의 두뇌에 유리한 작용을 할 수 있다. 그 중에는 여러 가지 효소와 호르몬이 포함되어 있지만 오늘날까지도 그러한 것들이 우리 신체 발달에 공헌하는 역할에 대해서는 잘 알려져 있지 않다.

1~5세아의 두뇌 영양 섭취

어린이의 두뇌가 발달하는 데 중요한 음식의 특징은 지방분이 엄마 젖만큼 많다는 것이다. 백분율로 나타내 보면 50%의 지방, 35~45%의 복합 탄수화물, 9~15%의 단백질이다.

• 제1요소 : 아미노산

어린이의 두뇌는 아미노산을 필요로 한다. 다른 영양소를 가지고 체내에서 일부 아미노산은 만들 수는 있지만 아미노산 아홉 가지는 만들 수 없다. 그 아홉 가지는 좋은 영양의 형태로 몸밖에서 들어가야 한다. 음식을 통해 공급되어야 하는 아홉 가지의 아미노산을 '필수 아미노산'이라고 한다. 히스티딘, 이솔루신, 루신, 페닐알라닌, 메티오닌, 라이신, 트레오닌, 트립토판, 발린이다.
 칼로리의 8~15%를 단백질에서 섭취한다면 그것으로 충분하다. 계란, 고기, 생선, 두류, 우유와 같은 음식은 어린이의 두뇌 발달에 필요한 필수 아미노산과 다른 아미노산을 공급해 준다.

• 제2요소 : 지방

 이미 살펴보았지만 지방과 리피드(지방과 유사한 물질)는 두뇌의 적절한 발달에 필요하다. 특히 두뇌의 시지 세포를 형성하는 데 있어서 중요한데 뇌세포 주위에 보호 수초를 만들거나 각각의 세포가 뻗어 나가기 위해서 필요한 것이다. 두뇌 발달의 이런 모든 단계는 잠재적인 지능 수준과 관계가 있다는 생각이 지배적이다.
 칼로리 면에서 어린이는 매일 식사의 42~50%를 지방으로 섭취해야 한다. 그 중 반 정도는 포화지방이어야 하고 나머지 반은 불포화지방이어야 한다.
 건강한 어른의 식단과는 달리, 어린이의 식단에는 콜레스테롤이 필요하다. 음식 중의 콜레스테롤이 신경과 뇌세포의 형성, 보호수초의 형성과 직접적으로 관계가 있다.
 두뇌 발달에 초점을 맞추는 식단이라면, 그것이 어떤 것이든 지방이 주요 요소가 되어야 한다. 콜레스테롤을 하루에 정확하게 몇 그램 먹어야 하는지, 포화지방이나 불포화지방을 정확하게 몇 그램 먹어야 하는지에 대해서는 걱정할 필요가 없다. 그러한 계산을 하다 보면 음식 재료를 사러 다닐 시간조차 없을 것이다.

• 제3요소 : 물

자라나는 몸과 두뇌는 많은 양의 물을 필요로 한다. 수분이 충분히 섭취되지 않으면 약간의 탈수 상태, 일시적인 두뇌 기능의 저하, 생명을 위협하는 심각한 경련과 영구적인 두뇌 손상에 이르기까지 여러 장애를 초래할 수 있다.

아프거나 주위가 지나치게 더우면 몸의 기관을 제대로 돌아가게 할 물을 충분히 섭취하지 못하는 일이 생긴다. 기억할 것은, 엄마 젖의 88% 정도가 물이며, 우리가 알고 있는 유일하고 가장 좋은 두뇌 식품이라는 것이다.

다음은 학령 전 어린이가 매일 섭취해야 할 물의 양이다;

나 이	매일 섭취해야 할 물의 양
출생 ~ 2½개월	몸무게 454g당 57g에서 85g
2½개월 ~ 8½개월	몸무게 454g당 57g에서 71g
8½개월 ~ 3년	몸무게 454g당 57g
3~6세	몸무게 454g당 43g

위의 표를 보면 만 두 살의 어린이의 몸무게가 13.5kg일 때 매일 물을 1.7리터 마셔야 한다는 것을 알 수 있다. 그 물은 액체에서도 나오지만 고형 음식에서도 나온다. 예를 들어 우유, 과일, 야채 등은 수분의 좋은 공급원이다. 어린이에게는 물을 충분히 주는 것이 좋다.

• 제4요소 : 탄수화물

복합탄수화물은 어떤 식단에서나 필요하다. 활동하는 데 필요한 빠른 에너지를 공급해 주기도 한다. 두뇌는 고단위 에너지 사용자이므로 제대로 기능하려면 충분한 탄수화물을 필요로 한다. 얼마나 많은 탄수화물이 필요할까?

엄마 젖의 영양분 중 비액체 영양물의 37% 정도가 탄수화물이다. 어린이가 매일 35~45%의 복합 탄수화물을 섭취하도록 한다.

복합탄수화물은 과일이나 야채 등과 같은 수요 식품을 포함하는데 비해, 단순한 탄수화물은 사탕이나 단 음식에 있는 '실속없는 칼로리(hollow calories)'를 포함하기 때문이다. 어린이에게 사탕이나 단 음식 등, 설탕이 든 음식은 권장하지 않는 것이 좋다.

• 제5요소 : 비타민과 무기질

비타민과 광물 — 특히 칼슘 — 은 한 살 이후부터는 보충해 주어야 하는 경우가 있다. 그러나 대부분의 경우 어린이의 식단에는 필요한 비타민과 무기질이 충분히 들어 있다.

어린이는 어른이 먹는 것처럼 하루에 세 끼만 가지고 만족할 수 없기 때문에 다섯 끼 정도가 좋다. 어린이는 위가 작아 자주 먹어야 하고, 어른보다 조금 먹고도 금방 만족한다. 영양분을 조금씩 몸에 공급하는 것이 많은 양을 가끔 공급하는 것보다 이용도가 높다는 연구가 있다.

반면 하루에 꼭 다섯 끼를 고집할 필요는 없다. 네 끼가 더 잘 맞는 아이가 있고 세 끼 가지고도 충분한 아이도 있다. 그럴 때는 제시된 음식을 잘 섞어 주면 된다. 한편 여섯 끼를 먹는 아이라면 음식을 거기에 맞춰 주면 된다. 중간에 간식이나 단 음식을 주어서 아이의 식욕을 떨어뜨리게 하여 다섯 끼를 포기해서는 안 된다.

누구나 현명해질 수 있다

현재 천재급 지능을 가지고 있는 아이들 중에는 한때 뇌 손상이 심해서 지능 발달이 더뎌 지능지수를 측정하기 어려웠던 경우가 있다. 임상상 식물 인간으로 판정되어 누구나가 지능 회복을 포기했던 것이다. 또 천재라고는 할 수 없으나 평균적 수준까지 지능이 향상된 아이들을 얼마든지 찾아볼 수 있다. 이들은 하나같이 지능을 향상시키기 위해 노력하였기 때문이다. 지능에 변화를 주기 위해선 집중력이 필요하다고 한다.

그렇다면, 지능이란 무엇인가? 총명하다든가, 머리가 좋다, 슬기롭다, 또는 기민하다 등을 말할 때 사람들은 제각기 다른 말로 표현하고 있다.

생물학자에 따르면, 어느 기관이 주위 상황을 잘 고려하여 얻어진 정보를 잘 처리하거나 응용할 수 있으면 '지적'이라고 말하고 있다. 심리학자와 교육자는 지능이라는 말을 지능 테스트 즉 IQ 테스트로 측정된 것을 가리키는 데 사용하고 있다. 지능이란 말은 광범위한 뜻을 가지고 있는데, 기민함이나 지각 능력이라는 뇌 기능에 관련된 지적 능력을 가리키는 것이다. 느끼거나 생각하거나 육체적, 정신적, 정서적 사회적, 문화적으로 환경에 잘 적응되는 능력을 생물학적으로는 지능이라고 한다. 지능 향상을 한다는 것은 보다 완벽에 가까운 사람이 되는 일이다.

지능 수준은 후천적으로 결정된다

지능이란 타고나는 것, 즉 유전자 중에 심어지는 것이기 때문에 사람은 자기가 가지고 탄생한 지능 정도를 유지해 갈 수밖에 없는 것이라는 생각이 지배적이었다. 그런데 이것이 잘못된 것이라는 연구가 많이 이루어졌다. 지능이 유전에 따라서 결정되는 것이라면, 인종간 지능 수준의 차는 반영구적으로 변할 수가 없을 것이다. 즉 인종의 우열은 선천적으로 운명지어지는 셈인데 과연 그럴까 하는 의문이 생기게 되었다. 실제로는 인종간 지능지수의 평균치의 차이는 개인의 지능에 관해서 아무런 의미를 가지지 않는다. 모든 인간 집단 중에는 천재도 있고 둔재도 있다. 그리고 많은 사람들은 그 양극단 사이에 놓여 있다. 인종간 지능지수의 차는 유전에 따르기보다는 다른 요소 즉 생활 조건이나 환경 조건의 차이에 많은 영향을 받고 있다는 사실이 밝혀졌다.

똑같은 의문은 개인간에도 통용된다. 지능이 타고나는 것으로 바꿀 수가 없다고 하면 높은 지능을 가지고 있는 사람은 그 능력을 그다지 발휘해도 안 될 것이다. 그렇지 않으면 지능이 낮은 사람들 입장에서 보면 불공평하고 손쓸 수 없는 언동을 되풀이하는 괴물로밖에 볼 수가 없을 것이다. 그러나 현실은 그렇지가 않다. 타고나서 바꿀 수 없다는 우월성이나 열등성이라는 것을 말해 보아도 소용없는 일이다. 지능이 타고나는 것으로 바꿀 수 없다는 생각을 가지고 있는 사람들이 아직도 대부분이다. 그러나 그러한 사람들에게 사람의 지능이 쉽게 개선되며 누구나 지능 향상을 할 수 있다는 것을 인식하고 노력할 필요가 있는 것이다.

좋은 대학보다는 좋은 유치원에 넣는 것이 중요하다

지능 발달을 심리학 분야에서 확립 발전시킨 제1인자는 쟝 피아제이다. 스위스 출신의 그는 우수한 심리학자이며 교육 이론가이기도 하다. ≪어린이 지능의 기원≫이라는 명저를 남기기도 하였는데 그에 따르면 사람의 지능과 신경계통은 사람이 주변 세계에 순응할 수 있게 사용하는 도구라고 말하고 있다. 그 순응에는 동화와 적응이라는 두 단계 사이의 미묘한 밸런스가 있다는 주장이다.

그 뒤 하버드의 제롬 루나가 피아제의 연구와 비슷한 조사를 해서 그것을 뒷받침하고 있다. 부르너는 아이들의 인식(지능도)은 조기에 적절한 개념을 가르치면 증대시킬 수가 있다고 주장한다. 아이들은 그 연령에 관계없이 본인이 이해할 수 있는 범위의 말을 써서 가르치면 제아무리 어려운 개념도 배울 수가 있다는 것이다. 피아제와 마찬가지로 부르너도 조기 체험을 풍부히 하는 것이, 성인이 된 뒤 우수한 인식력을 갖는 열쇠라고 말하고 있다. 그는 피아제와 달리 환경 면보다 오히려 교육 면에서 고찰하고 있다.

죠지 크라일은 다음과 같은 흥미 있는 말을 하고 있다.

"자식들을 보다 좋은 대학에 입학시키느냐, 보다 좋은 유치원에 넣을 것인가의 선택이 허용된다면 나는 유치원 쪽을 선택할 것이다."

유치원 쪽이 어떠한 대학보다도 아이들의 인생에 훨씬 많은 영향을 주기 때문이라는 견해를 말하고 있다.

지능 향상은 두뇌의 훈련으로

뇌의 기능은 몸 전체의 조립이나 상태에 따라서 좌우된다. 뇌도 생리적인 컨디션이 좋으면 기능도 좋아지는데, 반대로 지장이 있게 되면 그 기능도 떨어지게 마련이다. 뇌는 의식, 행동, 체험 등 지능에 속하는 모든 것이 집중되어 있는 기관이다. 그러므로 뇌의 생리적 조건을 좋게 하면 그 작용이 촉진되는 것이다. 어떻게 하면 뇌 전체를 생리적으로 양호한 상태로 개선할 수 있을까? 여러 학자들이 예시하고 있는 것을 소개해 본다.

• 경동맥을 단련하는 탄산가스 훈련

조직도를 보면 한 쌍의 경동맥이 그려져 있다. 이 경동맥은 생명 유지에 필수적인 산소와 영양분을 함유하는 혈액을 뇌에 운반하는 것이다(경정맥은 뇌에서 운반된 오염 혈액을 재순환시켜 심장으로 보낸다). 경동맥이 없으면 혈액도 산소도 영양분도 뇌에 도달할 수가 없다.

대뇌 생리학자들에 따르면 모세혈관의 혈액 공급이 많이 이루어진 부분에 가까운 뇌세포는 매우 발달하고 그러한 공급원에서 먼 뇌세포는 발달하지 않고 이용되지 않는다고 한다. 아인슈타인의 천재적 자질도 역시 대부분은 뇌 안의 과잉 순환 기능에 의한 것이었지 뇌 그 자체에 의한 것은 아니었다는 것이다. 그의 뇌는 보통 이상으로 영양이 공급된 만큼 보다 우수한 작용을 한 것이라고 한다. 따라서 누구나 뇌 내의 순환을 활발히 하고 많은 산소와 영양을 순환시킬 수가 있을 것이다. 그것은 뇌에 공급하는 역할을 담당하는 경동맥이 갖는 특성, 즉 목 뒤에 있는 경동맥판 덕택이라고 할 수 있다. 이 경동맥판은 혈액 중의 이산화탄소의 함유량이 일시적으로 증가하면 넓게 열려 보다 많은 혈액을 통과시킨다. 만일 일시적인 이산화탄소의 증가가 자주 일어나면 경동맥판이 넓게 열린 상태가 되어 더 많은 혈액을 뇌로 보내게 되고 뇌 내의 순환계통 작용을 촉진하여 뇌 전체의 상태를 생리적으로 양호하게 만드는 것이다. 이 경동맥판의 이산화탄소에 의한 강화를 탄산가스 훈련이라고 말하고 있다. 이 훈련법의 하나로 마스킹이라는 것이 있다. 필라델피아 능력개발연구소에선 이 마스킹이 인간 뇌의 생리적인 기능을 개선시키는 것으로 가장 유효한 방법으로 보고 있다. 마스킹을 하는 가장 간단한 방법을 소개하면 다음과 같다.

종이 봉지를 입에 대고 30초간 되풀이해서 숨을 쉰다. 종이 봉지를 가지고 하면 질식되거나 정신을 잃는 사람은 거의 없을 것이나 플라스틱 등 합성수지 봉지를 사용하면 질식될 염려가 있으므로 조심해야 된다. 안전을 기하기 위해 봉지에 빨대를 꽂아 놓거나 작은 구멍을 뚫어 놓도록 한다. 한 번에 30초 이상은 하지 말아야 한다. 이 마스킹은 돈이 들지 않는 간단한 방법인데 큰 병원의 탄산가스 요법은 비용이 많이 든다. 이 훈련의 효과를 올리기 위한 것으로는 매 30분마다 마스킹을 하는 것이 바람직하다.

· 잠수, 조깅

경동맥판의 탄산가스 훈련을 위한 다른 방법으로는 수중에 잠수해서 숨을 죽이는 것이다. 또 조깅도 좋은 방법의 하나로 지목되고 있다. 사람 뇌의 많은 특징은 아직도 신비에 쌓여 있지만 최소한 다음 점에 관해서는 밝혀져 있다. 그것은 이산화탄소량의 증가를 이용해서 뇌의 순환계통 작용을 활발히 한다는 것이 지능의 생리적 기초를 개선하기 위한 의학적으로 입증된 방법이라는 점이다. 뇌의 상태와 기능이 양호한지 아닌지는 뇌세포가 활력원인 산소와 영양분을 어느 정도 얻을 수 있는가에 달려 있다. 그래서 마스킹, 잠수, 조깅 등의 훈련이 모두 이 작용과 직접 관련이 되는 것이다.

• 순환계 개선민으로 충분치 않다

뇌는 심장을 제외하고는 신체 중에서 가장 활동적인 것이다. 온몸에서 사용되는 산소의 1/3, 온몸에서 연소되는 영양분 중 1/3이 뇌에서 소비되는 것이다. 온몸에서 일어나는 생리 활동을 모두 통제하고 조정하는 곳이기도 하다.

뇌에 보내진 모든 영양분, 산소는 경동맥을 통해서 온 것이다. 두개골 내측에는 더 작은 동맥이 굵은 경동맥에서 수많은 가지가 뻗어 있어 아주 복잡한 모세혈관의 망이 뇌 전체로 퍼져 있다. 이 혈관망은 되도록 많은 뇌세포에 아주 정리가 잘되어져야 한다. 모세혈관에서 공급이 잘 안 되는 뇌세포는 충분한 자극을 받아도 전혀 발달하지 않기 때문이다.

이 퇴화 속도는 천천히 이루어지는데 뇌 속에서 진행되는 것이다. 지금 30세의 사람이라면 뇌순환계는 이미 퇴화되기 시작하고 있을 것이다. 그리고 영양이 가장 공급이 덜 된 10만 개의 뇌세포가 매일 사멸하고 있다. 현재 수백만의 뇌세포가 죽음에 임박하고 있고 내주 중에는 사멸할 것이다. 물론 뇌세포가 1백 억을 넘기 때문에 이것은 직접 중요한 손실이 되는 것은 아니다. 그러나 상실된 세포의 대부분이 사용되지 않고 있는 미발달의 것이다. 그런데 하루에 10만 개의 손실은 궁극적으로 뇌에 중대한 장애를 초래하게 된다. 뇌 순환계통의 기능이 떨어지면 활동적인 발달된 뇌세포도 죽고 만다. 뇌 순환 기능 저하는 앞에 말한 경동맥판의 강화로 막을 수가 있을 뿐만 아니라 크게 발달되어 개선시킬 수도 있다. 현재 영양을 받지 못하고 있는 뇌세포나, 한 번도 영양 공급이 되지 않았던 뇌세포조차 사멸되지 않고 유지할 수 있다.

그런데 이들 세포를 유지하기 위해선 순환계통 기능을 촉진하는 것만으로는 불충분하다. 회복된 뇌세포가 발달하고 순환 계통의 기능 촉진을 요구하게끔 해야 한다. 그렇지 않으면 기능의 증진이 갓된 순환 계통이 뇌의 기능을 높이기 위한 노력이 거의 끝난 순간에 그 회복된 뇌세포를 방출하기 때문이다. 뇌 순환 계통 개선은 뇌세포의 스위치를 넣고 발달시키기 위한 방법을 병행하여야 한다. 그렇지 않으면 노력들이 모두 허사가 된다.

• 비타민 E와 두뇌 개발

다음으로 중요한 것이 영양 면에서의 접근이다. 즉 모세혈관의 발달, 확장에 효과가 있는 비타민 E와 같은 영양소 섭취를 잘 하는 것이다. 마스킹 방법을 사용하고 있을 때 매일 비타민 E를 섭취하면 뇌의 순환계통 기능을 훨씬 촉진할 수가 있다.

비타민 E는 심장 발작이나 순환기계의 장애, 불임, 유산 예방과 치료에 큰 효능이 인정되고 있는데 임신 중과 진통이 시작될 때 비타민 E를 섭취하면 태아나 신생아에서 흔히 볼 수 있는 뇌 손상을 상당히 방지할 수가 있어 지능이 우수한 아이가 탄생되는 것이다. 비타민 E에는 강력한 산화 방지 효과, 즉 조직의 산소 소비를 촉진시키는 효과가 큰 것이다. 비타민 E의 섭취가 잘되면 혈액이나 순환기계에서의 영양 공급을 두뇌 구석구석까지 쉽게 할 수 있는 것이다.

그러나 당뇨병 환자의 경우 비타민 E의 작용으로 인슐린 분비가 억제되므로 인슐린 쇼크를 일으킬 염려가 있다. 고혈압인 사람의 경우 비타민 E가 고혈압 치료에 쓰이고 있는데 이것을 처음부터 다량 섭취하면 동계가 심해져 혈압이 내리지 않고 오히려 일시적으로 상승하는 환자도 있다. 비타민 E는 서서히 섭취량을 증가시켜야 한다. 알파 토코페롤(비타민 E의 화학명)을 최초에는 1일 30IU(1IU=1mg)를 식사가 끝날 무렵이나 식후에 곧 섭취하는 것이 가장 좋다고 한다.

• 그 밖의 영양소

비타민 E뿐만 아니라 뇌의 순환계통을 발달시키는 효능을 가진 것으로는 여러 가지가 있다. 그러한 것 중 특히 강조되고 있는 것이 콜린, 폴라보노이드(비타민 B_2), 비타민 C와 오메가 3 불포화지방산 즉 DHA와 EPA, 레시틴 등이다.

이들 영양소를 많이 가지고 있는 식품은 다음과 같다.

비타민 E(곡물배아, 면실유, 녹황색 채소, 콩, 장어, 명란, 고구마), 비타민 B_1(효모, 육류, 간, 배아, 두류, 우유, 분유, 녹황색 채소), 비타민 B_2(간, 효모, 난황, 배아, 육류, 분유, 녹황생 채소), 판토텐산(효모, 배아, 육류, 생선, 생우유, 분유, 콩), 비타민 C(귤, 딸기, 토마토, 콩나물, 녹황색 채소, 감자류, 담색 채소), DHA와 EPA(등푸른 생선), 레시틴 (두류, 난황, 참깨, 들깨, 땅콩, 호두, 해바라기씨, 호박씨)

생선의 DHA

생선이 지능을 높이는 '특효약'. 이러한 사실이 발표된 것은 1989년에 영국의 한 출판사에서 간행된 ≪원동력≫이라는 한 권의 책이었다. 저자는 런던 동물원의 부속 연구 기관인 나휠드 비교의학연구소의 마이클 크로포드 영양생화학 부장 등 두 사람이었다.

"일본의 어린이가 유럽의 어린이에 비해서 지능지수가 높은 것은 문화적 배경이 서로 다른 것이 중요한 요인이라고 하더라도 일본인이 생선을 많이 먹어 왔던 역사적인 식습관에 기인하고 있는 것 같다."

크로포드 교수는 발표 이전부터 생선에 들어 있는 영양소와 뇌발달과의 관계에 대하여 여러 가지 연구를 해 오고 있으며 이 분야에서는 세계 제1인자이다. 그러한 그가 연구에 연구를 거듭한 결과 생선에 들어 있는 DHA야말로 뇌의 발달을 촉진시키는 가장 좋은 영양소라고 발표한 것이다. 결국 머리를 좋게 하는 중요 원소는 DHA라 불리는 영양소로, 일본인들은 자신도 모르는 가운데 이 영양소를 뇌에 보급해 온 것 같다.

머리에 많이 들어 있는 DHA

• DHA는 뇌에 많이 들어 있는 성분

DHA는 사람의 체내에도 존재하고 성인의 뇌세포 지방에도 10% 정도의 비율로 함유되어 있다. 뇌 중에서는 뇌세포를 만드는 중요한 임무를 하고 있는데 가령 뇌세포 중에 DHA가 부족하게 되면 최악의 경우에는 뇌세포의 세포막을 만들 수 없게 되어 기능이 약해지거나 세포가 죽어 버릴 위험성도 있다. 특히 정보를 전달하는 역할을 맡고 있는 뇌의 돌기의 앞끝(시냅스, 신경세포 접합부) 부분에 DHA가 부족하게 되면 뇌 안에서 정보 전달이 원활하게 이루어지지 않아 기억력이 저하되고 때로는 노인의 치매증의 원인도 된다고 한다.

• DHA는 어패류에만 들어 있나

뇌 안에서 이만큼 중요한 작용을 담당하고 있는 DHA이지만 유감스럽게도 인체 내에서는 만들어질 수 없다. 식품으로부터 섭취하는 것 이외에는 DHA를 유지시킬 방법이 없는 것이다. DHA를 섭취하기 위해서는 가령 채소나 콩 등을 먹으면 그것에 들어 있는 α-리놀렌산이 주로 간장에서 DHA로 변화되어 혈액에 의해서 뇌 증의 필요한 기관으로 운반하게 된다. 이때 α-리놀렌산이 간장에서의 전환 과정을 거치지 않으면 DHA가 만들어지지 않는다. 그런데 생선인 경우에는 DHA가 그대로의 모양으로 들어 있어서 간장에서 전환되지 않더라도 DHA 그 자체를 직접 섭취할 수가 있다. DHA가 제 모습대로 들어 있으면서 바로 섭취할 수 있는 것은 이상하게도 어패류뿐인 것이다. 뇌세포에 DHA를 확실하게 보급시키는 데는 어패류를 먹는 것이 제일 좋은 방법이다.

• DHA는 기억 학습 능력을 높인다

쥐의 실험에서 DHA의 효과는 입증되었다 :
"생선에 들어 있는 DHA는 우리들 인류의 뇌의 발달과 대단히 밀접한 관계가 있다" 라는 클로포드 교수의 발언이 있은 뒤부터 일본을 위시해서 세계 각국에서 그것을 실증하기 위하여 여러 가지 연구가 진행되고 있다. 여기에서는 나고야 시립 대학 약학부의 오쿠야마 교수의 실험을 소개한다. 실험에서는 다음과 같이 사육한 ①군과 ②군의 쥐를 사용하고 있다.

①군 : 뇌의 DHA가 불어나는 먹이를 계속 준 쥐
②군 : 뇌의 DHA가 줄어드는 먹이를 계속 준 쥐

실험 방법은 우선 준비한 상자에 창을 만든다. 창에는 장치가 되어 있어서 거기에 '밝은 빛'이 켜졌을 때 쥐가 지정한 지레를 누르면 먹이가 나오는 구조로 되어 있다. 그리고 '어두운 빛'이 켜졌을 때는 쥐가 지레를 누르더라도 먹이는 나오지 않는다. 이처럼 밝기의 차이와 먹이가 나오는 것과의 관계를 쥐가 기억하여 행동할 수 있는가를 조사한 것이다.

결과는 분명히 뇌의 DHA가 늘어나는 먹이를 먹은 ①군의 쥐가 성적이 우수하였다. 또 이 실험에 있어서 기억 학습의 능력을 다른 실험 방법으로 조사하여 본 결과도 역시 DHA가 들어 있는 먹이로 사육시킨 쥐가 DHA가 들어 있지 않은 먹이를 준 쥐보다 성적이 좋은 것으로 판명되었다.

생선을 먹으면 뇌의 학습 기능이 높아진다 :
사람에게서도 같은 결과가 얻어질 가능성은 크다. 즉 생선을 많이 먹음으로써 학습 기능이 높아지고, 머리가 좋아질 가능성이 있다고 여겨진다. 바꾸어 말하면, 생선을 먹지 않으면 뇌 안의 DHA 함량이 줄어들어 뇌 발달에 영향을 미칠는지도 모른다. 앞으로의 연구에 기대해야 될 것이다.

지능지수는 태아 때 결정!?

• DHA 섭취는 태아 때부터 시작되고 있다

1990년 10월 17일에 세계 최초로 'DHA 심포지엄'이 일본에서 개최되었다. 이 심포지엄에서 많은 보고들이 발표되었다. 그 중 모체 안에 있는 태아의 발육과 DHA의 관계에 대해서 놀랄 만한 발언이 있었다. "태아의 조직에 들어 있는 DHA가 어느 부분에 어느 만큼 축적되어 있는가를 조사해 보았더니 우선 먼저 임신한 여성의 태반에 DHA가 집중되고 다음으로 태아의 간장에 모여 있었다. 그 다음 태아의 성장 단계에 있어서는 DHA는 뇌로 집중해 가는 것을 알았던 것이다." 다시 말하면 DHA는 모체에 있는 태아 때부터 섭취가 시작되는 것이다. 그러니까 임신 중인 모체에 DHA가 적으면 그만큼 태아에게 가는 DHA도 감소하게 되는 것이다. 태아의 영양 보급은 어머니로부터 전달되는 영양을 기대하는 이외의 방법은 없기 때문이다.

• '태교'에는 생선의 섭취가 선결!?

요즘 임신 중인 여성이 태교를 위하여 심리적으로 안정된 좋은 음악을 듣거나 수영 등 가벼운 운동을 하는 경우가 많아지고 있다. 그러나 무엇보다도 생선을 많이 먹음으로써 태아에게 주어야 할 DHA 보급에 힘쓰는 것이 태교의 기본이라고 말할 수 있을는지도 모른다. 태아의 뇌가 형성될 시기에 모체에 DHA가 부족한가, 충분한가에 따라서 뇌신경세포의 형성이 달라지기 때문에 이 때 이미 어린이의 지능지수에 차이가 생길 가능성이 있다는 것이다. 뇌의 신경세포 수는 태아의 단계에서 결정된다. 태어난 다음에는 하나하나의 세포가 성장하는 일이 있어도 세포의 수가 늘어나는 일은 없다. 그러므로 태아 때에 DHA를 보급하는 것은 대단히 큰 뜻을 갖게 되는 것이다. 임신중인 어머니는 적어도 1주일에 다섯 번은 생선을 먹는 것이 좋다고 말할 수 있다.

모유에도 DHA가 들어 있다

• **DHA는 태아의 건강 상태도 좌우한다**

크로포드 교수는 태아의 발육과 DHA의 관계에 대하여 다음과 같은 발언을 새로이 하고 있다. "미숙아를 조사해 본 결과 DHA 함량이 대단히 적다는 사실을 알았다. 또 장님으로 태어나거나 발육이 늦은 아기를 조사해 보아도 역시 DHA가 극단적으로 적다는 것이 밝혀졌다." 요컨대 DHA는 태아의 능력에 영향을 미칠 뿐 아니라 건강 상태까지 크게 관계하고 있다는 것을 알 수 있다. 모체로부터의 DHA 보급이 부족하면 최악인 경우에는 유산이나 사산, 또는 뇌세포의 수가 적은 선천성인 정신박약아가 태어날 위험도 있는 것이다.

• **모유에도 DHA는 들어 있다**

DHA의 영향은 태아에서뿐만 아니라 영아의 성장에도 큰 의미를 가지고 있다. 영아는 일반적으로 모유로 키우게 되는데 그 모유에는 DHA가 듬뿍 들어 있는 것이다. 우리는 DHA 계열의 α-리놀렌산도 먹고 있으므로 모유의 DHA 함유량은 시판하는 우유의 몇 배나 된다. 그러나 이 수치는 어디까지나 건강한 상태의 어머니의 모유인 경우이다. 모체가 아기에게 젖을 먹이는 기간 중에 DHA의 섭취를 게을리 하면 당연히 그 수치는 낮아진다. 영아의 건강과 능력을 키우기 위해서 어머니는 생선을 먹는 것이 필요하다. 그러면 모유를 먹이지 않은 영아에게는 DHA의 보급이 무리한 것인가? 아니다. DHA가 들어 있는 조제분유를 이용하는 것도 한 방법이 될 것이다.

• 일본인과 유럽인의 모유의 차이

그런데 같은 모유라도 나라에 따라 DHA의 힘유량에 기다란 치이가 있다. 모유 100ml 중의 DHA의 양은 미국인 7mg, 호주인 10mg, 일본인 22mg으로 되어 있다. 일본 사람의 모유에 DHA가 많이 들어 있다는 것을 알 수 있다. 모체 안에서 태아에 충분한 양의 DHA를 보급하여 DHA가 듬뿍 들어 있는 모유를 먹이게 되면 어린이가 우수하게 될 가능성이 있는 것이다.

노인성 치매증 개선의 희소식

• 뇌의 노화에 DHA의 감소가 관계되는가?

오늘날 의학의 발달에 의해서 여러 가지 많은 질병들이 극복되게 되었다. 그러나 고령으로 인해서 발생하는 질병은 의학이 발전된 오늘날에도 완치는 대단히 어려운 경우가 많고 특히 노인성 치매증은 사회 문제로까지 되고 있다. 그런데 DHA에 관한 연구가 진행됨에 따라 이 노인성 치매증의 치료에 한 가닥 서광이 보이기 시작하였다. 나이를 먹어 감에 따라 뇌가 어떻게 변화되는가에 관해서 쥐를 이용해 실험하였다. 그 실험 결과 '늙은 쥐'와

'젊은 쥐'를 같은 조건에서 사육시켰을 때 늙은 쥐의 뇌의 DHA 양이 젊은 쥐보다 훨씬 적다는 사실이 밝혀졌다. 다시 말하면 뇌에 들어 있는 DHA의 감소는 노인의 기억 학습 능력의 저하를 촉진시키는 요인이 되는 것 같다. 어떠한 방법을 통해서든 노인의 뇌의 DHA 양을 증가시켜 줄 수 있다면 기억력의 저하를 막을 수 있을 것으로 생각하게 되었다.

・DHA가 노화한 뇌를 활성화

그래서 이번에는 늙은 쥐에게 DHA가 들어 있는 먹이를 1개월 동안 계속하여 투여하는 실험을 하였다. 그렇게 해보니 놀랍게도 늙은 쥐의 뇌 중에는 젊은 쥐와 거의 같은 정도의 함량으로 DHA가 소생되어 있었다. 불과 1개월만에 쇠퇴해 있던 늙은 쥐의 뇌가 젊은 쥐의 뇌와 같을 정도로 활성화되었다고 할 수 있다. 이것은 획기적인 발견인 것이다. 현재 문제가 되고 있는 노인성 치매증을 개선시키는 데 생선에 함유된 DHA의 효과를 기대할 수 있다는 것이다.

DHA가 치매증의 뇌세포를 활성화하는가?

・노인성 치매증의 대부분은 뇌혈관 장애 때문

일본인 남자의 노인성 치매증의 경우 전체의 60%가 뇌의 혈관 장애에 기인한다고 한다. 예를 들면, 뇌혈관의 일부가 막혀서 산소나 글루코오스의 공급이 이루어지지 않아서 세포가 죽어 버리는 경우, 또는 고혈압 등에 의해 동맥이 파열되어 흘러나온 혈액의 압박으로 세포가 죽어 버리는 경우 등 여러 가지 경우를 생각할 수 있겠으나 어떻든 이러한 세포의 파괴가 기억 학습의 역할을 맡은 부분에서 일어나면 치매증으로 연결되는 것이다.

• 뇌혈관 장애 예방에는 DHA가 유효

뇌의 혈관 장애로 인한 노인성 치매증의 경우에는 혈관 장애를 일으키지 않도록 미리 예방하는 것이 중요하다. 혈관 장애의 원인으로는 혈액 중의 콜레스테롤치의 증가나 혈관을 막히게 하는 혈전, 고혈압증 등을 주로 생각할 수 있다. 그러므로 그것들을 해소시킬 수 있는 식생활을 계속하면 에빙은 가능하다고 말할 수 있다. 그러한 것으로는 생선 요리가 으뜸이다. 생선에 들어 있는 DHA나 EPA 등의 성분이 콜레스테롤치를 저하시키고 혈전을 방지한다는 사실은 이미 실험을 통해 명확하게 밝혀졌다. 따라서 생선 요리를 먹는 것과 동시에 염분을 적게 섭취하는 식생활을 통하여 고혈압증의 치료에 힘쓰는 것도 중요한 일이다.

• DHA가 뇌세포를 활성화

그렇다면 이미 노인성 치매증에 걸렸을 경우에는 어떻게 하면 좋을까? 노인성 치매증에 걸리면 일부의 세포가 파괴된 상태로 되지만 모든 세포가 죽는 것은 아니다. 따라서 살아 있는 세포가 파괴된 세포의 몫까지 맡아서 일할 수 있으면 어느 정도의 회복은 가능하다. 살아 남아 있는 세포를 활성화시키기 위해서도 DHA의 효과가 기대된다. 아직 실험 단계이기 때문에 확실하게 노인성 치매증에 효과가 있다고 말할 수는 없으나 DHA의 힘에 의해서 뇌세포가 활성화될 가능성은 대단히 높다고 말할 수 있다.

운동 부족은 문맹과 직결된다

눈의 기능을 관장하고 있는 뇌에 바르고 결정적인 정보가 주어졌을 때만 눈은 좌우가 모아져 지장 없이 기능을 발휘할 수가 있다. 시각은 다른 감각보다 더 많은 정보를 처리한다. 인식과 의식 등 모든 것을 관장하는 기관인 지능중추, 즉 뇌의 거의 전체와 관련되어 있는 셈이다. 눈은 뇌의 연장이다. 그래서 눈을 보면 지능 정도를 어느 정도 추측할 수도 있다. 어린아이일 때 운동을 할 자유가 주어지지 않으면 어떻게 될까? 그런 아이들은 대부분 눈의 기능이 제대로 이루어지지 않아 문맹과 직결된다는 연구가 있다.

원숭이 가지타기식 운동

원숭이가 나뭇가지 사이를 손을 뻗쳐 가면서 이동하는 것을 우리는 흔히 볼 수 있다. 이러한 운동은 전감각, 말초에 이르기까지 여러 가지 인식과 조정에 관여하는 복잡한 회로를 필요로 하며, 놀라우리만큼 광범위한 뇌의 부분에 관여되고 있다. 이것이 대뇌피질을 보다 발달시키는 데 중요한 요인이 된다는 것이다. 철봉에 매달리는 것도 그와 비슷한 운동이 될 수 있고 나무 타기를 하는 것도 그와 비슷한 것이다. 이 운동이야말로 우리의 조상들이 몇 백만 년 동안 이동하기 위해 이용한 방법이었던 것이다.

원숭이 나무 타기는 대뇌피질의 시각, 사고, 감촉, 인식 등의 능력이 발육 과정에서 체험하는 모든 것을 포함하고 있다. 이러한 운동을 할 수 없는 현대인들에겐 대뇌피질의 발달을 방해받고 있는 셈이다. 이 운동 다음으로 효과적인 것은 걷기와 달리기이다. 그러나 이것은 결함을 보충할 정도이지 뇌에 주어지는 변화 정도가 매우 적어 비효율적이다.

수영과 두뇌 개발

신생아는 그들이 인생의 최초 9개월간을 살아온 물(모태 안의 양수)에서 나온 지 몇 시간 이내이면 물에서 능숙하게 유영할 수 있다고 한다. 이 훈련을 자주 하게 되면 보통 갓난아기의 뇌 발달과 신체 건강에 놀랄 만한 효과가 주어진다고 한다. 이러한 사실을 보고 인류의 시작은 어류인 것으로 보는 학자까지 있다.

늑대 소년·소녀

옛날에는 산간 벽지에서 갓난아기가 늑대에게 물려 가는 일이 많이 있었다. 물론 곧 희생되는 경우가 많았으나 개중에는 기적적으로 늑대에게 사육되어 늑대 무리와 함께 생활을 해 온 소년과 소녀가 있었다. 이들이 우연한 기회에 생모에게 되돌아온 일이 더러 있었는데 아이를 찾은 가족들의 기쁨이 매우 컸을 것이다. 그런데 이 경우 두뇌 발달이 제대로 되지 않아 비극적인 일이 매우 많았다고 한다. 말을 제아무리 열심히 가르쳐도 끝내 몇 마디밖에는 배우지 못했다는 것이다. 그 이유는 늑대에게 물려 가 걸음마를 하지 않고 늑대와 마찬가지로 네 발로 걷는 생활을 해 왔기 때문에 두뇌 개발이 중단된 것이다.

대뇌피질의 발달은 손의 움직임에 의해 많이 이루어진다고 한다. 사람은 돌만 지나면 걸음마를 하며 손을 많이 쓰는 생활을 하므로 지능 발달이 자연스럽게 병행되는 것이다. 그런데 늑대 소년, 소녀는 지능 발달이 가장 많이 이루어지는 시기에 손을 일체 쓰지 않는 생활을 했으므로 지능 발달이 멎고 만 것이다.

'잼잼이'를 많이 시킬수록 머리는 좋아진다

늑대 소년과 소녀의 경우에서 보듯이 손을 쓰는 것이 중요하다는 것을 쉽게 알 수 있다. 사람이 지구를 지배하게 된 것도 따지고 보면 직립 보행으로 손을 많이 쓰는 생활을 했기 때문에 두뇌 개발이 잘 이루어져 가능했던 것이다. 그렇게 본다면 어린아이들에게 잼잼이를 많이 시키거나 손을 많이 쓰는 장난감을 주는 것이 머리를 좋게 하는 데 큰 보탬이 된다는 것을 알 수 있다.

호박씨를 까먹으면 머리가 좋아진다

우리 나라엔 옛날부터 '호박씨 깐다'라는 표현이 있었다. 이 말은 뒷전에서 남모르게 일을 잘 꾸미는 사람을 빗대서 하는 말이었다. 머리가 나쁜 사람이 일을 꾸밀 수는 없었을 것이다. 이 말은 참 재미있는 표현이라는 것을 알 수 있다.

식생활이 빈약해서 영양 공급을 제대로 하기 어려웠던 시절에 두뇌 개발에 필요한 영양소를 공급하기란 매우 어려운 일이었다. 그런 때에 두뇌 개발에 필요한 영양소(단백질, 불포화 지방산, 인지질, 레시틴, 비타민 B, 비타민 E 등)를 듬뿍 가지고 있는 호박씨를 즐겨 먹은 사람이면 자연히 두뇌 개발이 되어 지능이 높아질 수 있었을 것이다. 거기에 덧붙여 호박씨는 껍질이 단단해서 그대로는 먹을 수가 없다. 그래서 호박씨를 먹으려면 손을 써서 껍질을 벗겨 내야만 했던 것이다. 바로 이 작업이 손을 많이 쓰는 작업이어서 지능을 높이는 좋은 운동이 된 것이다.

호박씨뿐만 아니라 유지성 종자로 먹어 온 식품들이 연밥, 해바라기씨, 땅콩, 잣, 호두, 아몬드, 피스타치오 등도 똑같은 효과를 거둘 수 있는 것이다. 요즘 미국의 야구 감독이나 코치들이 이러한 너트를 질근질근 씹고 껍질을 내뱉고 있는 모습을 텔레비전 화면에서 많이 목격하게 된다.

또 일설에 의하면, 중국 사람들의 머리가 좋은 이유의 하나로 식후에 입가심으로 볶은 수박 씨를 먹기 때문이라는 말도 있다. 우리 나라에선 수박 씨를 먹으면 귀가 먼다는 말도 있었는데 중국에선 후식으로 애용해 왔다. 이 수박 씨 먹는 기술이 대단해서 한 움큼 껍질 달린 볶은 수박 씨를 입안에 털어 넣고 오물오물 한 후에 한쪽 손으로 퉤 내뱉는 것을 보면 겉껍질만 희한하게 분리되어 나오는 것을 흔히 볼 수 있다. 이 수박 씨에도 두뇌 개발에 필요한 영양소가 고루 들어 있다.

식사와 두뇌 개발

뇌는 '생각하는 기계'라고 일컬어지기도 한다. 정교한 정보 처리 기계인 동시에 스스로의 구조와 활동을 변화시켜 가는 지극히 우수한 성질도 갖추고 있다. 이러한 뇌에 대해 유익한 물질과 유익하지 못한 물질이 있게 마련이다. 뇌의 영양이 되는 물질이 있는가 하면 독이 되는 물질도 있는 것이다. 뇌의 에너지원이 되는 포도당이나 집중력을 높이는 칼슘 등은 절대로 부족하게 해서는 안 될 영양소지만 그것만으로 뇌의 활동이 활성화되지는 않는다. 섭취하는 방법이 틀리면 제대로 활동하지 못하는 경우도 있다. 다량 섭취하면 뇌에 해독을 끼치는 것이지만 미량으로는 뇌를 활성화하는 독도 있는 것이다.

여러 연구가에 의해서 밝혀진 바에 의하면, 아침 식사를 하지 않으면 성적이 내려간다고 한다. 일본 자치 의대의 가가와 교수의 실험에 의하면, 단지 아침을 먹었는가 먹지 않았는가 한 가지만으로도 학업 성적에 크게 영향을 미쳤다는 보고를 하고 있다.

아침밥이 성적에 영향을 미치는 원인으로 가가와 교수는 다음 두 가지 이유를 제시하고 있다. 하나는 아침밥에 뇌의 리듬(약 24시간 주기)을 조절하는 활동이 있다는 것이다. 인체에 있는 송과체(松果體)는 밤에 멜라토닌을 증가시키고 낮에는 세로토닌이라는 물질을 증가시킨다. 이 물질이 수면과 각성을 조절하는 것이다. 아침 식사를 하는 것은 체온을 올리고 뇌의 온도도 상승시켜 멜라토닌 대사에 영향을 끼친다고 한다.

아침밥이 학업 성적과 관계되는 또 하나의 이유는 뇌에 에너지를 공급하는 것이다. 뇌는 다른 장기와는 달리 포도당만을 에너지원으로 한다. 아침때의 뇌에는 이 포도당이 결핍되고 있다. 성인 남자의 뇌는 1시간에 약 5g의 포도당을 소비한다. 혈중 포도당양은 약 5g 정도이므로 부족하게 되면 간장에 있는 글리코오겐을 포도당으로 바꾸어 사용하게 된다. 그러나 성인의 간장이라도 저축되는 글리코오겐 양이 약 60g 정도이므로 12시간밖에 지탱할 수 없다는 계산이 나온다. 뇌가 글리코오겐만 사용한다고 할 때 저녁 6시에 식사를 한다면 다음날 아침 6시에는 에너지 부족에 빠지게 된다. 그렇게 되면 안절부절하고 초조해 하거나 집중력이 없어지고 만다. 뇌를 연료 부족 상태가 되지 않게 하기 위해서는 아침밥을 먹는 것이 절대적으로 필요한 것이다.

다음으로 중요한 것은 아침 식사의 내용인데 뇌 세포를 구성하는 아미노산이나 지방, 신경 정보의 원활한 전달에 필요한 칼슘 등 미네랄과 아미노산의 대사에 필요한 비타민 B_6 등 B 복합체에다가 기억력 향상에 직결되는 레시틴을 곁들일 필요가 있다. 아침밥으로는 콩 식품이 좋은데 된장국이나 담북장 등이 어울리며 계란도 함께 먹으면 메티오닌이 부족한 콩단백의 결점을 보완해 줄 수도 있다.

건뇌식

머리 회전에 필요한 영양소를 많이 가지고 있는 식품을 건뇌식이라고 한다. 아미노산에 비타민 B_1과 B_2가 함께 작용하면 추진력이 생기고, 비타민 B_6와 판토텐산이 합세하면 억제력이 생기는 것으로 알려져 있다. 뇌가 활발히 움직이기 위해선 아미노산, 비타민 $B_1 \cdot B_2 \cdot B_6 \cdot B_{12}$, 판토텐산, 이노시톨, 콜린 등과 충분한 산소를 함유하는 혈액이 꼭 필요하다. 뇌의 회전에 의해 생기는 찌꺼기의 조속한 배출이 뒤따르지 않으면 두뇌 개발은 중단되고 만다. 이 찌꺼기로 인해 뇌의 노화가 촉진되므로 두뇌 작용을 원활히 하고 젊게 유지하려면 세포가 젊고 활기 차도록 생겨나는 노폐물을 제거시켜야 한다. 그것이 곧 두뇌 작용이 잘되고 머리를 좋게 하는 원동력도 되는 것이다.

이 노폐물을 제거하는 데 큰 몫을 하는 것이 곡류에 들어 있는 단백질과 비타민 E이다. 혼식과 잡곡식이 곧 건뇌식의 기본이다. 시중에 나와 있는 궁중옥쌀(현미, 찹쌀, 조, 백미, 현미찹쌀, 발아현미, 차조, 수수, 기장, 녹두, 콩, 팥, 흑미)은 그런 면에서 훌륭한 건뇌식이라 할 수 있다. 비타민 E와 단백질은 서로 어울려 산소의 순환을 통해서 세포의 찌꺼기 배출을 도와준다. 비타민 E와 단백질이 어울리면서 산소가 지방산과 화합해서 과산화물 즉 노폐물이 만들어지는 것을 어렵게 한다.

지구력 향상에 도움이 되는 식품

제아무리 머리가 좋아도 지구력이 결여되면 좋은 결과를 얻기가 어렵다. 자기 머리 좋은 것만 믿고 꾸준히 노력을 하지 않는다면 자라면서 좋은 성적을 기대할 수는 없는 일이다. 차분한 성격을 갖고 지구력을 키우는 것이 좋은 결과를 얻는 데 무엇보다 중요한 일이다.

우리 나라 사람들은 성격이 조급하기로 유명하다. 그런데 그것은 식생활과도 관련이 깊은 것이다. 우리 나라 토양은 대부분이 산성 토양으로 농작물 중의 칼슘 함량이 매우 적다. 거기에 비해 유럽의 토양은 칼슘 함량이 매우 높은 것이 특징이다. 그래서 같은 토마토라도 그 안에 들어 있는 칼슘 양에 차이가 크다. 산성 식품만을 편중되게 먹고 섭취하는 칼슘이 적은 경우 조바심이 생기고 성급해지며 남과 싸우기를 잘한다고 한다. 이 칼슘이 진정 효과와 지구력을 키우는 데 큰 몫을 담당하는 것이다.

일반적으로 칼슘이 많은 식품이라면 뼈째 먹는 생선 멸치가 거론되는데 멸치 중에는 칼슘도 많지만 인산의 함량이 더 많아 사람들이 실제 섭취하는 칼슘의 양은 아주 적다. 그래서 흔히 칼슘을 가장 손쉽게 섭취할 수 있는 식품으로는 우유를 들고 있다. 그런데 유당 불내증인 사람은 우유를 마시고 싶어도 마시지 못한다. 그러한 경우 칼슘 공급을 위해서 가장 좋은 것이 미역, 다시마, 톳, 김 등 해조류이다.

마른 미역 중에는 분유만큼의 칼슘이 들어 있고 알긴산 등 식이성 섬유가 풍부하여 콜레스테롤 제거 효과도 크고 변비 치료에도 매우 효과적이다. 그러한 점에서, 산모들에게 미역국을 먹여왔다는 것은 조상들의 뛰어난 시혜였음을 알 수 있다. 입학시험이나 취직시험에서 낙방한 것을 비유할 때 '미역국 먹었다'라는 말을 써 왔는데 이것은 미역이 가지고 있는 미끈미끈한 점질물, 알긴산에 빗대서 지어진 말이었을 것이다. 결국 평소에 미역국을 많이 먹는 아이라면 지구력을 갖고 차분하게 책상에 앉아 있을 수가 있으므로 성적이 올라 합격률이 높아지게 될 것이다.

피아제의 지능 발달론

인간의 지능과 신경계통은 인간이 환경에 순응하면서 잘 살아가기 위한 방편인 것이다. 이것은 유아가 성장함에 따라 네 단계의 차례로 발달해 간다는 것이다. 즉 감각·운동기, 전조작기, 구체적 조작기, 형식적 조작기인데, 유아 발달 단계에서 보일 것은 보이고 시킬 것은 시키지 않으면 사람에게 갖추어질 자질이 잘 형성되지 않아 지능 발달이 안 된다는 것이다.

갓난아이를 수영장에 넣으면 자연스럽게 뜨고 헤엄치게 되는데 러시아나 미국에선 이것이 유아의 능력을 높이기 위한 것으로 흔히 권장되고 있다. 이렇듯 스포츠 중의 특별한 동작에는 단순히 체력을 기를 뿐 아니라 지능 향상에 이바지하는 것이 있다는 것을 알 수 있다.

두뇌 개발을 위한 스포츠

머리를 좋게 하려면 선결 문제가 건강 유지이다. 그래서 사람들은 여러 가지 스포츠를 하게 된다. 그런데 머리를 효율적으로 향상시키기 위해선 다리와 허리 근육과 같이 머리에서 먼 부분을 단련시키는 것보다 눈이나 손과 같이 머리에 가까운 부분을 우선적으로 하여야 한다고 한다. 잠잘 때 이불을 머리에 뒤집어쓰고 자는 것은 탄산가스를 흡입하게 되어 좋지 않은 것으로 일러 왔는데 젊고 건강한 때에는 이것을 의식적, 합리적으로 하게 되면 혈관을 굵게 하고 두뇌에 영양을 잘 보내는 효과가 있기도 하다. 그러한 방법의 하나가 앞에서 소개한 마스킹법인 것이다. 조깅이나 테니스, 골프, 참선 등의 동작도 두뇌 개발과 일맥 상통되는 것으로 볼 수 있다.

제 9 장
식생활의 지혜

식생활의 지혜

아침 식사는 대뇌에 엑셀레이터와 같은 자극을 준다

전통적인 식사이든, 찬 우유와 과일을 적당히 먹는 식사이든 아침 식사를 맛있게 하게 되면 단순히 하루의 출발에 있어 몸이 필요로 하는 영양분의 공급뿐만 아니라 대뇌 기능의 시동에 대해 활기를 주게 된다.

대뇌기능물질(GA BA, GABOB, 아세틸콜린, 엔돌핀 등)은 수면 중에 쉬지 않고 만들어져 대뇌피질 등 신경세포에 축적된다. 그 후에도 계속해서 만들어지거나 눈을 떠서 활동하기 시작하면 소모량이 많아진다.

따라서 그 양은 잠자리에서 막 일어났을 때 최고로 되어 있을 것이다. 그런데 대뇌는 아직 충분히 작용하는 상태에 놓여 있지 않다. 자동차로 비유하면 발동을 걸었는데 엑셀레이터(가속기)를 밟지 않은 상태인 것이다.

대뇌에 엑셀레이터 역할을 하는 것은 뇌간부에 있는 망양체라는 세포군이다. 이 망양체의 세포군은 자극을 받으면 그 강도에 따라 대뇌피질 전체에 활력을 주게 된다.

잠자리에서 일어나 이부자리를 개고, 청소를 하고, 세수를 하고, 신문을 보거나 텔레비전을 보면 뇌간망양체의 세포를 자극하게 된다.
아침 식사를 맛있게 하면 다음 두 가지 면에서 좋은 자극을 주게 된다.
첫째, 음식을 먹을 때의 미각은 예민한 감각으로 강력한 자극을 주게 된다. 갓난아이는 이 감각만으로 외계와 접촉을 시작하는 것이다.
음식을 씹으면 수축 운동을 하는 근육은 강력한 자극을 받아 대뇌에 엑셀레이터 역할을 한다.
둘째는 의욕에 자극을 주는 일이다. 긴 잠에서 깨어난 대뇌의 작용에 아직도 브레이크가 걸려 있는 상태에서 아침 식사를 맛있게 하면 그것이 하나의 신호가 되어 의욕을 불러 일으켜 활기를 주게 된다.

음식물을 잘 씹으면 생리적 만복감이 생긴다

음식물을 잘 씹으면 만복 중추를 자극하게 되어 음식의 양이 그렇게 많지 않아도 생리적 만복감이 얻어지며 혈당치도 그다지 올라가지 않는다.
한참 먹게 되면 뇌에서 배가 부르다는 신호가 위나 장에 전달되므로 알맞은 때에 수저를 놓게 된다. 먹는 속도가 빠르면 만복감의 신호가 나오기 전에 음식을 계속 먹게 되어 자칫 과식하기 쉬워진다.
빨리 먹으면 음식이 소장에서 흡수되는 속도도 빨라져 혈당치가 한꺼번에 올라가며, 그 자극에 인슐린 분비가 많아진다. 인슐린이 많이 나오면 이번에는 혈당치가 떨어져 저혈당이 되고 다시 먹고 싶은 생각이 드는 악순환이 계속되는 것이다. 인슐린 분비가 고르지 않아 이상이 생기면 문명병의 하나인 당뇨병에 걸리기 쉬운 것이다.

미국 우주 비행사가 3개월간 무중력 상태에서 튜브에 든 음식만을 먹고 귀환한 일이 있다. 그 때 신체 검사를 해보니 체내에 칼슘이 몹시 줄어들어 있었다. 뼈나 근육을 쓰지 않으면 약해진다는 사실을 입증한 것이다.

침은 당뇨병, 동맥경화 예방

침 속에 들어 있는 파로틴은 당뇨병이나 동맥경화에 큰 영향을 끼친다. 당뇨병은 한 번 걸리면 완치되기 어려우므로 미리 예방하는 것이 가장 바람직하다. 그러기 위해서는 음식을 잘 씹어서 파로틴의 분비를 촉진시키는 것이 예방의 첫걸음이 된다. 파로틴은 특수한 조직을 통해 재흡수되며, 노화 방지에도 한몫을 한다.

≪동의보감≫에 의하면, 침은 금장옥례라 할 정도로 소중한 것이라고 한다. 하루 종일 밖으로 뱉지 않고 삼키면 사람의 정기가 몸 속에 보존되어 얼굴에 윤기가 흐른다고 한다.

또 침을 옥천(玉泉)이라고도 부르는데 살균 작용이 있어 입을 깨끗하게 하며 입 속을 윤택하게 한다. 뱉지 말고 입을 움직여 혓바닥으로 눌러 침을 삼키면 건강에도 좋을 뿐만 아니라 입냄새도 없애 준다. 이러한 사실들을 놓고 볼 때 하루 한 끼 정도는 온 가족이 식탁에 둘러앉아 천천히 식사하는 습관을 갖는 것이 가족 건강을 지키는 좋은 습관이라는 것을 알 수 있다.

타서 수분이 없는 고기는 먹지 않아야 한다

강한 돌연변이원성을 나타내는 물질은 단백질의 아미노산이 타면서 생성된다. 필수 아미노산의 한 가지인 트립토판이 타면서 생성된 트립 P-1, 트립 P-2 등이 그 대표적인 것이다. 돌연변이원성과 발암성은 반드시 일치하지는 않으나 이 변이원성의 강도는 가히 장사급이어서 이것을 입으로 통해 섭취해도 암을 유발한다는 사실이 밝혀지고 있다.

50종류의 식품을 섭씨 200~400도로 가열하고, 가열 온도, 식품의 수분량, 단백질량에 따라 돌연변이원성의 세기가 어떻게 변하는가를 조사한 연구가 있다. 그 연구에 다르면 섭씨 200도에서 10분간의 가열로는 돌연변이원성이 없다.

수분이 적고 단백질 함량이 높은 콩가루, 연두부, 마른 오징어, 마른 멸치 등은 섭씨 250도에서부터 변이원성이 나타나 섭씨 300도의 가열로 최고에 달한다. 신선한 생선, 고기, 달걀 등은 섭씨 300도의 가열로 비로소 변이원성이 나타나고 섭씨 400도에선 더욱 높아진다.

굽고 있는 중에 수분이 증발하는데 물의 증발열에 의해 온도를 낮추는 효과를 잃어 결과적으로 가열에 의한 영향을 더 받는 것이다. 마른 생선이 탄 곳, 구운 고기가 타서 수분이 없는 곳은 먹지 말아야 한다.

생선을 구울 때 약한 불로 오래 굽는 것이 좋지 않다. 강한 불로 굽되 좀 거리를 두고 수분이 마르지 않게 굽는 방법이 가장 좋다. 알루미늄 포일로 싸면 수분이 날아가지 않기 때문에 직접 불로 군 것처럼 타도 발암 물질 벤즈피렌이 잘 생기지 않는다는 보고도 있다. 물이 있으면 증발할 때 표면에서 열을 뺏기 때문에 온도가 덜 올라가는 것으로 생각되고 있다. 표면을 보호한다는 면에서는 양념을 바르면서 굽는 것이 좋다고 한다.

미국에서 위암 발병률이 줄게 된 것은 냉장고의 보급이 큰 공헌을 했다는 말이 있다. 소금에 절이는 식품의 섭취가 줄었기 때문이라고 하는데, 말린 고기 등을 구워먹는 일이 줄게 된 것도 그 주요 원인의 하나라고 한다.

모든 식품이 타면 다 발암성을 나타내는 것은 아니다. 쌀이나 그 밖의 식물성 식품은 타더라도 다행히 강한 변이원성을 나타내지 않는다. 우리가 예로부터 즐겨 온 누룽지는 안전하다는 말이 된다. 구수한 숭늉과 누룽지의 맛을 계속 볼 수 있게 되었으니 참으로 다행한 일이다.

유산균은 비타민 B류의 증가를 돕는다

요구르트와 같은 발효유에는 어떠한 유효 물질이 있을까. 몇 가지 간추려 보면 다음과 같다.

우선 주성분은 유산이다. 이것은 위산의 분비를 잘 조정해 주며 부패를 방지한다.

또 발효유에는 소량이긴 하나 탄산과 알코올이 들어 있어 이들이 장관의 신경에 작용해서 장의 움직임을 촉진시켜 준다. 즉 장에서의 흡수를 좋게 하고 변통을 좋게 한다.

발효유의 원료유 중에 들어 있던 칼슘은 요구르트 중에 들어 있는 유산의 작용으로 흡수되기 쉬운 유산칼슘으로 모양이 바뀌게 된다. 칼슘이 부족한 사람이 칼슘의 섭취를 현명하게 하려면 요구르트와 같은 발효유를 먹는 일이다.

또한 유산균의 작용으로 비타민 B류가 현저하게 증가한다. 발효유 중에는 펩톤과 펩타이드라는 물질이 들어 있다. 이것은 우유 단백질을 유산균이 분해해서 만들어 낸 물질로 장이나 간장의 기능을 높여 주는 특별한 작용이 있다.

유산균은 또 특별한 종류의 항생물질을 만들고 있는데, 이것이 유해균의 번식을 억제하는 것으로 알려지고 있다.

우유가 몸에 좋기는 하지만 우유에 대해 알레르기 반응을 일으키는 특이체질이 있다. 그러한 사람들은 우유 대신 발효유를 마시면 우유를 섭취하는 것 이상의 영양을 얻을 수 있다.

가공식품의 섭취는 아연 결핍을 부른다

현대인들은 지나치게 정제되고 가공된 식품을 많이 먹고 있다. 그로 인해 생기는 부작용이 아연의 부족이다.

청량음료·햄·소시지·어묵·라면에 이르기까지 화학합성식품인 인산염을 비롯한 식품첨가물이 많이 쓰이고 있다. 이러한 첨가물이 체내에서 아연을 비롯한 무기질의 흡수를 방해하는 것이다.

가공식품뿐만 아니라 여러 가지 의약품, 간장약이나 혈압강하제 등을 먹게 되면 그들 성분이 아연과 결합해서 체외로 아연을 배출시키게 된다. 술을 좋아해 많이 마시는 사람도 알코올이 아연을 용해하므로 부족되기 쉬워진다고 한다.

아연 부족으로 나타나는 현상은 다음과 같다.

· 인슐린의 생성에 지장이 생겨 당뇨병에 걸리기 쉬워진다.
· 고환이 위축된다.
· 미각이 둔해져서 단맛을 모르며, 매운맛 역시 느끼지 못한다.
· 머리카락이 빠지고 피부염이 생긴다.
· 상처 치유가 더디게 된다.

이상의 사실로 보아 아연은 음식 맛을 느끼게 하는 미뢰세포의 감각에 이상을 가져오는 것이다. 음식 맛을 제대로 느끼지 못하면 음식 섭취에 있어 자신도 모르게 편식을 하게 된다.

아연 결핍을 초래하는 또 다른 원인으로는 칼슘을 지나치게 많이 먹거나 섬유소가 많은 식품을 편중해 먹었을 때도 일어난다. 피친이 많은 콩류를 지나치게 먹으면 십이지장에서 아연 흡수가 방해되기도 한다. 설사를 오래 하거나 장에 염증이 있으면 장의 흡수 능력이 떨어져 아연 결핍이 되기 쉽다.

아연 부족을 막기 위해 먹으면 좋은 식품은 굴·배아·간·게·땅콩·아몬드·호두·완두·메밀·달걀노른자·닭고기·조개·파슬리·감자·팥 등이다. 그 중에서도 굴은 아연이 가장 많이 들어 있는 우수한 식품이다.

제 10 장
골고루 먹지 않는
학령 전 어린이를 위한 전략

골고루 먹지 않는
학령 전 어린이를 위한 전략

어떤 음식이 건강한 두뇌 발달에 좋은지도 알았고, 식단도 충분히 알게 되었으니 이제는 어려울 것 없다는 생각이 드는 독자가 있을지도 모르겠다. 그러나 어린이를 가진 부모라면 지금부터 시작이라는 것을 알 것이다. 어떤 음식을 어린이에게 먹이느냐 하는 문제는 그 음식을 어린이의 입에 넣어 뱃속으로 들여보내는 것에 비하면 쉬운 일이다.

학령 전 어린이는 까다롭기 짝이 없는데 거기에는 몇 가지 이유가 있다. 첫째, 영아 시절보다 자라는 속도가 늦으므로 그 시기에는 영아기만큼 많은 음식을 필요로 하지 않는다. 또한 걷고, 말하고, 부모들이 정한 제한을 시험하며 막 '날갯짓'을 하려는 시기이기도 하다. 의지의 싸움이 시작되는데 식탁이 주로 그 전쟁터이다.

아이가 주는 대로 먹지 않으려는 데는 여러 가지 이유가 있다. 그러나 이 시기는 두뇌 발달 면에서 중요한 시기이다. 그러므로 지금부터 학령 전 어린이에게 음식을 남김없이 먹게 하는 전략을 소개한다.

전략 1 : 어린이의 식사 주기를 분석하라

어린이가 먹는 것에 대해 부모가 걱정을 하고 불안해한다면 어린이는 부모의 근심을 알아차리고 부모가 원하는 것과 반대되는 방향으로 반응을 보일 수도 있다. 아이는 처음 18개월 동안에 비해서 그리 자주 배가 고프지 않다. 또한 두 살에서 다섯 살 사이의 어린이는 독립심이 강해져, 부모가 음식을 억지로 먹이려 한다면 반항할 것이다.

그러므로 싸움을 하려고 들어서는 안 된다. 식욕이란 항상 변하는 것이고, 어린이도 눈앞에 있는 음식을 먹고 싶어 하지 않을 때가 있다는 것을 이해해야 한다. 어린이에게 음식을 먹이려면 가능한 한 창의적인 방법을 쓰도록 하자. 부엌에서 먹이지 말고 식당에서 먹이든지, 방안에 돗자리를 깔고 소풍 간 흉내를 내도 좋다. 점심을 놀이터나 동물원, 그밖에 다른 곳으로 가지고 나가 먹일 수도 있다. 그래도 소용이 없으면 어린이의 먹는 문제에 대해 소아과 의사와 상의하는 것이 좋다.

전략 2 : 하루에 세 끼라는 고정 관념에서 벗어나라

이 전략은 영유아기와 학령 전 어린이에게는 다섯 끼를 주는 것이 좋다는 내 생각을 반영한다. 어린이가 배고플 때마다 식사 준비가 되어 있을 수는 없다. 그러나 외출을 할 때는 영양가 있는 점심이나 간식을(다섯 끼 중의 하나) 싸 가서 배가 고프다고 할 때 영양가 없는 음식을 사 먹일 필요를 없애는 것이 좋다.

전략 3 : 어린이를 요리사로 만들자

물론 어린이를 불 옆에 두라는 말은 아니다. 그러나 간단하고 안전한 것이라면, 샌드위치나 샐러드 등은 만들도록 해주는 것이 좋다. 어린이는 상을 본다든지 가족이 앉을 자리를 정한다든지, 식사가 끝나고 접시를 나르는 등 식사 준비와 치우기에 참여할 수 있다.

어떤 이유에서인지 — 아마도 주위 환경을 지배하려는 욕구가 많기 때문이겠지만 — 어린이들은 준비를 도왔던 음식은 더욱 잘 먹는다. 학령 전 어린이를 위한 프로그램에서는 이 원칙을 많이 이용한다.

전략 4 : '맛없는' 음식은 없다

식사 시간은 사회적 경험을 쌓는 절호의 기회가 되어야 한다. 어린이는 엄마, 아빠, 또 다른 가족이 어떤 상호 반응을 보이는지 관찰한다. 가족들이 어떻게 먹는지, 음식에 대해 어떤 태도를 보이는지, 가족 서로가 어떤 관계를 맺는지도 관찰한다. 그러므로 학령 전 어린이에게 사회 생활에 적응하는 중요한 면을 제공하는 것이 중요하다.

한 가지 주의할 것은, 어린이들은 나이 많은 사람들의 행동을 모방한다는 것이다. 누군가가 어떤 음식이 맛없다고 한다면 그것을 지켜 본 학령 전 어린이는 그 음식을 좋아하지 않게 된다. 누군가가 두뇌 영양 식품에 대해 부정적인 반응을 보였다면 문제는 심각해진다.

그러므로 부모는 모범을 보여서, 어린이들이 따르게 유도해야 한다. 식탁에 놓여 있는 음식에 대해 부정적인 말을 하거나 학령 전 어린이의 식사 습관에 대한 대화는 피하는 것이 좋다. 그런 말을 들으면 어린이의 식욕이 떨어질 것이다.

전략 5 : '어른'이 되고 싶은 본능을 북돋아 주라

6개월에서 다섯 살 사이의 어린이들은 의존적인 위치에서 독립적인 위치로 이동한다. 먹는 것을 포함해서 여러 가지를 스스로 하고 싶어하게 되므로, 자연스럽게 그러한 발달이 일어나도록 도와주는 것이 중요하다. 어린이는 스스로 먹고 싶어하는데, 어른이 더 능률적으로 먹일 수 있다고 해서 먹이려 든다면 어린이는 음식 먹기를 전적으로 거부할 것이다. 어린이의 동기를 빼앗고 서서히 나타나는 독립심을 빼앗아 식탁을 싸움터로 변모시켜서는 안 된다. 어린이가 스스로 먹고 싶어하면 비록 손으로 먹거나 음식을 식탁이나 바닥에 흘린다고 해도 혼자 먹게 해주자.

이 과정을 시작할 때는, 지저분할 것을 예상하여 아이가 앉는 곳에 기름 바른 천을 깔아 주면 지저분해질까 봐 걱정할 확률이 적어진다. 아이가 준비가 되었는데도 스스로 먹게 놔두지 않으면 독립심을 시들게 하여, 음식 먹기를 거부하게 될 수도 있다.

이렇게 지저분하게 행동하는 시기에는 손으로 집어먹을 수 있는 음식에 초점을 맞추는 것이 좋다. 치즈, 말랑말랑한 빵, 살짝 익힌 당근, 연한 닭고기, 참치 덩어리 등이 좋은 음식이다.

마지막으로 독립심이 나타나기 시작하는 이 시기에는 반대되는 특징이 있다는 것도 기억하도록 하자. 어린이는 식사 시간에 독립심을 나타낼 수도 있지만 곧 다른 일에 정신을 빼앗겨 흥미를 잃게 될 수도 있다. 그런 경우는 부모가 끼여들어 계속 먹이는 것이 좋다. 꽤 나이가 들었다고 생각될 때까지 그렇게 하는 것이 좋다. 예를 들어 두 살 반이나 세 살 된 어린이가 혼자서 끝까지 먹지 못하는데, 비슷한 또래의 어린이가 숟가락, 젓가락질을 하며 잘 먹는 것을 보고 비교하며 걱정하지 말라. 중요한 것은, 두뇌 식품을 뱃속에 넣어 주는 일이다. 어린이는 두뇌가 완전히 완성된 다음에 스스로 먹는 방법을 배울 수 있다.

전략 6 : '장난감 계략' 쓰기를 두려워하지 말라

대부분의 어린이는 다섯 살이 될 때까지 완벽한 식사 예절을 익히지 못한다. 그래서 아무리 그 전에 식사 예절을 가르치려고 해도 실패하기 쉽다.

예를 들어 어린이가 장난감 동물이나 인형을 데리고 앉아 '먹이려고' 한다면 아주 정상적인 행동이다. 내가 아는 어느 가족은 세 살짜리 어린이가 장난감 몇 개를 식탁에 놓고 노는 동안 부모가 음식을 떠 먹인다.

어떤 부모는 그러다 보면 나쁜 습관이 생기는 게 아닌가 걱정한다. 그러나 부모가 식탁에서 이런저런 식으로 올바른 태도를 취해야 한다고 강요하기 때문에 그것에 반발해서 제대로 먹지 않는 어린이들이 많다. 어린이가 좌절감을 느끼면 두뇌 발달을 제대로 시킬 음식을 충분히 먹을 확률이 적어진다.

전략 7 : 어린이가 '먹는' 장난을 하도록 놓아 두라

어린이가 두뇌 영양식을 먹지 않는 이유 중의 하나는 — 특히 처음 2년 동안 — 음식을 입에 넣기보다는 손으로 장난하기 때문이다. 음식을 컵에 집어넣었다가 쏟아 내고, 물기가 여기저기 흐르는 모습은 어린이에게 신나고 흥미진진한 오락이다. 아마 식사 시간에만 그렇게 재미있는 장난을 할 수 있을 것이다.

그 이유 때문에 식사 시간뿐만 아니라 노는 시간에도 어린이에게 컵과 물기 있는 음식을 제공하라고 권하고 싶다. 그러면 어린이가 식탁에 앉을 때, 음식을 가지고 노는 것이 신기하지 않으므로 먹는 데 주의를 집중하게 될 확률이 높아진다.

전략 8 : 두뇌 식품은 뇌물과 어울리지 않는다

대부분의 부모가 어린이에게 음식을 먹이기 위해서 뇌물을 주거나, 벌을 주겠다는 위협을 한다. 부모들은 그렇게 한다는 사실조차 깨닫지 못하고 있는 경우가 많다. 예를 들어 "야채를 다 먹지 않으면 케이크는 안 준다" 라는 말을 한 적이 있는가? 또는 "너 나빠! 우유 다 먹을 때까지 거기 앉아 있어" 라는 말을 얼마나 많이 했는가? 또 죄의식을 심어 주는 방법을 쓰기도 한다. "이 세상엔 밥도 못 먹고 배고픈 어린이들이 얼마나 많은지 아니?" 가장 나쁜 것은, "너 그렇게 못되게 굴면 저녁 굶길 거야!" 라고 말하는 것이다.

마지막으로 의사나 치과 의사를 찾아갔다가 아이가 상으로 사탕을 받은 적은 얼마나 많은가?

이러한 방법들은 어린이들의 행동을 개선시키는 면에서는 효과가 있을지 모르지만, 식사 습관이 나빠지고 두뇌 발달에 필요한 중요한 영양분을 얻지 못하게 된다. 사탕 따위를 상으로 주게 되면 어린이가 하루에 먹어야 할 다섯 끼 중 한두 끼를 대신하게 된다. 어린이에게 상을 주거나 벌을 주고 싶으면 다른 방법을 사용하라. 음식은 안 된다!

전략 9 : 어린이는 먹는 기술이 부족하다는 이유로 배를 곯아서는 안 된다

어린이는 음식 자체가 싫어서가 아니라 음식을 먹이는 부모의 기술이 부족하기 때문에 음식을 먹지 않는 경우도 있다. 예를 들어 우유를 큰 유리컵에 넣어 주면 어린이는 그 유리컵을 편하게 잡을 수가 없다. 양쪽에 손잡이가 달린 조그만 컵을 쓰면 어린이의 태도가 아주 달라질 수 있다. 근육의 상호 작용을 조정하는 뇌세포의 보호 수초는 다섯 살까지 만들어진다는 점을 기억하라.

마찬가지로 아이가 감당할 수 없을 만큼 많은 양을 컵에 채워 주는 것도 좋지 않다. 두 살짜리는 가득 찬 컵을 쉽게 다룰 수 없다. 몇 모금 마시면 끝날 수 있게 반쯤 채워 주는 것이 좋다.

여기서 중요한 점은, 부모는 어린이가 신체적으로 할 수 있는 기술과 할 수 없는 기술이 무엇인지 잘 알고 있어야 한다는 것이다. 식사 시간을 근육 운동 기능을 훈련하는 기회로 만들어 음식 섭취를 줄게 해서는 안 된다.

마지막으로 어린이는 식탁에서 편안하고 안전해야 한다. 그러한 것을 염두에 두고 높은 의자, 방석 등을 고르도록 하라.

전략 10 : 식사 시간을 미리 알려 주라

미리 알려 주지 않고 재미있게 놀고 있는 아이를 방해하는 것은 문제를 일으킬 수 있다. 어른처럼 아이도 '일', 즉 놀이에 흠뻑 빠지게 된다. 트럭이나 블록을 가지고 신나게 놀고 있는 중간에 아이를 낚아채면 분쟁거리를 만드는 것이다. 어린이는 그 방해를 싫어해서 부모 탓을 하게 되고, 급기야는 음식까지 싫어하게 된다.

그러므로 식사 시간을 어린이에게 미리 알려주도록 하라. 두 살 정도의 어린아이들조차 앞으로 일어날 일과, 앞으로 어떻게 해야 한다는 설명을 잘 이해하고 반응을 보인다. 식사 10분 전에는 식사 준비가 되었다는 말을 해주어서 놀이를 끝낼 준비를 할 수 있도록 해주라. 그리고 5분쯤 전에 다시 한 번 알려주고 1분 전에도 1분 남았다는 것을 알려 준다.

전략 11 : 시간 제한을 하라

식사를 하는 데 45분 이상 걸리는 어린이라면 부모가 할 수 있는 일이 있다. 매일 먹는 데 보내는 시간을 조금씩 줄여서 이상적인 시간을 만들도록 하라. 얼른 식사를 끝내고 나면 재미있는 일이 기다리고 있다는 말을 가끔 해주도록 하라.

그러나 어떤 상황에서라도 "식사는 30분 안에 하는 거야, 알았니?"와 같은 통고는 하지 말아야 한다. 기억할 것은, 어린이는 독립심을 원하는데, 식사 시간에 그런 식으로 통제하려 든다면 제대로 먹지 않게 될 수 있다.

전략 12 : 학령 전 상차림을 하라

아주 어린 나이에는 어른용 수저를 조그만 손으로 잘 사용할 수 없다. 요즘은 어린이의 손가락에 꼭 맞는 수저가 시장에 많이 나와 있다. 돌아다녀 보고 어린이 나이에 적합한 것을 골라야 한다.

특히 세 살 이전의 어린이가 사용해서는 안 된다고 말하고 싶은 것은 어른용 포크이다. 어린이가 포크를 휘두르는 모습을 보면 부모가 긴장하게 되고, 어린이는 제대로 먹지 않게 된다. 그러므로 숟가락을 사용하거나 조그맣고 둔한 어린이용 포크를 사용하라. 어린이에게는 숟가락이 포크만큼 효과적이다. 숟가락은 안전하고, 걱정스럽지도 않으므로, 즐거운 식사 시간을 약속해 준다.

전략 13 : 외식할 때도 원칙을 버리지 말라

두 살짜리 어린이를 데리고 나가서 외식을 하는 것은 좋다. 그러나 식당에 두뇌 영양식이 식당의 메뉴에 들어 있는지 확인하고, 어린이가 제대로 먹을 수 있는 분위기인지도 미리 알아야 한다.

예를 들어 어린이가 잘 시간이 거의 다 되었을 때나 보통 식사 시간이 훨씬 지난 다음에 식당에 가게 되면 어린이는 칭얼거리거나 졸게 된다. 자리가 나려면 얼마나 오래 기다려야 하는지 알아보도록 하라. 아무리 말을 잘 듣는 다섯 살짜리라도 오랫동안 줄에 서서 기다리는 일은 힘이 든다.

또한 식탁이 얼마나 서로 떨어져 있는지도 알아야 한다. 너무

가까이 있어 옆 식탁을 만질 수 있으면 어린이는 옆 식탁에 앉은 사람의 옷이나 다른 물건을 만지고 싶은 유혹을 받게 된다.

마지막으로 식당에서 음식이 나오는 데 얼마나 오래 기다려야 하는지도 알아 보라. 천천히 오래 먹는 식사가 어른들에게는 낭만적일지 모르지만 배가 고프고 참을성 없는 어린이에게는 절대로 그렇지 않다.

전략 14 : 부모의 권위를 세워라

이 말은 어린이의 독립에 대한 욕구를 쓸데없이 방해하거나 엄격한 훈련 담당 하사관처럼 행동하라는 뜻이 아니다. 부모는 특정한 제한을 설정해야 하고 어린이가 그 제한을 넘어설 때만 어떻게 대처할 것인지 정해야 한다.

예를 들어 음식을 아무 데나 내버리는 것은 절대로 안 된다. 가족을 수저로 때리는 것도 안 되고, 식탁 전체를 장난감으로 가득 채우고서야 식탁에 앉으려고 하는 버릇도 허용할 수 없다. 식사하는 데 대한 규칙과 우선해야 할 일을 미리 정해서, 어린이에게 부모의 의도를 알리고 그 계획에 약간의 융통성을 두도록 한다. 그러나 어린이가 지나치게 제한을 벗어나면 따끔한 말이나 음식과 관계없는 벌을 줄 수 있어야 한다. 중요한 것은, 부모는 일관성 있는 행동을 함께 해야 한다는 것이다. 한 사람은 "그렇게 하면 안 돼"라고 하는데, 다른 사람은 "괜찮다"고 말한다면 어린이는 혼동이 되어 양쪽 말을 다 듣지 않게 된다.

마지막으로 무엇보다 우선해야 할 일을 염두에 두라. 장기적으로 가장 중요한 것은 두뇌 영양식을 어린이의 뱃속에 넣는 일이다. 아이의 버릇을 가르치는 것이 어린이의 사회적 적응 능력의 발달에 필수적인 것이긴 하지만, 가능하면 식사 시간은 여유가 넘치고 벌이 없는 즐거운 시간을 만들어 주는 것이 좋다.

전략 15 : 좋은 영양에 대해 가르치는 것은 일찍 시작할수록 좋다

어린이가 설명에 관심을 보이지 않는다고 해도, 특정한 음식을 먹어야 하는 이유를 알려 주도록 하라. 어린이는 어른이 생각하는 것보다 훨씬 많은 것을 이해한다. 배우는 과정을 북돋아 주기 위해서 설명을 하며 그림을 그리거나 다른 물체를 사용하는 것도 좋다.

예를 들어 아침에 근육 운동을 하면서 근육은 운동과 영양으로 만들어진다는 것을 설명하라. 또한 다른 종류의 음식이 몸의 어떤 기능에 영향을 주는지도 설명해 주는 것이 좋다. 과일과 야채는 '아주 좋은 음식'(복합탄수화물이라는 말을 쓰고 그 말을 따라서 말해 보라고 할 수도 있다)이며 더 빨리, 더 멀리 달릴 수 있는 에너지를 빠른 시간에 제공해 준다고 설명해 주는 것이 좋다.

전략 16 : 먹는 것을 모험으로 만들라

어른처럼 어린이도 좋아하는 음식이 있어 그것을 자주 먹고 싶어한다. 이런 종류의 자연스런 과정은 특히 그 음식이 두뇌 영양식일 경우 괜찮다. 그러나 어린이는 어릴 때부터 여러 가지 새로운 음식을 접해서, 좋아하는 음식이 없을 경우 고를 수 있는 두뇌 영양식의 종류가 많을수록 좋다.

새로운 음식을 어린이가 좋아하는 음식에 넣어서 주는 것도 한 방법이다. 예를 들어 필자의 아들이 한때 좋아한 것은 호박이었다. 그 아이에게 친숙하지 않은 음식을 익숙해질 수 있게끔 우리는 호박 안에 송아지 고기나 완두콩 따위의 여러 가지 식품을 넣어 주었다. 그 아이는 그런 식으로 이미 좋아하는 음식과 섞인 새로운 맛을 익히게 되었다.

전략 17 : 성공적인 두뇌 식품 식단을 위해서, 다양성은 삶의 양념이다

어린이가 부친 계란을 싫어한다고 해서 지지거나, 삶거나, 양념한 계란도 싫어하라는 법은 없다. 문제는 맛이라기보다는 어떤 음식의 모습이나 감촉일 수도 있다. 그러므로 어떤 음식을 먹지 않는다면 꼭 맞는 요리 방식을 발견할 때까지 이런 저런 방법으로 만들어 보도록 하자.

또한 음식을 보기 좋게 만들고 흥미로운 맛이 나게 만드는 것도 중요하다. 어린이들은 음식의 촉감에 매우 예민하다. 첫 돌이 지나면 이가 많이 생겨 어린이들은 씹을 수 있는 음식을 좋아한다. 그러므로 1년 전에 좋아했던 사과 소스 같은 것을 먹이려고 하지 말고, 사과를 얇게 저미거나 구워 주어서 좀 색다르고 씹는 감촉을 느낄 수 있는 음식으로 만들어 주어라.

어린이는 간단하고 색깔이 있는 음식 — 예를 들어 초록, 빨강, 흰색 — 을 좋아한다. 뭐가 뭔지 모를 으깬 식품은 식욕을 일으키지 않는다. 아주 뜨겁거나 찬 음식을 먹게 되면 깜짝 놀라기도 하지는 동시에 그러한 것들은 위험하기까지 하다. 어른 몫의 양은 어린이에게 겁이 날 수도 있으니 적당한 양을 먹게 될 때까지 아이에게 주는 음식의 양을 바꾸어 보라.

 이제는 두뇌 영양식으로 무장을 했으니 올바른 길을 걸을 수 있게 어린이를 지도하면 된다. 적당한 음식을 어떻게 제공하는지도 알게 되었고 완전한 모범 식단표도 있다. 어린이에게 당신 나름의 두뇌 영양식을 먹이기 시작할 때가 되었다.

 그러나 시작하기 전에 — 그리고 이 책을 끝맺기 전에 — 마지막으로 한 마디 하겠다. 무엇보다도 두뇌 영양식을 먹이는 프로그램을 일단 시작했으면 안심하라는 것이다. 걱정이 많은 부모는 기본적으로 잘 만들어진 급식 프로그램 실시 과정에서 몇 가지 실수를 저지르는 것보다 훨씬 큰 문제를 일으킨다. 그러므로 최선을 다하고, 어린이를 사랑하라. 그리고 어린이 두뇌의 신기한 잠재력이 눈앞에서 펼쳐지는 것을 바라보며 즐기도록 하라.

제 11 장
엄마와 아기의 영양

엄마와 아기의 영양

임신중의 증상

임신이 되면 모체에 몇 가지 변화가 생기지만 병이 아니다.
첫째, 매월 있던 월경이 멈춘다.
둘째, 입덧이 생긴다. 이 달에는 월경이 없다고 생각하고 있는 사이에 입덧이 시작되는 사람이 많다. 즉 최종 월경일로부터 4주 정도 경과한 다음에 입덧이 시작되지만 전혀 느끼지 못하는 사람도 있다.
셋째, 음식물에 대한 기호가 변하고 입에 군침이 나오고 메스껍고 토하기도 한다. 또한 목구멍으로부터 식도, 위를 따라서 답답하고 가슴이 막힌 것 같은 기분이 드는 등 소화기 계통의 변화가 생긴다.
넷째, 피부에 여러 가지 변화가 생긴다. 하복부 특히 정중선, 젖꼭지 주위가 검은빛을 띠고 광택이 난다. 외음부도 보랏빛을 띠게 된다. 또한 하복부에 푸른빛을 띤 적갈색의 새로운 임신선이 나타난다. 그리고 주근깨가 있는 사람은 눈에 띄게 심해진다.

다섯째, 신경이 곤두서고 희로애락에 대한 감정이 격하게 된다. 그리고 왠지 모르게 나른하고 몸을 둘 곳이 없는 듯하고 기분이 좋지 않으며 사람과 대화하는 것이 귀찮게 된다. 현기증이 생기고 가슴이 두근거릴 때가 있는 등 신경계통의 변화가 생긴다.

이 밖에도 미열이 있을 때도 있으며 사람에 따라서는 오히려 식욕이 나는 경우도 있다. 또 잠이 와서 견딜 수 없는 등, 월경이 없어진 다음에 몸의 상태가 평상시와 달라지면, 임신은 병이 아니지만 산부인과 전문의를 찾아가는 것이 좋다.

입덧의 원인은 아직도 잘 모르지만 일종의 독소에 의한 중독 증상이라고 생각되고 있다. 증상은 사람에 따라서 다르다. 심한 사람은 피를 토하기도 하고 전신이 쇠약하게 되지만 언제까지 계속되는 것은 아니므로 치료를 받으면서 참고 견디는 것이 좋다.

입덧의 기간은 사람에 따라서 다르며, 대개 임신 4~6주 경부터 시작해서 6~12주에는 없어진다. 보통은 1주일 정도이지만 1개월 이상 계속되는 사람도 있으며 드물기는 하지만 임신 기간 내내 입덧을 하는 사람도 있다. 입덧이 심하다고 해서 잘못되지 않을까 하고 걱정할 필요는 없다.

입덧이 있을 때의 식사는 기호에 맞는 것이 좋다. 될 수 있으면 잠자리에서 일어나기 전에 이불 안에서 가벼운 식사를 한다. 이것은 아침 빈속에 있기 쉬운 메스꺼움을 막을 수 있다. 그러나 위를 안정시키기 위해서 더운 음식보다 찬 음식으로 소화가 잘되는 것을 조금씩 먹고, 먹고 싶다고 생각날 때는 몇 번에 나누어 먹도록 한다. 식욕이 있을 때는 좀 소화가 더딘 것도 괜찮다. 식욕에 따라서 먹으면 차차 증상이 좋아지게 된다.

여성은 일반적으로 부엌일을 하게 된다. 부엌에서 식사 준비를 할 때 매스꺼움을 느끼는 경우가 많으므로 음식 냄새가 부엌에서 잘 빠지도록 한다. 그리고 냄새가 심한 음식의 요리는 피하도록 한다. 만일 밥의 냄새가 싫은 임산부라면, 가족의 협조를 받을 수밖에 없다.

일반적으로 임신 초기에는 신맛을 좋아하며 식욕을 돋우는 음식으로는 냉면, 초밥, 과일 등이 있으나 이들 음식을 조금씩 몇 번에 나누어 먹는 것이 토기를 막는 유일한 방법이다.

또한 입덧이 있을 때는 변비가 되기 쉬우므로 변비를 예방하는 것도 중요하다. 변비 자체는 입덧에 좋지 않으며 기분도 나빠진다. 아침에 찬 우유를 마시면 좋지만, 우유는 토기를 일으키기도 하므로 냉수나 과일즙을 마시면 좋다. 그리고 나서 신선한 과일 채소를 많이 먹도록 노력하고 매일 아침에 변을 보는 습관을 붙이는 것이 좋다.

분만과 영양

분만이 시작되면 힘을 쓰느라고 많은 에너지가 소비되므로 산모는 이 소비에 알맞은 식사를 섭취해야 된다. 분만은 단기간에 그치므로 식사는 당질을 주로 하고 소화 흡수가 잘되는 것이 좋다. 식사를 하지 않으면 진통이 약하고 힘을 쓸 수가 없고, 반면에 식사를 너무 많이 하면 속이 좋지 않아서 토하는 경우도 있다. 음식은 조금씩 나눠서 먹는 것이 좋으며 분만 뒤에는 수분이 많은 가벼운 음식을 조금씩 먹고 잠깐 자고 나서 피로가 회복된 뒤에 본격적인 식사를 하게 하는 것이 좋다.

산욕기의 영양

산욕기(産褥期)는 분만이 끝난 후 모체가 임신 전의 상태로 되돌아올 때까지의 기간을 말하며, 대개 6~8주간이 된다.
분만 후 며칠간은 자궁의 수축 때문에 가벼운 진동과 같은 후진통이 있다. 그 뒤 3주간은 자궁의 수축에 따라서 분비물이 나오는데 처음에는 붉은 색을 띠며 점차 갈색으로 되고 나중에는 누런색으로 변하는데 이것을 오로(惡露)라고 한다. 자궁은 분만 후 6~8주간에 완전히 임신 전 상태로 되돌아온다.
분만 후 1개월이 된 모체의 체중은 임신 전보다 약 3kg이 무거운데 이것은 대부분이 저장 지방이 되고 이 저장 지방은 수유나 육아에 필요한 에너지를 공급한다.
분만한 지 1~2일이 지나면 유방이 부풀어오르고 유즙(젖)이 나온다. 갓난아이에게 젖을 주지 않으면 안 되므로 영양 보급에 충분히 주의해야 한다. 신선한 채소나 어육류 등을 맛있게 조리해서 균형 있는 식생활을 하도록 힘써야 된다. 수분도 필요하므로 수분이 많은 음식을 많이 먹는 것이 좋다.
식욕기의 영양은 임신 후반기와 비슷한 양을 목표로 하는데 분만시나 그 뒤의 출혈, 오로 때문에 특히 철의 손실을 충분히 보급할 필요가 있다.

임부의 영양

임신 중에는 태아의 건전한 발육과 모체의 건강 유지, 산후의 체력 회복이나 수유 준비 등을 위해서 임신 전보다 식사의 양을 늘리고 질이 좋은 식품을 섭취해야 한다. 한편 임신 중에는 병에 걸리기 쉬운 요인을 많이 갖고 있으므로 질병 예방 측면에서 식생활에 대한 배려가 필요하다.

 임신 초기에는 입덧 등으로 음식을 먹을 수 없는 때가 많으므로 식품이나 양념 등을 기호에 맞게 하고 음식의 색이나 맛이 산뜻하고 식탁의 분위기 등을 개선해서 식욕을 높이도록 노력해야 된다.

 또한 임신 후기에는 자궁이 커지기 때문에 위가 압박되어 한꺼번에 음식을 많이 먹을 수 없으므로 식사의 횟수를 늘리고 될 수 있는 대로 영양가가 좋은 음식을 많이 먹도록 노력해야 된다.

임신 전반기(20~49세) 1일 영양 권장량

열 량 : 2,150kcal 탄수화물 : 349g(65%)
단백질 : 81g(15%) 지 방 : 48g(20%)

	식 품 군		단위수	대표 식품의 중량 예(g)	탄수화물 (g)	단백질 (g)	지 방 (g)	열 량 (kcal)
1	곡 류		14	밥 840(4공기)	276	24	-	1,200
2	어육류	저 지 방	3	육류 60 생선 75	-	24	6	150
		중등지방	2	달걀 50(1개) 콩 20	-	16	10	150
3		녹황색채소	1.5	시금치 100	4.5	3	-	30
		담색채소	2	배추 210	9	6	-	60
4	유지류			식용유 25(5찻술)	-	-	25	225
5	우유류			전유 300(1½봉)	16.5	9	9	187.5
6	과일류			사과 200(1개)	24	-	-	100
	단순당류			설탕 15	15	-	-	60
	된장, 고추장			된장 20	2	2.4	0.8	27.6
	합 계				347	84.4	50.8	2,190.1

 태아는 모체로부터 영양을 우선적으로 받아들이므로 태아의 발육이 현저한 임신 중기 이후에는 특히 양질의 단백질, 칼슘, 철, 비타민 등을 충분히 섭취하게 한다. 동물성 단백질과 아스코르브산은 철의 흡수를 증가시킨다.
 임신 후기에는 부종을 일으키기 쉬우므로 식염의 섭취는 제한하고 조리할 때에 간을 연하게 하는 습관을 들이는 것이 좋다. 또한 기름은 필수지방산이 많은 식물성 기름을 사용하는 것이 좋다.
 임신 중에는 위장 장애를 일으키기 쉬우므로 조심해야 한다. 어패류의 생식은 설사의 원인이 될 위험이 많기 때문에 피하는 것이 좋으며, 섬유질이 많은 식품은 변비를 예방해 주므로 좋다. 향

임신 후반기(20~49세) 1일 영양 권장량

열 량 : 2,350kcal   탄수화물 : 382g(65%)
단백질 : 88g(15%)   지 방 : 52g(20%)

	식품군		단위수	대표 식품의 중량 예(g)	탄수화물 (g)	단백질 (g)	지방 (g)	열량 (kcal)
1	곡류		13	밥 910(4⅓공기)	299	26	-	1,300
2	어육류	저지방	3	육류 60 생선 75	-	24	6	150
		중등지방	2	달걀 50(1개) 콩 20	-	16	10	150
3		녹황색채소	1.5	시금치 100	4.5	3	-	30
		담색채소	3	배추 210	9	6	-	60
4	유지류		5	식용유 25(5찻술)	-	-	25	225
5	우유류		2	전유 400(2봉)	22	12	12	250
6	과일류		2	사과 200(1개)	24	-	-	100
	단순당류			설탕 15	15	-	-	60
	된장, 고추장			된장 20	2	2.4	0.8	27.6
	합 계				375.5	89.4	53.8	2,352.6

신료는 식욕을 돋구므로 적당한 양의 사용은 괜찮으나 청량음료, 커피, 술, 담배는 절대로 피해야 한다.

수유부의 영양

수유부는 다섯 가지 기호식품을 잘 선택해서 영양소의 균형이 취해진 식사를 해야 한다. 특히 육류, 콩류, 어패류, 계란, 우유 및 유제품의 섭취가 중요하다.

산모는 분만으로 인해 체력 소모가 극심하다. 또한 갓난아이를 위한 모유를 만들어서 먹여야 하므로 임신기와 마찬가지로 식생

수유기(20~49세) 1일 영양 권장량

열 량 : 2,700kcal 탄수화물 : 439g(65%)
단백질 : 101g(15%) 지 방 : 60g(20%)

	식품군	단위수	대표 식품의 중량 예(g)	탄수화물 (g)	단백질 (g)	지방 (g)	열량 (kcal)
1	곡류	14	밥 980(4⅔공기)	322	28	-	1,400
2	어육류 저지방	3.5	육류 60 생선 75	-	28	7	175
	어육류 중등지방	2.5	달걀 75(1½개) 콩 20	-	20	12.5	187.5
3	녹황색채소	2	시금치 140	6	4	-	40
	담색채소	3	배추 200	9	6	-	60
4	유지류	6	식용유 30(6찻술)	-	-	30	270
5	우유류	2.5	전유 500(2½봉)	27.5	15	15	312.5
6	과일류	2	사과 200(1개)	24	-	-	100
	단순당류		설탕 20	20	-	-	80
	된장, 고추장		된장 10	1	1.2	0.4	13.8
	합계			409.5	102.2	64.9	2,638.8

활에 특별히 주의해야 된다.

산욕기는 분만시의 출혈로 철의 손실도 크고, 또한 밤중에도 갓난아이를 돌보느라 피로가 심한 시기가 된다. 그리고 모체 자체의 체력을 회복시키기 위해서, 또 빈혈이 있는 임산부는 빈혈을 치료할 목적으로 영양을 충분히 보급해야 된다.

수유부는 모유로 빠져나가는 영양소를 여유 있게 부가해 주어야 한다. 질이 좋은 모유를 충분히 만들어 내기 위해서는 양질의 단백질, 당질, 지방질을 충분히 섭취하며, 비타민류와 무기질(칼슘, 철)도 또한 많이 섭취해야 한다. 또한 수분을 적어도 보유 분비량(850ml)만큼 여분으로 섭취해야 하는데, 커피나 청량음료 등의 기호식품보다는 우유, 과일 주스, 과일 등을 섭취하는 것이 좋다.
 수유기에는 임신기보다 더 식사의 질이 좋아야 하고 양도 많이 취해야 하므로, 하루에 필요한 양을 세 끼의 식사 이외에 간식으로 섭취하면 된다.

수유에 필요한 에너지량

1일 모유 분비량	850ml
6개월간 수유량	155 ℓ
모유를 만드는 데 필요한 에너지	135,000kcal
모체의 저장 지방 에너지	36,000kcal
6개월간 수유로 필요한 에너지	100,000kcal
1일 수유에 필요한 에너지	550kcal
한국인 성인 여자의 에너지권장량	2,000kcal
한국인 수유부의 에너지권장량	2,550kcal
한국 영양 권장량	2,700kcal

 식염은 임신 기간처럼 제한할 필요는 없지만, 당질 식품의 욕구가 늘기 때문에 자칫하면 체중이 증가하는 경우도 있으므로, 적당한 운동으로 에너지 소비를 늘리고 음식의 섭취량을 조절해야 된다. 특히 모유 영양의 기간이 6개월 이내로 짧아지면 임신 기간 중에 수유를 위해서 축적해 둔 지방이 소비가 되지 않으므로 산후에 비만이 되는 수도 있다.

모유를 먹이는 시기

분만 후 몇 시간 후부터 젖을 줘야 한다는 정해진 바가 있다. 신생아는 산모와 함께 모두 피로하기 때문에 충분히 잠을 자는 것이 좋다. 모유는 일반적으로 24~48시간이 지난 다음에야 나오기 시작한다.

갓난아이(신생아)는 날 때 먹을 것을 가지고 나오므로 생후 2일 정도는 걱정 없다고 말하는 사람도 있으나 신생아가 입을 벌리고 울면서 먹고 싶어 할 때는 시간이 얼마 안 되었더라도 끓인 보리차나 2~3% 농도의 설탕물을 주는 것이 보통이다.

모유는 보통 분만 후 24시간이 지난 후에 겨우 무색투명한 끈적끈적한 초유(初乳)가 조금 나오기 시작하며 48시간(이틀밤)이 지나면 누런색의 초유가 나오지만 갓난아이가 만족할 만한 양은 아니다. 신생아는 먹는 젖의 양이 부족하게 되면 곧 배가 고프기 때문에 우는 경우가 많다. 이 때는 보리차나 설탕물을 간간이 먹인다. 초유는 효소나 면역체를 많이 갖고 있으며 단백질, 무기질, 비타민도 많아 신생아에게 생리적으로 가장 좋은 식사라고 생각된다.

수유는 보통 2~3시간 간격으로 하지만 갓난아이의 식욕에 따라서 젖을 빨리면 모유의 분비가 촉진되고 수유량이 많아져서 효과적이다.

이유기의 영양

이유기(離乳期)라 함은 영아의 음식물인 젖 즉 모유나 우유로부터 유아기의 음식물인 고형식으로 이행하는 과정을 말한다. 일반적으로 이유는 생후 6개월부터 시작하여 1년~1년 6개월 사이에 완전히 젖을 떼는 것이 좋다. 과거 한때 생후 6개월 이전에 이유식을 주는 것이 좋다고 생각하던 때도 있으나 이유기는 일반적으로 아이가 머리를 가눌 수 있을 때가 적당하다.

생후 만 6개월이 넘은 유아를 유즙만으로 키우면 특히 단백질, 철 각종 비타민이 부족해지기 쉽고, 그로 인해 각 조직의 긴장이 감퇴되거나 또는 빈혈이 되는 경우가 많다. 그러므로 이 때부터 유즙 외에 다른 식품을 투여하기 시작해야 한다.

정상적인 성인은 액체 식품보다 고형 식품에 의존하는 경우가 많으므로, 이를 순화시킨다는 목적에서 반고형식부터 시작하여 점차 그 강도나 양, 종류를 증가시켜 완전 성인식으로 이행하게 된다. 처음 이유를 시작할 때의 식품은 원칙적으로 한 가지로 한다. 그것도 처음에는 극소량부터 시작하여 점차 증가시켜 주며 처음에는 어린이가 잘 먹지 않으려고 할 때가 많으므로 지나치게 강제성을 띠지 않도록 하여 이유식에 흥미를 가지도록 하여야 한다.

이유식

4~6개월 이후의 아기는 모유만으로는 성장에 지장을 받는다.

따라서 적절한 이유식을 서서히 도입해야 한다. 모유는 생후 가장 좋은 영양의 공급원이며 아기의 성장에 따른 모든 영양소를 자연적으로 충족시켜 준다. 그러나 언제까지나 모유에만 의존하게 되면 성장에 따라 증가되는 아기의 영양 소요량을 따라가지 못하게 되고 양적 질적으로 부족하여 아기의 성장이 지연된다. 따라서 모유 이외의 무엇이든 보충을 해주어서 순조로운 성장을 하도록 해주어야 한다.

특히 생후 6개월 이후에는 아기의 체내에 저장하고 나온 철과 칼슘이 거의 소비되고 모유는 그 소비량을 보완하지 못하므로 보충식을 주어야 한다. 만일 이 때 보충이 되지 않으면 뼈의 발육이 순조롭지 못하고 빈혈이 되어 얼굴이 창백해지고 살갗이 윤기가 없고 겉으로는 살찐 듯이 보이나 병에 대한 저항력이 약하게 된다. 이유식(보충식)은 원천적으로 우선 무기질이나 비타민의 공급원이 되는 야채나 과일즙을 4~5개월부터 한두 숟갈씩 주기 시작한다. 그리고 쉽게 칼로리가 될 수 있는 당질 식품을 보충해 준다.

대개 밥이나 미음만을 아기에게 주기 시작하는데 이것은 습관에서 오는 것이며, 쌀 외에 여러 가지 곡류, 예를 들면 식빵이나 감자 등을 이용해도 좋다. 그 뒤에 무기질, 비타민, 에너지 식품을 어느 정도 늘리고, 익숙해진 다음에 단백질 식품으로 생선, 두부, 계란, 쇠고기 등을 차차 준다.

이상과 같은 이유식(보충식)을 가능한 한 일찍부터 주기 시작하는 것이 좋다. 이와 같이 하여 아기가 젖 이외의 식품에 익숙해지면 4~6개월부터 아기의 건강 상태를 고려하여 서서히 이유를 시작한다. 즉 수유는 계속 규칙적으로 하면서 그 사이에 과즙이나 곡류를 처음엔 젖과 같은 유동식 내지 반유동식의 형태로 조금씩 주기 시작한다. 이 때 한 가지 음식에 대해 2~3일 경과 후 대변에 이상이 없으면 양과 종류를 늘려 나간다.

아기는 소화 기관이 완전히 발달되지 않았으므로 처음에는 반유동식의 형태로 주나, 차차로 반고형식의 형태로 바꾸되 절대 무리하게 하지 말아야 한다. 이렇게 하면 아기는 성인 식품에 차차 익숙해지고 수분이 대부분인 유동식만의 섭취에서 오는 양과 질의 부족을 막을 수 있다.

특히 이가 나기 이전의 아기에게 젖 이외의 것은 주지 않는 것

1~3세(남, 여) 1일 영양 권장량

열 량 : 1,200kcal   탄수화물 : 195g(65%)
단백질 : 45g(15%)   지 방 : 27g(20%)

	식 품 군	단위수	대표 식품의 중량 예(g)	탄수화물(g)	단백질(g)	지 방(g)	열 량(kcal)
1	곡 류	6	밥 420(2공기)	138	12	-	600
2	어육류 저 지 방	1.5	육류 40 생선 25	-	12	3	75
	중등지방	1.5	달걀 50(1개) 콩 10	-	12	7.5	112.5
3	녹황색채소	0.5	시금치 35	1.5	1	-	10
	담색채소	1.5	배추 100	4.5	3	-	30
4	유지류	1	식용유 5(1찻술)	-	-	5	45
5	우유류	2	전유 400(2봉)	22	12	12	250
6	과일류	1	사과 100(1½개)	12	-	-	50
	단순당류		설탕 5	5	-	-	20
	된장, 고추장		된장				
		합 계		183	52	27.5	1,192.5

이 통례인데 4개월 이후에는 아기의 잇몸이 굳어져서 부드러운 음식을 으깰 수 있다. 그렇게 하면 잇몸을 자극하여 이가 나는 것

을 촉진시킨다. 따라서 유동식만을 주지 말고 반고형식으로 점차 변경하여 영양분을 공급시켜 주는 것이 좋다. 이 때 이유식의 식품을 어느 한 가지에만 국한하지 말고 신선하고 구하기 쉬운 재료로 여러 가지 식품으로부터 선택하여 모든 영양소를 골고루 섭취하게 한다.

흔히 공장 제품이 이유식으로 많이 쓰이고 다루기 쉬우나 값이 비싸므로 어머니가 충분히 연구하면 아기에게 알맞고 값도 싼 식품을 만들 수 있다.

모든 어머니들이 이유기를 어렵게 넘겼다고 말하듯이 이유기는 까다롭고 어려운 시기이다. 무엇보다도 어머니는 아기를 세밀히 관찰하여 꼭 6개월이 아니더라도 아기의 건강에 지장이 없는 적당한 시기에 이유식을 시작하여 아기가 계속 건강하게 자랄 수 있도록 정성과 성의로써 보살펴야 할 것이다.

하버드 의대 랠프 미니어 박사의 주장

하버드 의대의 랠프 미니어 박사는 어린이의 지능을 최대한으로 개발시키기 위해서 지방과 콜레스테롤이 많은 음식을 상당히 많이 먹어야 한다는 사실을 발견했다.

미니어 박사는, 엄마 젖에는 두뇌를 최대한으로 성장시키는 여러 가지 요소가 들어 있다면서, 그러한 요소가 왜 엄마 젖을 먹지 않는 아기에게도 필요한가를 설명한다.

6개월에서 2세까지는 두뇌의 발달에 결정적인 이유식을 먹이는 시기이다. 미니어 박사가 제공하는 머리 좋아지는 식단을 어린이가 아주 어릴 때부터 이용해야 한다. 머리가 좋아지는 식품은 다음과 같은 요소를 포함하고 있다.
 1) 아미노산— 걸러 낸 아기 전용 이유식이 아니라 날콩과 같은 자연 식품으로 섭취한다.
 2) 다량의 콜레스테롤을 포함한 지방과 리피드(간, 계란)
 3) 물 — 약간 탈수된 아기는 탈수된 두뇌를 가졌다는 뜻이다.
 4) 철분과 칼슘 등의 무기질

랠프 미니어 박사는 하버드 의과 대학 소아과에서 강의하고 있으며, 매사추세츠 종합병원에서 의사로 일하고 있다.

랠프 미니어 박사는, 어린이의 지능 발달에 대하여 우리들이 어느 정도 정확한 지식을 가지고 있는가를 묻는 다섯 가지 질문을 하고 있다. 이 질문은 속설에 근거를 두고 있는 것이다. 독자 여러분은 이 질문에 직접 답해 보기 바란다.

<맞을까? 틀릴까?>
▶ 손의 반응이 빠른 아이는 머리가 좋다.
▶ 일찍 걷고 일찍 말하는 아이는 다른 아이들보다 머리가 좋다.
▶ 학령 전의 적성 검사의 점수가 높으면 훗날 두뇌 발달이 좋다.
▶ 어린이에게 지방분 많은 음식보다 생선을 먹이는 것이 두뇌 발달에 이롭다.
▶ 똑똑한 어린이는 같은 나이 또래 어린이들보다 이마가 넓다.

위의 것은 모두 틀린 생각이다.

부 록
다섯 가지 기초 식품군과
식품 교환표

다섯 가지 기초 식품군

군 별	식품류	주요영양소	식품명
1. 단백질군	고기, 생선, 알 및 콩류	단백질, 철분, 비타민 B_{12}, 아연, 비타민 B_1, 나이아신	쇠고기, 돼지고기, 닭고기, 토끼고기, 생선, 조개, 굴, 두부, 콩, 땅콩, 된장, 달걀, 햄, 베이컨, 소시지, 치즈, 두유, 생선묵
2. 칼슘군	우유 및 유제품, 뼈째 먹는 생선	칼슘, 단백질, 비타민 B_2, 비타민 B_{12}, 비타민 A	멸치, 뱅어포, 잔새우, 잔생선, 사골, 우유, 분유, 아이스크림, 요쿠르트
3. 무기질 및 비타민군	채소 (녹황색채소, 담색채소) 및 과일류	무기질 및 비타민	시금치, 당근, 쑥갓, 상추, 풋고추, 부추, 깻잎, 토마토, 배추, 무, 양파, 파, 오이, 양배추, 콩나물, 숙주, 사과, 귤, 감, 딸기, 포도, 배, 참외, 수박, 과일주스, 과일통조림, 미역, 다시마, 파래, 김, 톳
4. 당질군	곡류(잡곡 포함), 감자류	당질, 단백질, 아연, 비타민 B_1	쌀, 보리, 콩, 팥, 옥수수, 밀, 감자, 고구마, 토란, 밤, 밀가루, 미숫가루, 국수류, 떡류, 빵류, 과자류, 캔디, 초콜릿, 설탕, 꿀
5. 지방군	유지류	지방, 지용성 비타민	참기름, 콩기름, 옥수수기름, 채종유, 쇠기름, 돼지기름, 면실유, 들기름, 쇼트닝, 버터, 마아가린, 깨, 실백, 호도

다섯 가지 기초 식품군별 구성량과 섭취 횟수

식품군	식품류	중량	섭취 횟수	식품군	식품류	중량	섭취 횟수
단백질군	고기 및 생선류 알류	70~80 50	3회 이상	비타민군	담색채소류 (김치 포함) 과일	200~250 200	3회 이상 1회 이상
	콩류 및 유제품	30	1회 이상				
칼슘군	우유 및 유제품 뼈째 먹는 생선	200 10	1회 이상	당질군	곡류(잡곡포함) 감자류	300~350 150	3회 이상 1회 이상
무기질	녹황색채소류	100~150	3회 이상	지방군	유지류 깨소금	60 3	조미료로

식품 교환표

식품군		1교환 단위의 예	영양소(g)			열량 (kcal)
			당질	단백질	지방	
곡류군		1/3공기 70g 감자 大1개 150g 식빵 大1쪽 35g	23	2		100
어육류군	저지방	탁구공크기 닭고기 小토막 50g 고기류 40g		8	2	50
	중지방	50g 두부 1/5모 80g		8	5	75
	고지방	갈비 30g 치즈 30g		8	8	100
채소군		70g 70g 70g 70g 70g 2g	3	2		20
지방군		기름 1찻술 5g 1개 8g 10알 10g			5	45
우유군		200cc 200cc 분유 5큰술 25g	11	6	6	125
과일군		100g 250g 무가당쥬스 100g 1/2개 60g 120g	12			50

◈ 이 표를 보는 방법 :   부분의 식품 종류중 한가지 씩만 골라 먹으면 하루에 먹어야 할 양이 됩니다.

식품군		단 백 질 식 품 군							칼슘식품군			비 타 민 ·		
식품종류		고기·생선류		알 류		콩류·콩제품			우유류	뼈째먹는 생 선 류		녹 황 색 채 소 류		
눈	원재료(g)	닭고기 중1마리	돼지고기 살코기 1점	갈치 중1마리	동태 중1마리	계란 중1개	메추리알 1개	된장 1큰술	두부 대1모	노란콩 1큰술	우유 1봉지	분유 1큰술	멸치 1큰술	뱅어포 1장	상치 1줌	생고추 중1개	당근 중1개	시금치 1줌
		(1,000)	(20)	(250)	(500)	(50)	(10)	(30)	(250)	(10)	(200)	(15)	(10)	(20)	(100)	(10)	(150)	(100)
대	13세~어른	다리1쪽 보다 좀 적게 4점	1/3마리	1/6마리	1개	5개	1큰술	1/2모	1½큰술	1봉지	1½큰술	1큰술	1/2장	1½줌	15개	1개	1½줌	
	에너지 kcal	126	135	174	118	80	95	41	109	61	113	90	76	62	33	300	61	51
중	하루에 먹어야 할 양 4~6세 어린이	다리 1/2쪽	2점반	1/5마리	1/10마리	1개	5개	1/2큰술	1/4모	1큰술	1봉지	1½큰술	1큰술	1/2장	1줌	12개	1개	1줌
	임신·수유부	다리1쪽 보다 조금 많게 6점	1/2마리	1/4마리	1개	5개	1큰술	1/2모	1½큰술	2봉지	3큰술	2큰술	1장	2줌	25개	2개	2½줌	

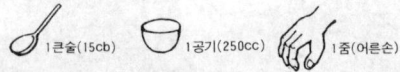
1큰술(15cb) 1공기(250cc) 1줌(어른손)

부록 • 다섯 가지 기초 식품군과 식품 교환표

무기질식품군							당질식품군						지방식품군		
담색채소류				과일류			곡류				서류		유지류		
배추김치	무	콩나물	오이	호박	사과	토마토	복숭아	쌀	납작보리(혼식량)	밥	밀가루	국수	감자	고구마	콩기름	참깨	땅콩
1공기	소1개	1줌	중1개	중1개	중1개	중1개	중1개	1공기	1공기	1공기	1공기	삶은것 1공기	중1개	중1개	1큰술	1큰술	1큰술
(250)	(500)	(100)	(150)	(300)	(200)	(200)	(150)	(250)	(210)	(250)	(150)	(250)	(100)	(200)	(10)	(5)	(10)
1공기	1/2개	2⅓줌	1⅓개	1개 좀안되게	1/2개	1/2개	2/3개	2공기 좀안되게	1/5공기	4공기	3공기	4공기	1개	1/2개	3큰술	6큰술	3큰술
48	78	93	44	159	52	22	29	1,700	205	848	1,062	1,160	72	134	267	180	171
1공기 좀안되게	1/2개	2줌	1⅓개	⅔개	1/2개 좀안되게	1/2개 좀안되게	1/2개	1공기	1/7공기	2공기	1공기	2공기	2/3개	1/3개	1큰술	2큰술	1큰술
1공기 수북이	2/3개	3줌	2개	1개	3/4개	3/4개	1개	2공기 좀안되게	1/5공기	4공기	3공기	4공기	1개	1/2개	3큰술	6큰술	3큰술

※ 자료 : 농촌영양개선 연수원